乡村振兴战略与民族地区乡村发展研究

Xiangcun Zhenxing

Zhanlue Yu Minzu Diqu Xiangcun Fazhan Yanjiu

郭纹廷 著

中央民族大学出版社
China Minzu University Press

图书在版编目（CIP）数据

乡村振兴战略与民族地区乡村发展研究/郭纹廷著.—北京：中央民族大学出版社，2023.12

ISBN 978-7-5660-2267-7

Ⅰ.①乡… Ⅱ.①郭… Ⅲ.①民族地区—农村—社会主义建设—研究—中国 Ⅳ.①F327

中国国家版本馆CIP数据核字（2023）第247308号

乡村振兴战略与民族地区乡村发展研究

著 者	郭纹廷
责任编辑	陈 琳
封面设计	舒刚卫
出版发行	中央民族大学出版社
	北京市海淀区中关村南大街27号　邮编：100081
	电话：（010）68472815（发行部）　传真：（010）68933757（发行部）
	（010）68932218（总编室）　（010）68932447（办公室）
经 销 者	全国各地新华书店
印 刷 厂	北京鑫宇图源印刷科技有限公司
开 本	787×1092　1/16　印张：14.5
字 数	215千字
版 次	2023年12月第1版　2023年12月第1次印刷
书 号	ISBN 978-7-5660-2267-7
定 价	65.00元

版权所有 翻印必究

序

乡村振兴战略是党的十九大报告中提出的重大战略决策，是党中央基于中国特色社会主义进入新时代和社会主要矛盾转化做出的重大判断和战略安排，在我国"三农"发展进程中具有划时代的里程碑意义。在2020年12月召开的中央农村工作会议上，习近平总书记指出："在向第二个百年奋斗目标迈进的历史关口，巩固和拓展脱贫攻坚成果，全面推进乡村振兴，加快农业、农村现代化，是需要全党高度重视的一个关系大局的重大问题。"乡村振兴战略实施的成效关系到我国共同富裕目标的实现、社会主义现代化强国的建设和中华民族伟大复兴的进程。习近平总书记强调："全党务必充分认识新发展阶段做好'三农'工作的重要性和紧迫性，坚持把解决好'三农'问题作为全党工作重中之重，举全党、全社会之力推动乡村振兴，促进农业高质、高效，乡村宜居、宜业，农民富裕、富足。"党的二十大报告提出，全面推进乡村振兴，坚持农业、农村优先发展，巩固、拓展脱贫攻坚成果，加快建设农业强国，扎实推动乡村产业、人才、文化、生态、组织振兴，全方位夯实粮食安全根基，牢牢守住十八亿亩耕地红线，确保中国人的饭碗被牢牢端在自己手中。2023年中央一号文件指出，必须坚持不懈把解决好"三农"问题作为全党工作重中之重，举全党、全社会之力全面推进乡村振兴，加快农业、农村现代化。强国必先强农，农强方能国强。要立足国情和农情，体现中国特色，建设供给保障强、科技装备强、经营体系强、产业韧性强、竞争能力强的农业强国。乡村振兴战略是自上而下与自下而上结合的乡村发展方略，对于以中国式现代化全面推进中华民族伟大复兴的使命任务至关重要。当前，世界百年未有之大变局加速演进，不确定、难预料因素增多，我国的发展进入战略机遇和风险挑战并存的时期，守好"三农"基本盘至关重要。我们应该看到，在全面建成社会主义现代化强国的任务背景下，我国农业、农村依然存在着急需补足的短板和弱项。

以粮食安全为例，中国长期以来一直是全世界最大的粮食进口国，粮食安全问题成为保持国家稳定、建设现代化强国、实现中华民族伟大复兴的根本问题。"手中有粮，心中不慌"，习近平同志在2013年的中央农村工作会议上说："悠悠万事，吃饭为大。只要粮食不出大问题，中国的事就稳得住。"[①] 这一论断既符合历史经验，也适应当下国情。国际经验表明，忽视粮食安全问题，就会付出惨痛代价。

一个国家在实现现代化的过程中，不可避免地会面临各种内生性或输入性危机，中国要真正建成社会主义现代化强国，就必须建立以内需为主导的消费社会。林毅夫判断，"目前我国最大存量需求在农村"。到2030年，我国的城镇化率将达到70%左右，这意味着还有将近5亿的人口生活在农村，无论是为提高农村居民生活、居住条件而进行的基础设施建设、环境改造提升等，还是这5亿上下的人口催生的基础性消费，都是中国经济稳定增长的重要保障。

我国现有近14亿人口，其中，乡村人口近5.1亿，民族地区乡村常住人口超过1亿，乡村发展的问题解决了，建成农业强国和社会主义现代化强国的目标才能顺利实现。然而现实情况是，民族地区多为地广人稀、居住分散的欠发达地区，由于自然条件、地理位置、交通运输等条件的制约，乡村发展较为缓慢。对民族地区来讲，一方面，党和国家通过各项精准扶贫政策、措施和办法帮助贫困群众彻底摆脱了贫困，乡村建设和发展已具备了一定的条件和基础，另一方面，民族地区需要在前期打赢脱贫攻坚战的基础上巩固、拓展脱贫攻坚成果，因地制宜地推动乡村振兴，引导已摆脱贫困的各族群众拓宽渠道积极增收致富，继续向实现农业、农村现代化，以及农业强国的目标奋进。

---

① 中共中央党史和文献研究院.习近平关于三农工作论述摘编[M].北京：中央文献出版社，2019.

序

中国是一个有着悠久农业发展史的文明古国，古代农业的产出滋养了我们的代代先民，古代农耕文化孕育了中华文明。不知来，视诸往，我们应该通过探析历史把握本质，寻求规律，以期启示现实和未来。我们认为，中国古代农业的发展和演变对于研究现代农业、农村发展问题具有重要的价值。基于这样的认识和思想，本书首先探寻了中国古代农业的起源、农耕文化及中国古代农业的发展历程，进而对现代乡村振兴理论和实践经验进行探讨和研究，并进一步探索、研究民族地区乡村发展的有效途径。因此，在整体结构上，本书主要分为历史篇、理论篇和实践篇三个部分。

历史篇部分对中国传统农业的发展做了历史性的梳理，通过对传统农业的纵向发展历史及要素进行分析，得出中国传统农业发展兴衰的历史规律和启示。第一章分析、研究中国传统农业的起源和农耕文化，重点阐释中国传统农业诞生的自然条件和社会条件、传统农业的特征，以及传统农业对中国农业文明的影响等。中华传统文化的"本"在农业，"根"在农村，只有复兴传统文化，现代中国才能更好地认识自己，进而建立坚定的文化自信。第二章分析中国传统农业的发展，重点阐释中国传统农业的全方位发展及三次扩展的过程、地区分布的特点和传统农业的结构变化，分析并研究了中国传统农业的衰落及其原因，从中得出相关经验、教训和启示。

理论篇部分对与乡村振兴战略相关的农业经济发展问题，乡村衰败和复兴问题，农业、农村现代化等问题进行了梳理，并对马克思主义的"三农"理论进行了探究，不仅有利于拓宽在新发展格局下研究并解决"三农"问题的视野，而且能够对城乡融合发展理论、产业融合理论、乡村治理理论等相关理论的研究起到推进作用。第三章分析乡村振兴战略的理论基础，重点阐述乡村振兴战略的相关理论、马克思主义的"三农"理论及马克思主义的"三农"理论的中国化发展。第四章阐释乡村振兴战略的背景、内涵及实施内容。

实践篇部分提出了民族地区乡村发展的实践研究框架，对民族地区乡村的特点、资源禀赋、决定因素进行研究，并对民族地区乡村发展的典型模式进行分析和研究，探讨民族地区乡村发展的成功经验，以期为其他民族地区乡村发展提供有意义的借鉴。第五章介绍民族地区巩固、拓展脱贫攻坚的成果，重点研究民族地区脱贫攻坚战和如何实现巩固脱贫攻坚成果与乡村振兴有效衔接。第六章为民族地区乡村发展的基层调查，重点阐释民族地区乡村发展的基本情况、难点和困境，以及对策和建议。第七章分析并研究新时代民族地区乡村发展的政策框架和现实依据，重点阐释新时代民族地区农业、农村发展的制度背景和发展机遇，民族地区乡村的资源禀赋、发展方向等。第八章研究乡村发展的实践经验，重点研究国外乡村发展的实践经验和重要启示，以及国内乡村发展的主要模式和趋向。第九章介绍民族地区乡村发展的典型案例，重点介绍民族地区乡村发展的成功案例，总结新时代乡村发展的实践和经验。第十章总结了新时代民族地区实现乡村振兴和发展的五条路。

目　录

历史篇

第一章　中国农业起源与农耕文化 ……………………………… 2
一、中国古代农业的诞生 ………………………………………… 2
（一）黄河流域 ……………………………………………… 3
（二）长江中下游地区 ……………………………………… 5
（三）华南和西南地区 ……………………………………… 6
（四）北方地区 ……………………………………………… 6
二、中国古代传统农业 …………………………………………… 8
（一）中国古代传统农业的确定 …………………………… 8
（二）中国古代传统农业的特点 …………………………… 10
三、中国农耕文化的建立 ………………………………………… 14
（一）农业生产是先民最重要的生产和生活方式 ………… 14
（二）以农为本和以农立国成为历代统治者治国的指导原则 … 15
（三）农耕生活孕育了中华优秀传统文化 ………………… 15

第二章　中国古代农业的发展 ……………………………………17
一、中国农业生产的全方位发展 …………………………………17
（一）北方传统农业的发展 ………………………………… 18
（二）南方传统农业的发展 ………………………………… 20
二、中国农业的三次扩张 ………………………………………… 24
（一）第一次传统农业的扩张——精耕细作农业的成型期 … 24
（二）第二次传统农业的扩张——精耕细作农业的扩展期 … 26

（三）第三次传统农业的扩张——精耕细作农业的持续深化期 ………28
　三、中国传统农业的衰落 ………………………………………………33
　　（一）人口膨胀压力下土地资源稀缺日益加剧 ……………………34
　　（二）农业技术发展难有新的突破 …………………………………35
　　（三）劳动力投入、产出效率达到极限 ……………………………36
　　（四）小农经济趋于饱和，难以形成新的经济力量 ………………36
　四、中国传统农业发展的启示 …………………………………………38
　　（一）精耕细作是传统农业的主要特征，其精髓值得继承和发扬 …38
　　（二）农业生产工具升级与生产技术改进对于农业、农村发展至关重要 …39
　　（三）分散经营的小农经济难以形成规模化、产业化的农业经济 …39
　　（四）传统农业发展过程中土地过度开发利用造成的生态危机提示今人
　　　　要走人与自然和谐发展的农业发展道路 ………………………40

理论篇

第三章　乡村振兴战略的理论基础 ……………………………………44
　一、乡村振兴战略相关理论研究 ………………………………………44
　　（一）关于农村经济发展问题的研究 ………………………………44
　　（二）关于乡村衰落与复兴问题的研究 ……………………………45
　　（三）关于农业、农村现代化问题的研究 …………………………46
　二、马克思主义的"三农"理论 ………………………………………47
　　（一）马克思主义关于农业基础地位的论述 ………………………48
　　（二）马克思主义关于农业现代化的论述 …………………………48
　　（三）马克思主义关于城乡差别与城乡融合的论述 ………………50
　　（四）马克思主义关于农业生态环境保护的论述 …………………51
　三、马克思主义"三农"理论的中国化 ………………………………52
　　（一）"三农"理论中国化的形成 …………………………………52

（二）"三农"理论中国化的发展 …………………………………53
（三）"三农"理论中国化的丰富 …………………………………54
（四）"三农"理论中国化的完善 …………………………………55
（五）"三农"理论中国化的新发展 ………………………………56

第四章 乡村振兴战略的背景、内涵及实施 ……………………67
一、乡村振兴战略提出的背景 …………………………………67
二、乡村振兴战略的重大意义与科学内涵 ……………………71
（一）乡村振兴战略的重大意义 …………………………………71
（二）乡村振兴战略的内涵 ………………………………………74
三、乡村振兴战略的实施 ………………………………………76
（一）乡村振兴战略的阶段性目标任务 …………………………76
（二）乡村振兴战略的实施 ………………………………………77

实践篇

第五章 民族地区巩固、拓展脱贫攻坚成果，与乡村振兴有效衔接 …………………………………………………………84
一、民族地区的脱贫攻坚战役 …………………………………84
（一）对贫困问题的认识 …………………………………………85
（二）民族地区总体经济发展状况 ………………………………86
（三）民族地区脱贫攻坚取得决定性胜利 ………………………88
（四）民族地区巩固、拓展脱贫攻坚成果任务艰巨 ……………92
二、巩固、拓展脱贫攻坚成果与乡村振兴有效衔接 …………95
（一）加强产业政策引导，夯实乡村振兴的经济和物质基础 …96
（二）保持教育政策的整体稳定性，强化人才振兴队伍建设 …97
（三）保护、传承并发展传统乡土文化，促进文明乡风健康发展 ……98

（四）坚持绿色发展理念，实现环境经济、社会效益统一 ……… 99
（五）加强基层党组织建设，推动民族地区社会治理有效、有序 … 100

第六章 民族地区乡村发展的基层调查 ……………………… 102
一、民族地区乡村发展的情况 ………………………………… 102
（一）乡村产业发展 ……………………………………… 102
（二）乡村建设 …………………………………………… 104
（三）文化建设 …………………………………………… 105
（四）乡村治理 …………………………………………… 106
（五）农牧民增收致富 …………………………………… 106

二、民族地区乡村发展面临的难点和困境 …………………… 107
（一）乡村基础设施落后 ………………………………… 109
（二）乡村产业发展滞后 ………………………………… 109
（三）资金匮乏 …………………………………………… 110
（四）人才不足 …………………………………………… 110
（五）思想观念滞后 ……………………………………… 111
（六）村干部"领头雁"作用发挥不足 ………………… 111
（七）相关体制机制不健全 ……………………………… 111

三、民族地区乡村发展的对策建议 …………………………… 112
（一）因地制宜培育特色产业，促进乡村经济发展 …… 112
（二）关切农牧民利益，拓宽创业就业增收渠道 ……… 113
（三）改善乡村人居环境，完善公共基础设施条件 …… 113
（四）提升乡村人力资源素质，推动乡村文化振兴 …… 114
（五）培育乡村振兴"领头雁"，提升基层治理能力 … 114
（六）推进体制机制创新，加强乡村振兴的制度性供给 … 114

第七章　新时代民族地区乡村发展的政策框架与现实依据 … 116
一、民族地区乡村发展的外部环境 … 116
（一）乡村振兴战略的制度框架和政策体系 … 117
（二）乡村振兴进入新阶段 … 129
二、民族地区乡村发展的现实依据 … 133
（一）发展的内涵 … 133
（二）民族地区乡村发展的方向 … 134
（三）民族地区乡村的资源禀赋 … 135
（四）民族地区乡村价值的挖掘 … 140
（五）民族地区乡村发展的决定因素 … 141

第八章　乡村发展的实践经验 … 147
一、乡村发展的国际经验 … 147
（一）英国的乡村发展之路 … 147
（二）法国的乡村发展之路 … 148
（三）美国的乡村发展之路 … 150
（四）日本的乡村发展之路 … 152
（五）韩国的乡村发展之路 … 153
（六）国际乡村复兴与发展的启示 … 155
二、国内乡村发展的实践与趋向 … 162
（一）乡村发展的主要模式 … 162
（二）乡村发展的趋向 … 170

第九章　民族地区乡村发展的典型案例 … 178
一、西江苗寨发展模式 … 178
（一）基本情况 … 178
（二）发展历程 … 179
（三）主要经验 … 180
（四）几点启示 … 183

二、康县发展模式 ······ 184
(一) 基本情况 ······ 184
(二) 美丽乡村建设行动 ······ 185
(三) 美丽乡村建设的主要经验 ······ 186

三、何家岩共富乡村模式 ······ 188
(一) 基本情况 ······ 189
(二) 探索共富乡村新路 ······ 189
(三) 共富乡村建设的主要经验 ······ 192

第十章 总结与建议 ······ 194
一、走好产业振兴之路 ······ 195
二、走好人才振兴之路 ······ 195
三、走好文化兴盛之路 ······ 196
四、走好生态宜居之路 ······ 197
五、走好组织振兴之路 ······ 197

附　录
农业农村部关于拓展农业多种功能促进乡村产业高质量发展的指导意见 ······ 199
一、总体要求 ······ 199
(一) 指导思想 ······ 199
(二) 基本原则 ······ 200
(三) 发展目标 ······ 200
二、做大、做强农产品加工业 ······ 201
(四) 建设标准原料基地 ······ 201
(五) 构建高效加工体系 ······ 201
(六) 集成加工技术成果 ······ 202
(七) 打造农业全产业链 ······ 202
(八) 创响知名农业品牌 ······ 202

三、做精、做优乡村休闲旅游业 203
（九）保护生态资源和乡土文化 203
（十）发掘生态涵养产品 203
（十一）培育乡村文化产品 203
（十二）打造乡村休闲体验产品 204
（十三）提升乡村休闲旅游水平 204
（十四）实施乡村休闲旅游精品工程 204

四、做活、做新农村电商 205
（十五）培育农村电商主体 205
（十六）打造农产品供应链 205
（十七）建立运营服务体系 206
（十八）强化农产品质量监管 206

五、创造良好发展环境 206
（十九）加强组织领导 206
（二十）搭建平台载体 207
（二十一）培育、壮大龙头企业 207
（二十二）完善配套政策 207
（二十三）强化指导服务 208
（二十四）筑牢科技和人才支撑 208
（二十五）加强宣传引导推介 208

参考文献 209

历史篇

第一章　中国农业起源与农耕文化

农业是人类文明的第一块奠基石，没有农业的发展和进步，人类早期的文明就不会存在。人类早期维持生存的活动主要包括采集、狩猎、种植、捕鱼等，农业为人类的生存和发展提供了相对广大而稳定的空间。因此，了解中国传统文明的起源，需要更多地了解中国传统农业的发展历程。

农业是人类的母亲产业，人类社会生产的发展始于农业。1996年，美国考古学家波塞洛普（Boserup E）提出，由于冰后期地球生态环境发生了很大的改变，气候变暖，人类的生存环境不断扩大，人口数量有了较大幅度的增长，人类对动植物进行的过度捕杀和砍伐使其数量减少，进而导致了自身食物的短缺。于是，人类不得不寻求新的食物来源，以满足生存需要。新食物中，有一部分是植物的种子，这样就逐渐产生了驯化野生植物的农业。尽管农业的起源因时、因地而不同，但农业产生的价值和意义在于使人类的经济活动完成了从依靠自然界的食物资源的攫取型经济到利用生物资源创造所需食物资源的生产型经济的质的飞跃，在这一点上，可以说人们几乎达成了共识。食物的种类愈加多样化，营养愈加丰富，人类才能根据自身的需求进行生产，更好地生存并发展，进而推动社会和文化向更高的阶段发展。

一、中国古代农业的诞生

中国是世界上最古老的农业国之一，也是人类最早从事原始农业活动的地区之一。从距今170万年到距今1万年这段时间，原始人类逐渐脱离了动物界，开始在这片辽阔的土地上生活。当时农业尚未产生，原始人类主要依靠采集和渔猎为生，这段时期史称"旧石器时代"。随着人口的增长，可采集和渔猎的食物逐渐减少，人类常常面临饥饿的威胁，获得稳定而可靠的食物来源促成了农业的兴起。

从距今10000年到距今4000年，也就是史称的"新石器时代"，生活在这片土地上的先民开创了农业。一般认为，采集活动孕育了原始的种植业，狩猎活动孕育了原始的畜牧业。原始农业时期，人类还没有文字，因而，农业的发展缺乏可考证的文字记载。根据中国古代的神话传说"……于是神农因天之时，分地之利，制耒耜，教民农作，神而化之，使民宜之，故谓之神农也"，我们可获知一些关于原始农业的起源和发展的信息。"神农氏"的传说就反映了原始农业发生的时代的情况。到了新石器时代晚期，长江、黄河及珠江流域部分地区的先民部落普遍形成了以原始农业为主，兼具家畜饲养、采集和渔猎的综合经济。夏、商、周时期，我国由原始社会进入奴隶制社会，私有制的出现使财产分化并集中，原始农业也逐渐向粗放农业转变。春秋、战国时期，我国的社会制度实现了由奴隶社会向封建社会的转变，农业生产也开始了由粗放农业向精耕农业的转变，以种植业为主的农业成为最主要，乃至社会经济的决定性生产方式。

（一）黄河流域

黄河中游的黄土高原和下游的华北平原，以及沿河地区耕地广阔，土壤疏松而肥沃，气候温暖而干燥，为原始农业的产生和发展提供了良好的自然条件。新石器时代以来，居住在黄河流域的各部族都从事农业和畜牧业。考古学资料表明，黄河流域早期的农业遗址主要分布于河南中部的裴李岗文化和河北中南部的磁山文化地区，有7000—8000年的历史。在这些遗址中发现了大量的粟类作物，在一些窖穴中堆积的高度达2米以上。可以看出，种植业是当时先民主要的生活资料来源。从出土农具来看，不仅有砍伐林木、加工木器的石斧、石刀，松土和翻土用的石铲，收割用的石镰等，还有用于谷物加工的石磨盘、石磨棒等工具。采猎业在当时是仅次于种植业的生产形式。人们使用弓箭、鱼镖、罟等工具进行渔猎，并采集胡桃等作为食物的补充。在种植业产生的同时，孕育于狩猎经济的畜牧业也逐渐萌芽。人们在黄河流域的新石器时代遗址中发现了猪、狗、鸡的遗骸，说明当时已经形成以种植业为主、农牧混合的综合农业经济，人们已经过上了定居生活。

距今7000年到距今5000年的仰韶文化主要分布于关中、豫西、晋南一带，其遗址在河南东部和河北、汉江中下游、河套地区，以及渭河上游地区和洮河流域都有发现。仰韶文化的农业水平有了显著提高，大型的村落遗址被发现，如陕西省的半坡、临潼姜寨等，这些村落遗址布局完整，包括居住区、公共墓地、公共窑厂等，种植的主要作物为粟、黍、大麻等；在晚期遗址中，还有水稻、蔬菜种子等被发现。该时期的畜牧业较之前发达，主要牲畜为猪、狗，人们还饲养少量的山羊、绵羊和黄牛。仰韶文化遗址中还有大量的骨镞、鱼镖、网坠等渔猎工具和野生动植物遗骸出土，说明那时的渔猎活动很频繁，同时，以种植业为主的农业经济得到了较快的发展。

距今5000年到距今4000年的龙山文化主要分布于西起陕西、东到海滨、北达辽东半岛、南到江苏北部的广大地区。这一时期，共同体的内部出现了分化和解体。龙山文化村落的规模比仰韶文化小，但农业水平有所提高。石铲、石刀、石镰等生产工具的品种更加多样，规格更加适合生产。这一时期的农作物的种类与仰韶文化大体相当，但粟、黍在经济中的地位更加突出。居民的房屋更加坚固，居住面普遍出现了白灰面，说明该时期农业文明的进步。畜牧业也获得了较大的发展，家畜中有了水牛，马也逐渐得到驯化。尽管采猎依然是人们获取生活资料的重要手段，但在生活中的重要性明显降低。

出现在黄河上游的马家窑文化和齐家文化受中原原始农业文化影响，经济面貌与仰韶文化和龙山文化大体相同，人们主要种植粟、黍等旱地作物，过着定居生活。齐家文化时期，畜牧业有了较大的发展，形成了适于放牧的羊群。

与前仰韶文化、仰韶文化、龙山文化时期相当或稍晚的后李文化、北辛文化、大汶口文化与龙山文化是自成体系的文化群，这里的居民主要过着定居生活，种植粟、黍，辅以渔猎。大汶口文化中期以后，这里的原始农业发展迅速，家畜中除了猪、狗、羊，还有水牛。考古发现，山东泰安大汶口墓地延续时间长，且随葬品丰富，表明这里原始农业经济繁荣。

（二）长江中下游地区

长江流域也为农业的发展提供了优越的土地条件和丰富的水资源，河流众多使当地土地肥沃、气候湿热，极有利于农作物的生长。考古发掘证实，早在7000年前，长江流域一些地区就已开始种植水稻。在长江下游的新石器时代遗址河姆渡遗址第四文化层中，发现有较厚的稻谷、稻草和稻壳堆积层，最厚处超过1米，折合稻谷估计在12吨以上[①]，说明当时这里的稻作农业已较为发达，这与中原的粟作农业有明显的区别。长江流域的遗址中除了猪骨，还有水牛骨。通过考古发掘新石器时代的许多遗址可知，当时主要从事农业生产的氏族或部落都饲养以猪为主的家畜。河姆渡遗址出土过一只小陶猪，说明当时种稻和养猪是两项与人们的生活关系极为密切的生产活动。从大量出土的骨镞等渔猎工具和陶制独木舟模型可知，这里的渔猎也较为发达，人们能够驾船沿河捕鱼。

公元前3200年—公元前2200年期间出现于长江下游的良渚文化，与中原的龙山文化大体相当，在良渚文化遗址中发现了规模宏大的城池和水利设施。这一时期生产工具的改进，如石犁铧和开沟用的斜把破土器的出现，使得原始水田农业获得了较快的发展。在浙江吴兴钱山漾等遗址出土的水稻遗存表明，水稻是当地主要的农作物。家畜种类仍然以猪、狗和水牛为主。钱山漾遗址中还出土了绢片、丝带和丝线，以及苎麻布，表明那时已有了栽桑、养蚕和织布的生产项目。

大溪文化和屈家岭文化分布于长江中游，在时间上相当于仰韶文化的晚期和龙山文化的早期。这里的居民主要从事稻作农业，并将稻壳、稻草广泛用于生活中，如将稻壳、稻草拌入泥土中用来建造墙壁和地基，将稻壳作为制陶的羼入料等。人们也从事畜牧和渔猎，采集和狩猎的重要程度

---

① 严文明.中国稻作农业的起源[J].农业考古，1982（1）.

在当时显著降低。

（三）华南和西南地区

这一地区主要包括广东、广西、福建、台湾、江西、云南、贵州、四川、西藏等省区。该地区的新石器时代早期遗址多在洞穴里被发现，距今10000年左右，发掘的遗物多为渔猎和采猎工具，说明采集和渔猎是当地居民主要的生计。在这些地方的遗址中也发现了与稻相关的遗迹，说明距今7500年左右，栽培稻的农业活动已出现[①]。南方地区虽然农业产生较早，但各地区发展不平衡。沿江、沿海地区多为贝丘遗址，说明这些地方长期以捕捞、采猎为主要生产活动；河流两岸地区则发展了以种植业为主的综合经济。这与长江中下游地区的经济面貌有不少相似之处。大约在新石器时代晚期，这些地区形成了以稻谷为主要作物的农业经济，有些地区的农业达到了很高的水平。西南地区的云南、贵州、四川、西藏等省区的原始农业则更有地方文化特色。大约4000年前，那里出现了定居村落，除了种植稻谷、粟等作物，人们还从事采猎业。西藏昌都卡若遗址的发现说明，那里的原始农业已很发达，与中原原始农业有很多相似之处。

（四）北方地区

北方地区包括东北地区，内蒙古、新疆等省区，是我国传统农业中牧业的主要分布区。受季风影响，北方地区冬夏温差很大。冬季，寒冷、干燥的气流从西北侵入我国，一直抵达长江流域一带，使北方和黄河流域冬季寒冷而干燥。新石器时代北方地区的农业经济表现为以种植业为主、以渔猎为主和以畜牧业为主的不同类型。东北平原中南部是原始农业分布比较密集的地区，在该地区发现的农业文化遗址显示，渔猎业在该地区占主要地位，如7000多年前的沈阳新乐文化。在辽河上游的西拉木伦河、老哈河、教来河流域，以及大、小凌河流域的小河西文化、兴隆洼文化、富河文化、赵宝沟文化、红山文化和小河沿文化遗址，都发现了与旱作农业相关的生产工具，表明农业从萌芽、刀耕火种到粗耕原始农业的发展进程，且狩猎经济始终占有一定的比重。考古发现的6000多年前小河沿文

[①] 赵志军.稻谷起源的新证据（摘要）——对江西万年吊桶环遗址出土的稻属植硅石的研究[J].农业考古，1998（1）.

化表明，当时经济活动的主流是原始农业，畜牧和狩猎也占有一定的地位。河套地区的新石器时代文化遗址表明当时的经济形式也是以种植业为主，兼有畜牧业或渔猎业的混合农业经济。距今6000多年的黑龙江密山新开流遗址表现为以渔猎为主的经济类型，遗址中鱼窖、渔猎工具和鱼骨的发现表明，人们已过着定居生活。黑龙江昂昂溪遗址和内蒙古海拉尔遗存则揭示出，这里的居民过着流动性较大的渔猎生活。

在乌兰察布市化德县发现的距今8000年左右的裕民文化遗址中，出土了种类很多的动物骨，包括蚌、鸟、狗、狼、马鹿、梅花鹿、狍、獐、野兔、野马、野驴、野牛、圣水牛、野猪等，其中狗为驯养家畜，同时发现了粟、水棘针、繁缕、藜大籽蒿、猪毛菜等植物的种子。从出土的动植物样本可以看出，捕猎、制作工具为当时当地的主要生产方式。从人们吃小米和养狗可以看出，8000多年前这片土地上就存在原始种植业。四麻沟遗址、乃仁陶力盖遗址的发现表明，北方草原地带的人们为了适应生存环境，聚落进行季节性迁徙，秋、冬季人群居住较为集中，聚落规模较大。

在新疆发掘的一些古代遗址，如环东天山区的哈密地区、石河子地区、昌吉回族自治区、乌鲁木齐地区和吐鲁番地区的遗存中，农作物以青稞、粟、黍和小麦为主，还有栽培的葡萄，动物以羊、牛、马居多，表明这里的生业方式为农业和畜牧①。通过环准噶尔盆地的阿尔泰山南麓、西北部的塔城地区、博尔塔拉蒙古自治州、西天山的伊犁河谷盆地，以及天山北麓部分地区的遗存可知，当时该地区的农作物以小麦为主，还有青稞、黍等，家养的动物包括马、牛和羊，以马居多，表明该地区表现为以种植农作物和饲养家畜为主的经济类型，游牧生计特征表现得较为明显。② 距今2500年到距今2000年的以彩陶器为主要特征的文化遗址分布很广，这些遗存表明，当时处于以种植业为主的新石器时代晚期，有的地方甚至已进入了金石并用的时代。在位于乌鲁木齐南山矿区阿拉沟、哈密五堡、吐鲁番艾丁湖等处的墓葬中，有不少来自中原地区的漆器、丝织

---

① 董宁宁.新石器时代至先秦时期新疆地区的生业研究[J]，南方文物，2019（4）.
② 董宁宁.新石器时代至先秦时期新疆地区的生业研究[J]，南方文物，2019（4）.

物、铜镜等物品，一些墓葬中还有海贝，表明新疆与内地存在密切的经济、文化交往。

二、中国古代传统农业

中国农业在经历了漫长的原始农业发展阶段之后，逐渐向更高的发展阶段——传统农业阶段转化。从春秋时期到战国、秦汉时期是我国传统农业经济的形成期。此后的2000多年，传统农业一直在中国社会中居于主导地位。没有传统农业经济做基础和保障，就不会有中国历史上的先秦、汉唐、两宋、明清的盛世辉煌。可以说，中国传统社会的一切文明成就都是在这种传统农业经济的基础上取得的，高度发达的传统农业支撑并推动了中国社会的发展。

（一）中国古代传统农业的确定

春秋后期，传统农业开始取代原始农业，至战国、秦汉时期，传统农业经济最终确立起来。这一时期的经济社会发生了剧烈的变革，来自政治、经济、文化和社会的力量推动着社会转型和结构变革。对这一时期的社会样态，司马迁是这样描述的："自是以后，天下争于战国，贵诈力而贱仁义，先富有而后推让。故庶人之富者或累巨万，而贫者或不厌糟糠；有国强者或并群小以臣诸侯，而弱国或绝祀而灭世。"[1] 在剧烈的社会变革中，新的社会力量推动社会生产力发展，促使新的社会经济组织、新的社会制度和新的社会秩序逐渐形成。而这一时期传统农业形成和确立的突出标志就是小规模经营的个体小农经济、精耕细作的农业生产方式的形成和密集的劳动力投入。

1.社会生产力的发展为传统农业提供了技术条件

战国时期，我国的冶铁业得到了快速的发展，这为社会生产力水平的整体提高创造了条件。我国的铁制农具最早出现于春秋时期[2]，战国时期

---

[1] 平准书// [西汉] 司马迁.史记[M].北京：线装书局，2006.
[2] 陈振中.关于我国开始使用铁器及进入铁器时代的问题//山西省社会科学研究所.中国社会经济史论丛（第二辑）[M].太原：山西人民出版社，1982.

冶铁业的发展使得铁制农具种类齐全。考古发掘证实，战国时期已有镢、镰、锄、铲、耙、犁、镬、锛等铁制农具。铁制农具的大范围使用使传统农业生产力水平显著提高，一方面，农业可耕种土地的范围大幅拓展，另一方面，为农业小规模经营和精耕细作式农业生产提供了必要的人力和技术条件。正如管子所云，"耕者必有一耒、一耜、一铫，若其事立"[①]。因此，铁制农具成为人们从事农业生产的必备工具。到了汉代，铁制农具的使用范围更加广泛，农业生产活动因而发生了巨大的变化，大量过去难以开垦、使用的土地被开发为耕地，农业种植面积空前扩大，农业生产活动变得更加省力，以小农户为单位的精耕细作的农业方式进一步发展。

这一时期铁犁的发明和牛耕的推广使用在中国农业发展史上具有里程碑意义。从1950年出土于河南辉县的战国铁犁铧可以看出，这一时期，这种用于破土和划沟的铁犁已得到了广泛使用。西汉时期，人们进一步发明并制作了耦犁，这种犁的犁铧较大，可以实现深耕、翻土、培壅同时进行，耕作速度更快。同时，以大牲畜作为动力的牛耕铁犁的使用极大地提高了农业耕作效率和耕作水平，使人类的活动能力和改造自然的能力得到了进一步的扩展和延伸。

2. 政治变革推动农业经济结构的确立

春秋、战国时期是社会大变革时期，各国争相进行社会政治变革，促进了社会、经济发展和生产力变革，在农业领域则表现为塑造、形成了小农经济，并推动了传统农业经济结构的确立。战国时期，各国封建地主势力逐渐变大，奴隶制度阻碍了封建经济的发展，同时，社会生产力水平的提高使得更多私田出现，对奴隶制度的经济基础——井田制造成了威胁，这使得以个体小农为特征的传统农业经济逐渐确立，并为各国的变法改革奠定了物质基础。这一时期各诸侯国进行政治改革的主要目的是扩大统治范围，夺取更多的土地和人口，获得对其他诸侯国的支配权。而各国政治变革的主要载体是农业改革。如李悝（前455—前395年）在魏国进行的社会政治改革就是以农业改革为重点，确立了土地私有制和个体小农

---

① 海王//[春秋]管仲.管子[M].杭州：浙江人民出版社，1987.

经济制。他在魏国推行"尽地力之教"的重农政策，鼓励人们自由开垦土地，提倡在一块土地上杂种各种粮食作物，要求农户在住宅周围栽树种桑，充分利用空闲地扩大农副业生产，以解决人多地少的问题，提高农业生产效率。同时加强政府对农业生产的干预，采取平籴措施提高小农经济抵抗自然灾害和商人投机活动，以及维持再生产的能力。李悝变法使魏国经济得到迅速发展，国力渐强，成为战国初期一个强盛的国家，各国也纷纷开始效法魏国进行变法以图强，最终变法汇成一股时代的潮流。

古人的治国逻辑是这样的："民事农则田垦，田垦则粟多，粟多则国富，国富则兵强，兵强则战胜，战胜则地广。"[1] 从中可以看出农业在国家治理中的核心地位，农业经济事关国计民生、国家存亡。秦国商鞅变法的核心内容之一，就是要在秦国建立以小农经济为基础的传统农业经济结构。公元前356年，商鞅开始变法改革，他把培植小农经济作为发展农业生产的前提，"开阡陌封疆"，废除奴隶制下的井田制，实行土地私有制，允许自由买卖土地，实现了土地经营者和农业生产者与土地紧密结合，促进了秦国小农经济的发展。为了促进并确保小规模土地生产经营，同时增加国家税收，秦国改按田亩征赋为按户征赋，明令"民有二男以上不分异者，倍其赋"，并"令民父子、兄弟同室内息者为禁"[2]。可以说，正是小农经济焕发的巨大能量使秦国具备了统一中国的政治、经济和军事实力。

战国时期，中国传统农业在生产技术、组织管理、经营方式等方面都有了重大突破，这是当时土地私有制下小农经济释放巨大活力，以及经济的先进性的表现和结果。在大牲畜作为人类经济活动的动力资源、土地私有制和个体家庭组织普遍存在的情况下，中国传统农业形成了一种可以普遍存在并广泛发展的结构：精耕细作农业、私有制下的土地自由买卖和转让、以个体家庭为单位的劳动组织形式，这三者紧密结合，形成了传统农业结构。大约在秦汉时期，这种农业经济结构最终形成并确立。

（二）中国古代传统农业的特点

与原始农业相比，古代传统农业具有一些较为明显的特点。

---

[1] 治国//[春秋]管仲.管子[M].杭州：浙江人民出版社，1987.

[2] 商君列传//[西汉]司马迁.史记[M].北京：线装书局，2006.

1.农业生产工具得到改进，提高了劳动效率

原始农业时期，人们以木、石、骨、蚌壳等为原料加工生产工具，制成的生产工具十分简陋，人们需要依靠大规模的原始协作来开展劳动，劳动生产率低下，因此，原始农业无法获得扩展。传统农业时期，人们用较为先进的铁木复合农具代替了以木、石、骨、蚌壳等制成的原始农具，农具的种类也因农业生产活动的多样化而增多。春秋、战国时期，我国社会逐渐由青铜器时期进入铁器的时期，特别是在战国时期，铁制生产工具取代了铜制生产工具。铁器不仅种类多、数量大，而且分布广。中华人民共和国成立以后，我国河北、河南、山东、山西、陕西、湖南、湖北等省先后出土了战国时期的铁制农具，说明至战国时期，铁制农具已在农业生产中占主导地位。战国时期的铁制农具有犁、耙、锄、镰、锸等，铁制工具有刀、斧、锯、凿、锤等，而后人们相继发明并推广使用了耧车、风车、水车、石磨等农业耕作、水利灌溉和农作物加工方面的新型生产工具，农业生产效率大大提高。原始农业时期，人们通过砍伐树木、放火焚烧的方式把大片荒地变为可耕种的土地。传统农业时期，人们用铁制工具大规模开垦土地，扩大耕地面积。因此可以说，在中国传统农业生产活动中，铁器等金属工具的广泛使用极大地提高了农业生产力，改变了早期传统农业的发展水平和发展面貌，为以提高土地生产率为目的的精耕细作奠定了物质基础。

2.新的农业动力资源得到开发和利用

我国古代农业生产动力经历了由人力到畜力，再到利用自然力的过程。春秋、战国时期是我国农业发生了巨变的时期，从过去的人力耦耕开始向牛耕发展。"宗庙之牲为畎亩之勤"讲的就是将过去只用于献祭的牲畜用于农业耕作。在原始农业时期，人是农业生产活动的主要动力。《诗经》中记述的"耦耕"就是一种原始农业的劳动形式，即二人配合使用一种歧头的铲子来翻耕土地。这是一种比较原始的翻耕土地的方法，功效较低，也无法进行土地深耕。春秋、战国以后，牛、马等大牲畜成为农业耕作最好的畜力来源。牛耕形式的出现，再加上铁制犁具的使用，翻地的质量得以保证，大大提高了劳动功效。同时，水力、风力等自然力也被开发并利用，为农业向更广、更深层次发展创造了条件。过去难以开垦的土地可以得到开发和利用，使得耕地面积大幅增加，同时，人们通过深耕细耨改良了既往的耕作方式，从而生产达到了一个崭新的高度，农产品也有了较大幅度的增长。

3.农业技术体系日益完善

原始农业时期，我国农业耕种技术比较粗放。关于种植，表现为只能把种子撒播在土里，或者点播在土里，到了收获的季节便去收取。少数农业比较先进的地区会较早地注意到播种的"行款"和间距，以及作物的通风、光照等问题，如《诗经·齐风·南山》中描写的种麻的情况"蓺麻如之何？横纵其亩"，说明古人已注意到株距情况。但春秋及以前并不普遍如此。春秋之后，特别是战国时期，人们已普遍开始重视保证作物的通风、吸收光照，促进作物健康生长的耕种方法。为了确保好收成，施肥、灌溉、除草、除虫等一系列田间管理必不可少。如荀子所云："掩地表亩，刺草殖谷，多粪肥田，是农夫众庶之事也。"[1] 说明当时农人们已经开始注重除草、积肥、造肥和施肥。此外，春秋后期，中原各国的人工水利灌溉也开始发展起来。春秋之前，一些农业发达的地区使用井灌，但其法比较原始，主要表现为"凿井抱瓮而灌"，一天只能灌一区之地。春秋后期，"桔槔"灌溉的方法开始在晋国、郑国这些农业生产比较发达的诸侯国内出现，农人们一天可灌地百余畦。到了战国时期，这种既省力，又可提高功效的简单的机械灌溉方法得到了广泛推广。耕地面积的大幅增加使兴修大型水利工程不得不被提上日程，战国时期黄河流域的各诸侯国都大兴水利，"修堤梁、通沟浍、行水潦、安水藏，以时决塞。岁虽凶败水旱，使民有所耘艾，司空之事也。"[2] 秦汉时期中央和地方政府的重要职责之一就是兴修农田水利事业。大型水利工程如引漳十二渠、都江堰、郑国渠等的修建，达到了免除水患、战胜干旱、改良土地等效果，在确保农业稳产、高产方面发挥了重要作用，为农业向更深、更广层次发展创造了条件。随着人类农业经济活动的逐渐深入，农业耕作技术有了很大的发展，人们在

---

[1] 富国//[战国]荀况.荀子[M].北京：光明日报出版社，2014.

[2] 王制//[战国]荀况.荀子[M].北京：光明日报出版社，2014.

作物选择、积肥和施肥、农业灌溉和兴修水利、病虫害防治、畜禽饲养等方面的技术日趋完善，在深耕、易耨等环节的耕作技术日趋精细化。传统农业能够持续高效地使用土地，土地产出不断增加，农作物品种也越来越多样化。最晚到西汉时期，中国北方以精耕细作为特征的旱作技术体系基本形成。

4.农业经营组织趋于小型化

随着古代农业生产力和生产关系的发展，人们在原始集体劳动的基础上逐渐形成了个体小农的经营方式，农业经营组织逐渐向小型化发展。春秋、战国至秦汉时期战争频繁，导致社会政治格局和经济格局发生了巨大的变化。旧的等级制度日渐被损毁，夏、商、周时期建立的土地公有制和农村公社组织逐渐瓦解，大量的村社成员摆脱了旧的宗法组织和农村公社的束缚，成为自由人。战争也促使土地资源被重新分配，很多达官贵人和豪强地主占有广阔的土地，很多军功贵族因获得政府的封地和授田得到了数量可观的土地。随着土地使用价值的提高，土地成为一种有利可图的财富形式，社会各阶层都通过各种途径获得并占有土地。这使得土地私有制逐渐发展起来，土地买卖趋于合法化。董仲舒说："至秦则不然，用商鞅之法，改帝王之制，除井田，民得买卖，富者田连仟佰，贫者无立锥之地……汉兴，循而未改。"[1] 可以说，正是土地私有化为小农经济的产生创造了条件。战国、秦汉时期社会阶层发生了巨大变动，大量的自耕农家庭产生，"五亩宅、百亩田"的小农成为主要的农业经济组织，他们当中有的为政府提供赋税、徭役，有的租大地主的土地，有的则依附于豪强贵族。那时，这种以个体家庭为基本经济组织的社会结构起到了减少贫困威胁、维持基本生存的重要作用。"五亩之宅，树之以桑，五十者可以衣帛矣。鸡豚狗彘之畜无失其时，七十者可以食肉矣。百亩之田，勿夺其时，数口之家，可以无饥矣。"[2] 可见，大量独立存在的个体家庭组织在为传统农业经济提供了活力的同时，也形成了最佳的促进传统农业发展的经济组织形式和管理形式。

---

[1] 食货志//[东汉]班固.汉书[M].长沙：岳麓书社，2008.
[2] 梁惠王上//[战国]孟轲.孟子[M].杨伯峻，杨逢彬，注译.长沙：岳麓书社，2008.

三、中国农耕文化的建立

农业在古代社会中对文明的发展具有决定性的意义。世界上任何一种文明的建立和发展都发生于农业比较发达的地区，而农业的任何一次变革都会对文明的发展产生巨大的影响。以铁制农具、大牲畜的使用及耕作制的变化为例，在幼发拉底河和底格里斯河流域，公元前2000年左右，人们就开始使用牛犁进行耕作，公元前10世纪左右，铁犁、铁锄的应用已经很普遍。在古代埃及，公元前26世纪—公元前21世纪，农民发明并使用双牛牵引的原始木犁进行耕地；公元前15世纪左右出现了轮作制；公元前7世纪—公元前5世纪，铁制农具逐渐普及。在古代印度，公元前4世纪—公元前3世纪，铁制农具已经被普遍使用，人们开始实行轮作制并实施农田施肥。古希腊人在公元前11世纪—公元前9世纪的荷马时代已广泛应用铁器，并使用双牛牵引犁进行深耕。这些地区都表现为以较为发达的农业促进并支撑自身古老文明的成果。

我国的传统历史文化是在黄河流域、长江流域孕育并成长起来的，这里土地肥沃、灌溉便利、地势平缓、气候适宜，是最重要的经济中心，农业文化是其核心。

（一）农业生产是先民最重要的生产和生活方式

历经数千年的中华农耕文明是以家庭为单位、农业与家庭手工业结合、自给自足的自然经济，是中国传统农业社会生产的基本模式。男耕女织就充分体现了中国传统农耕文化的主要特点。以家庭为单位的小农经济是生产力发展到一定程度的产物。在生产力水平极为低下的阶段，人们只有靠集体劳动才能够维持生存；随着生产力的发展，铁犁牛耕等方式的广泛应用为小农经济的产生提供了基础。农民拥有的土地有限，生产条件差，抵御自然灾害的能力差，于是他们努力提高耕作技术，改进生产工具，不断抵御自然灾害。秦汉时期，二十四节气和七十二候已完全成型，人们以此为指导开展农业生产。农人们在自己劳作的土地上进行细致耕作，使得耕作方法不断成熟，耕种农具不断改进，灌溉、施肥技术不断提高，农作物品种日益丰富，播种面积不断扩大。农耕文明除了为农人们带来了稳定的收获和财富，还造就了其相对宽裕、安逸的定居生活，为进一步衍生精神文化奠定了基础。

（二）以农为本和以农立国成为历代统治者治国的指导原则

中国历代封建统治者都非常重视农业，在国家治理中多采取重农抑商的政策，注重减轻农民负担，扶植小农经济，通过垦荒、实边、兴修水利、奖励力田、劝业农桑等政策和措施，较大地促进了农业生产的发展。春秋、战国时期，随着私田的不断扩大，各诸侯国先后以国家赋税制度和法律条文的形式将土地私有制度确定下来。战国时期，秦国的商鞅变法奖励耕田和织帛，对生产粮食多的农民免除徭役，为秦国成为七雄中的强国奠定了经济基础。西汉时期，从汉高祖到文、景二帝，都采取休养生息政策，减少田租，使小农经济得到了恢复和发展，成为后来汉武帝北击匈奴的有力保障。由于历代封建统治者重视农业，自秦汉至明清，耕地面积不断扩大，粮食总产量大幅增加，这也在一定程度上巩固并强化了封建王朝的中央集权统治。可见，在重农政策的鼓励下，中国传统农业获得了持续发展。秦汉以来，历代统治者正是通过中央集权制度，对分散的农业经营体制进行有效的统一管理，才能够协调并集中全国的经济力量，加强排水和灌溉、交通网络、运河等大型公共设施和项目建设。在粮食歉收或自然灾害之年，国家利用政治力量，对全国的谷物进行集中和再分配，保证了小农经济的稳定和持续发展。可以说，以农业为重心的古代王朝不仅创造了高度繁荣的物质文明，而且创造了十分完备的农业制度体系，维系着封建社会的存在和发展。

（三）农耕生活孕育了中华优秀传统文化

黄河、长江流域之所以孕育了中国的农业文明，是因为中国相对独立而封闭的地理条件对中国古代农业文明的形成和发展起着重要的作用。同时，我国有着非常优越的气候资源。中原地区光照充足、雨水丰沛，十分适合农作物生长，这都是孕育农耕文明的重要条件。中国传统文化植根于发达的农业经济活动之中，正是基于传统农业的发展，中华优秀传统文化也高度发达，成为区别于世界其他文明的重要标志。"在13世纪时，中国仍然人口众多、出产丰富，它的社会秩序也很安定，它的科学和技术远甚于同时代的欧洲，在这整个期间，中国是世界上的最强大的国家，中国的文化是世界上最光辉的。"①

农业文明是人们在长期的农业生产中形成的一种适应农业生产、生活需要的国家制度、礼俗制度、文化教育等的文化集合，融合了以儒家思想为核心的诸多传统文化，而儒家文化又源于农业生活和宗法伦理。因此可以说，农业文明孕育了中华传统文化，而中华传统文化又进一步丰富、发展了农业文明。

老子在《道德经》曾描绘了理想的农业社会场景："小国寡民，使有什伯之器而不用，使民重死而不远徙。虽有舟舆，无所乘之；虽有甲兵，无所陈之。使民复结绳而用之。甘其食，美其服，安其居，乐其俗。邻国相望，鸡犬之声相闻，民至老死，不相往来。"这种聚族而居、精耕细作的农耕文化孕育了自给自足的生活方式、文化习俗、伦理秩序、农政思想和乡村治理方式，也潜移默化地塑造出国人内敛、柔韧、包容、知足而不失进取精神的国民性格。中国农耕文化最具特色的内容是孝慈，以孝为本，百善孝为先，由此又衍生出友爱、亲善等国民品格，代代相传，融于国人的骨子里。可以说，中华传统文化中重亲情、重宽厚、重互助、重忧患、重勤俭、重隐忍、重修身立德、重安身立命等成分，都是从农耕文化中演化、拓展而来的。由此而见，中国传统农业文化表现出的巨大优势和强大生命力，是我国古代农业得以发展的一个重要原因。

---

① [英]杰弗里·巴勒克拉夫.泰晤士世界历史地图集[M].北京：生活·读书·新知三联书店，1982.

第二章　中国古代农业的发展

中国传统农业形成并确立之后，便开始了漫长而辉煌的发展历程。经过以青铜农具、木骨耒耜为主要生产工具，以耦耕为主要耕作方式，以农田、沟洫为特征的粗放农业发展阶段，中国传统农业开始走向以铁器和耕牛为主要生产工具、以精耕细作的农业生产和小农经济的农业经营为主要特征的全方位纵深发展道路，它不断吸收、融合广阔的非农业区域，形成农业经济区域，为传统农业的扩张创造了广阔的地域空间。

一、中国农业生产的全方位发展

中国传统农业最早是在黄河、长江流域被建立起来的，随后不断向四周扩展，岭南的珠江流域、西北的河西走廊、西南的巴蜀地区、东北的辽河流域等都相继被开发出来。传统社会的经济中心也逐渐由西向东、由北而南转移。

春秋、战国时期，中国传统农业主要集中在黄河中下游地区，当时渭河平原以其优越的环境和资源条件成为农牧业活动的理想区域。战国、秦汉时期，黄河下游和四川盆地地区的农业经济迅速发展，长江流域也得到了进一步的开发。魏晋南北朝时期战争频仍，对黄河流域的农业生产和生活造成严重的破坏，而渭河平原地区以其独有的活力促进了南方农业的飞速发展。至隋唐时期，长江流域已经发展为与黄河流域具有同样重要地位的农业经济区。两宋时期，经济中心南移，南方经济的发展因长江流域农业的繁盛和珠江流域农业开发的成功，最终超过了黄河流域。明清时期传统农业最主要的成就便是对东北辽河流域、西南云贵地区的开发。

(一) 北方传统农业的发展

东汉末年爆发了黄巾起义,使东汉王朝受到了严重的打击,各地义军乘势而起,中国从此进入了混战不休的三国、两晋、南北朝时期。这一时期战乱频仍、政局动荡、人口逃亡、耕地荒废,社会经济遭到了严重破坏。战乱造成了社会动乱,大规模的人口迁移为各族人民的生活带来了灾难,却使得各地区、各民族之间的经济联系和文化交流空前活跃,北方社会开启了民族融合、走向进步的进程。这一时期,更多的北方少数民族开始从事以种植业为主的农业生产,使中国传统农业在秦汉成就的基础上进一步发展。

在土地制度方面,秦汉以来,历代王朝的土地制度都是封建土地所有制,但不同时期中央政府实施土地政策的侧重点有所不同。出于军事需要,屯田制在三国、两晋、南北朝时期有了较大发展。曹魏时期的军屯、民屯和南北朝时期的屯田使大片荒芜的土地得到了开发和利用,粮食产量大幅增加。但不管军屯还是民屯,土地都是国有土地。北魏至唐中期,统治政府实行了均田制。北魏时,国家将掌握的田地中的一部分分配给农民,农民需缴纳一定数量的租税,并服徭役和兵役。隋代和唐代前期,服役的年龄被推迟,民众甚至可输绢代役。在均田制实施之初,农民只有政府分得的露田;到了唐代,农民不仅有口分田,而且有永业田。均田制的实施使北方农民的生产和生活相对稳定,开垦的荒地增多,尤其是隋唐的输绢代役,更是保证了农民的生产时间,有利于社会经济的恢复和发展,促进了农业的发展。

在耕作技术方面,秦汉时期,人们改进了垄作法,形成了耕、耙、磨、压、锄结合的防旱保墒耕作技术体系,创造了用力少而得谷多的旱作农业传统。耕作制度则由休闲制转为连作制。汉代时,轮作复种制初步发展,人们认识到合理轮作的必要性,将绿肥作物纳入轮作体系,开创了绿肥作物轮作制,有利于提高农作物的产量。《齐民要术》记述了谷、瓜、葵、葱等多种作物与绿肥作物的轮作复种,称为"美田之法"。西汉时期,人们用代田法耕作,并发明了耧车作为播种工具,使得粮食产量有了较大增长。魏晋南北朝时期，农人们在前人土壤耕作技术的基础上改进了耕犁，发明了耢、耙等整地工具，并创造了耕耙技术，缓解了北方广大灌溉条件较差或无法灌溉的地区春季干旱和秋季缺墒的威胁。这一时期人们还创建了"种子田"，用良种进行繁育，较汉代的"穗选法"有了一定的进步，奠定了我国传统选种和良种繁育的基础。

在耕作工具方面，魏晋南北朝时期，人们发明了用于灌溉的新式翻车，唐朝时，人们发明了利用水力转动的筒车，宋朝时，人们又发明了高转筒车。高转筒车巧妙地利用了水力，节省了劳动力，它的发明在一定程度上加快了中国传统农业的发展。明清时期，人们又进一步发明了风力水车。这些灌溉工具的发明和创新大大提高了人们的土地灌溉能力。隋唐时期，人们在笨重的直辕犁的基础上又发明、制作了曲辕犁，大大提高了劳动生产率。曲辕犁的出现体现为我国犁耕的一次重大改革，标志着我国的犁耕技术已相当完善。元朝时期，农业生产工具有了进一步的改进，耘锄、耘荡等中耕工具发展起来，大大减轻了除草、疏泥等费时、费力的劳动。同时，收割用的镰刀的种类增加了，性能也增强了，如收割荞麦的一种机械推镰就是在元代被创造出来的，提高了收割荞麦的效率。

在气候条件方面，中国的气候冷暖交替，几经变迁。现代科学研究结果表明，年均气温下降一度，粮食产量就会比常年下降百分之十；年均降水量下降一百毫米，粮食产量也会下降百分之十[①]。竺可桢等学者对我国古代气候变迁的研究结果表明，近5000年期间，可以说仰韶和殷墟时代是中国的温和气候时代，当时西安和安阳地区有十分丰富的亚热带植物种类和动物种类[②]。周代初期有一两个世纪是寒冷期，春秋、战国时期气候又变得温暖了。可见，在战国以前，黄河流域的气候要比现在温暖、湿润，极有利于农业的产生和发展。因此，西周到春秋时期，黄河流域的先民主要种黍和稷为食，但在战国时期，他们主要以种植小米和豆类为生。东汉时期，天气开始趋于寒冷。隋唐时期为气候和暖期，北宋时期气候转冷，南宋时期气候转冷加剧。隋唐时期气候温暖，有利于草木及农作物生

---

① 张家诚.气候变化对中国农业生产影响的初探[J].地理研究，1982（2）.
② 竺可桢.中国近五千年来气候变迁的初步研究[J].考古学报，1972（1）.

长，也为北方少数民族的发展、壮大提供了条件和机遇。两宋时期以后，北方地区的气候逐渐变冷、变干，使得农作物种植范围和产量受到影响。

在农业生产结构方面，长城以南，甘肃、青海以东地区，气温和降雨量都比较符合农作物的生长条件，可以实行复种。在这里，人们逐渐形成了以粮食生产为中心的多种经营的经济结构，粮食主要是谷物。因此，中原人被称为"粒食之民"。但实际上，无论是地主还是农民，都既种粮又养畜。与此同时，各个经济单位因规模不同、条件不同而各有侧重地栽桑、养蚕，种植棉麻、蔬果，制造染料、油料，进行樵采、捕捞等，有的还从事农副产品加工。种植粮食作物也是"必杂五种"，多作物、多品种搭配种植。农桑并举和耕织结合是传统小农经济的基本特点。农人们也发展畜牧业，主要饲养猪、禽、狗、耕牛等，但畜牧业是作为副业存在的，主要为种植业提供畜力、肥料和部分肉食。在长城以北，气候干燥、寒冷，发展农耕的条件比较差，却是天然的牧场。在沙漠、草原相间分布的蒙新高原上，匈奴、柔然、鲜卑、突厥、契丹、女真、蒙古等游牧、半游牧、渔猎民族相继代兴。他们在茫茫的草原上逐水草而居，畜群是他们主要的生活资料和生产资料，他们食畜肉，饮湩酪，衣皮革，被毡裘，住穹庐。畜群以羊为主体，马占重要地位，还有驴、骡、骆驼等。游牧民族的早期农业有一定的发展，如契丹族在大贺氏联盟时期就开始有了简单、粗放的农业，但并不普遍而稳定，主要过着游牧、渔猎，兼有农耕的生活。契丹族建立辽国后，在蒙古高原上使农业区发展到了西拉木伦河、辽河、阿什河等流域，使东北地区的经济面貌得到了改变。

（二）南方传统农业的发展

秦岭、淮河以南的长江中下游及其南部地区基本上属于亚热带和暖温带气候类型，雨水充沛，河湖密布，水源充足。该地区河流两旁有肥沃的冲积带，是理想的农耕区，但缺乏华北平原那样广袤、平坦的土地，而且南方山区丘陵地带多为酸性淋余土，适耕性较差。山多林密，水面广，洼地多，给大规模土地开发和耕种带来了困难。这种自然条件决定了这一区域适合种植水稻等喜温作物。东南部地区大部分处于温带、暖温带和亚热带，气候温暖而潮湿，地貌又以平原、丘陵和低山为主，为农作物耕作提供了优越条件。考古发掘证实，距今7000年左右，长江中下游已有足以与黄河流域媲美的发达的定居农业，人们主要种植的作物是水稻，家畜中除了猪、狗，还有水牛。与黄河流域一样，这里的人们也养蚕缫丝，但最初主要利用植物纤维织布制衣。捕鱼业的相对发达形成了南方人"饭稻羹鱼"的生活传统。古代中国的经济重心一直在黄河流域。公元3世纪时，长江以南广大地区地广人稀，还是未开发地区，农业生产体现的基本上是"火耕水耨"的粗放经营。虽经汉、晋、南朝的持续开发，经济得到了较快发展，但与同时期的北方相比，依然逊色很多。这种状况直到隋唐五代后才开始改变。唐中叶以后，随着土地兼并的加剧，均田制遭到破坏，社会矛盾日渐突出。安史之乱后，北方社会生产遭受了严重的破坏；而南方未受到战乱的直接侵害，社会生产相对稳定。同时，大量北方人避乱南下，给南方带来了大量的劳动力和中原先进的农业技术，使得南方农业迅速发展，中国经济重心开始逐渐南移。

在耕作技术方面，人们在犁耕的基础上，经过长期实践，逐渐形成了耕、耙、耖、耘、耥结合的水田耕作技术体系。曲辕犁的出现和耖耙的推广促进了耕作技术的发展。这一时期轮作复种有所发展，最突出的表现是南方已开始普遍实施以稻麦复种为主的一年两熟耕作制。两宋时期，南方农民在耕作技术方面又有了新的提高。北宋末、南宋初的陈旉在其《农书》中提出"广种不如狭收"，正是强调精耕细作、适时播种，注意因地制宜、合理施肥。《农书》还介绍了在旱田、晚田等土质不同的各种土地上种稻的方法，以及江南农民充分利用地力，合理安排多种作物的播种顺序，做到了"种无虚日，收无虚月，一岁所资，绵绵相继"的情况。可以看出，两宋时期南方地区的人们已掌握了较为先进的耕作技术。在水田耕作地区，人们还运用一种名为"靠田"的田间管理方法：当秧长得壮茂时，把水放干，让阳光曝晒，促使稻根深扎，然后再放水入田。稻苗经过"靠田"后，能迅速生长，即便遇到旱灾，也可以保证成熟。这种科学的田间管理方法，直到近现代还为许多地区的稻农所采用。

在耕作工具方面，曲辕犁和筒车的发明标志着我国南方水田耕作技术进入了一个新的发展阶段。曲辕犁也称"江东犁"，其特点是结构完善、轻便而灵活，能够调节深浅，只用一牛牵引。这种犁增加了犁底，改进了犁铧。长犁底落地平稳，深浅固定，不容易左右摇摆，有助于装犁箭和犁评，人扶犁也比较省力。曲辕犁的出现改变了古老而笨重的二牛抬杠方式，使农业生产率大大提高。在灌溉工具方面，隋唐以前已有戽斗、辘轳、桔槔等灌溉工具，唐朝时人们发明了一种利用水力转动的筒车。这种筒车是用竹或木制成的一个大型立轮，被安置在水边，由一个横轴架起。轮的周围被斜装上若干小木筒或小竹筒，转轮下面一部分浸入水中，水流转轮，轮上的小筒就依次汲水浇到岸上的田里。这种水转筒车不但节省人力，而且不受涯岸之阻，灌溉便利，被推广使用。北宋时，随着水稻种植面积的扩大和水田的大量出现，人们放弃抱瓮而灌的灌溉方式，普遍使用龙骨车灌溉农田。龙骨车由木板车身、龙骨括板、轮轴踏板和支撑立柱四个部分组成。车身以木板做槽作为水道，梢中设利道板，环以十几个板叶作为刮水器。两头装有大、小轮轴，大轴上装有数叶拐木作为踏板。范仲淹曾专门写过一篇《水车赋》来赞颂这种水车："假一毂汲引之利，为万顷生成之惠，扬清激浊，诚运转而有时。救患分灾，幸周旋于当世……"这篇赋生动地描绘了人们依靠水力运轮的筒车汲水灌田的情况。唐朝时期，农民在犁耕以后，还使用耙、砺砟或礰碡去平整田地，用耙除杂草、根、杂质。砺砟是只用于水田的工具，礰碡是水田、旱田兼用的工具，可以碾禾脱穗。宋元时期，传统农具已基本完备且趋于定型。南方的耕作工具主要还是耕牛，但犁的质量已相当好。1956年在扬州出土的北宋铁犁，刃为钢质，具有光泽且锐利，能在质地较硬的土地上耕作，适合进行翻土深耕。在元代，耘锄、耘荡等中耕工具得到了很好的发展，大大减轻了除草、疏泥等费时、费力的劳动，收割用的镰刀的种类也增加了，收稻麦的劳动效率不断提高。

在水利灌溉工程方面，西汉以前我国的水利灌溉工程大都在北方，东汉后开始向南方推进。南北朝时，北方社会的发展陷于被破坏而停滞的状态，南方社会则进一步发展。中唐以后，南方兴修了很多大型水利工程，水利建设极大地促进了江南农业的发展，江南日益繁荣。在长江流域，李袭主持修筑的扬州江都县（今江苏江都）雷陂和句成塘能灌田八万多亩，韦损主持修复的丹阳县练塘用以灌溉金坛、丹阳、延陵等地的农田。剑南道彭山县通济堰能灌田十六万亩。在杭州，人们在西湖北面建石闸控制水量，并在湖边筑堤拦水提高水位，引水入官河为干渠，灌溉临湖一带的农田十余万亩。宋金对峙时期，很多北方士民为了躲避金兵的掳掠，纷纷逃到江南。《宋史·食货志》中记载："南渡后，水田之利富于中原，故水利大兴。"南宋前期，人们通过辛勤劳动，不仅修复了在战争中遭到破坏的大量陂塘，还兴建了很多新的水利设施。如兴元府的山河堰，能灌溉农田九千三百多顷；镇江府的练湖七十二源溉田也在万顷以上。一些阻塞的河道也得到了疏浚，其中最著名的是秀州华亭的捍海堰和淮东的绍熙堰。绍熙堰全长数百里，使淮东数百万顷低湿土地变为良田。在太湖流域，五代以后形成了治水与治田结合的塘浦圩田系统。

在农田开发方面，水利设施的大量兴修不仅增加了灌溉面积，减少了水灾和旱灾对农业生产的威胁，还使南方的耕地面积，尤其是水稻田的面积大为增加。在兴修水利的过程中，许多水草丛生的荒泽被垦辟成农田，如湖州农民将十万亩草荡变为可耕之田，两浙农民把很多旱地改造成水田。淮东、两浙、福建等地因修筑海堤而出现大量的海退泥田。南宋时，政府对圩田的耕垦甚为重视，号召农民大规模修筑圩岸，围湖造田。江、淮、两浙地区的人们不仅修复了宋初时荒废的很多圩田和水利设施，还大力兴建了许多新的圩田。在江南水乡多山的地区，人们利用山坡开发了大量的梯田。江西抚州、袁州等地的农民在山坡上开辟禾田，层层而上，直至山顶。福建一带的农民也把很多山坡开垦成层层而上的梯田，并且"缘山导泉"，利用山泉灌溉这些梯田。修造圩田和垦辟梯田使土地的利用更加充分，农田面积大大增加，粮食产量激增。

在农业生产结构方面，北宋初期，除了种植稻麦，政府还鼓励人们耕种粟、麦、豆、黍等作物，农作物的种类逐渐多样化。南宋时期，农作物的品种更多，人们已能种植多种水稻。如福建一带除了被引进的占城稻，还有10多个水稻品种；苏州则有师婆粳、箭子稻等。宋元时期，南方的多熟制迅速发展，双季稻种植面积扩大，部分地区出现了三季稻。江南地区的种麦也更加普遍。绍兴府的农民还利用荞麦和小麦的不同生长期，将荞麦与小麦套种,每年可多收一茬荞麦。棉花是与人民生活息息相关的一种经济作物。宋代时,棉花种植开始从北方被推广到闽广及陕西地区。比之蚕桑,植棉"无采养之劳,有必收之效",比之种麻,"免绩缉之功,得御寒之益",因而在南宋时期,南方棉花种植更加普遍。元代时,政府专门在浙东、江东、江西、湖广、福建等地设木棉提举司,提倡大力种植棉花,江南的植棉技术向北方推广。在我国古代,制衣全靠丝麻,自从棉花在元代被广泛种植后,人们的穿衣情况就发生了巨大的变化。除了粮食作物的生产,南方地区的桑、麻、茶、甘蔗等经济作物的种植也不断发展。宋元时期,闽、浙、赣、川、苏等地广泛种植橙、橘、香蕉、荔枝、龙眼等。在畜牧业方面,主要养牛、羊、猪、鸡,以猪、鸡为最多。淡水养鱼业也有较快的发展。

二、中国农业的三次扩张

中国传统农业经过了2000多年的发展,在农业生产技术、农业生产工具、农业生产结构等方面逐渐成熟、定型,并在中国传统社会中居于主导地位。回顾中国传统农业的发展历程,我们可以清晰地看到中国传统农业有过三个明显的扩张和发展过程,我们可以将之称为"传统社会的农业化发展过程"。

(一)第一次传统农业的扩张——精耕细作农业的成型期

我国历史上第一次传统农业的扩张主要从战国时开始,经秦、汉、魏、晋以迄南北朝,主要特征是传统农业经济形态确立,这是我国封建地主经济制度形成和发展的时期。随着土地私有制的形成,封建地主制得以形成和确立,生产力获得迅速的发展,在战国和秦汉时期出现了两次农业生产的高潮。魏晋南北朝时期,封建依附关系有所减缓,但总的来说,封建地主经济在向更广的范围扩展。这一时期,以北方作物种植为主的旱作农业形成并确立,这一次农业扩张主要集中在黄河流域。早在商周时期,黄河流域的农业就已经较为发达,依靠越来越多的农业剩余,商王朝和周王朝逐渐经济繁荣,国力强大。到了春秋、战国时期,诸侯间的纷争加剧，大国争霸，农业在各国的实力体现和经济力量来源中发挥着主要作用。这一时期传统农业的形成体现的既是自然历史发展的过程，也是人为推动形成的过程，大国在争霸过程中均在经济制度和经济政策层面强化农业生产，以及农业的开发和利用。

这一时期，小农经济形成并推动着传统精耕细作农业的发展。由于农民拥有的土地有限，他们更注重在有限的土地上提高耕作、灌溉、施肥等技术。于是，农民会在一定面积的土地上投入较多的生产资料和劳动，采用先进的技术措施，进行细致耕作，这就是精耕细作技术。战国时期，人们对土地耕作方法的认识不断深入，深耕、熟耰、易耨等生产、耕作环节已经比较成熟，这些耕作方式为传统农业连续高效地使用土地并保持土地产出不断增加开辟了一条道路。对于精耕细作农业，增加土地肥力的有效措施必不可少。当时的人们已经掌握了施肥技术，认识到了通过施肥恢复地力的重要性，正所谓"掩地表亩，刺草殖谷，多粪肥田，是农夫众庶之事也"。小农经济存在的重要基础是授田制度，表现为政府把属于国家的公田授予农户，由农户自己组织耕种，并向国家交纳实物地租和赋税。尽管小农经济的生产规模不大，"一夫挟五口，治田百亩"，农业剩余也不多，但是它较之早先的耦耕等集体劳动形式，还是具有较高的劳动生产率。小农经济释放了个体农户的活力，使农户投入更多的时间和精力料理田地，因而焕发出巨大的生产活力，这也是战国时期秦国统一全国的深刻原因。

战国、秦汉时期，以个体小农的小规模经营、以精耕细作和劳动力大量投入为特点的中国传统农业经济使农业生产组织和农业生产技术不断改进、发展，使中国传统农业的土地利用率、粮食单位面积产量等都达到了传统时期的世界最高水平。同时，传统农业在规模和地域上不断扩张，从黄河流域局部地区不断向黄河中下游、关中平原等周边地区扩展，农牧分界线向北、向西大幅度推移。但黄河流域农业区是传统社会中最基本、最主要的经济发展地区，也是政府财税的主要来源地。

魏晋南北朝时期，黄河流域农业区因战争遭受了严重的破坏。"青、雍、幽、荆州徙户及诸氐、羌、蛮数百余万，各还本土，道路交错，互相

乡村振兴战略与民族地区乡村发展研究

杀掠，且饥疫死亡，其能达者，十有二三。诸夏纷乱，无复农者。"[1] 这一时期，西部地区和北方草原上的匈奴、鲜卑、羌、氐、羯等少数民族纷纷南下黄河流域，对传统农业区域的发展造成了巨大威胁。农区与牧区通过互市和民间交往、交流进行联系，但时不时发生战争。秦汉统治阶级为了抵御北方游牧民族的侵扰，在西北地区屯田并移民实边，使农耕经济方式向牧区推进，在农区与牧区之间形成了一个半农半牧的地区。游牧民族所处社会的发展水平比黄河流域落后，进入黄河流域后，对当地的传统农业造成了破坏，对手工业和商业造成了冲击。例如，古都洛阳的经济、文化一度十分繁盛，是传统农业文明高度发达的中心区域，游牧民族南下后，它成为牛马成群的游牧场所。"福规石济以西，河内以东，拒黄河南北千里为牧地。事寻施行，今之马场是也。及从代移杂畜于牧所，福善于将养，并无损耗"[2] 。但游牧民族很快就接受了汉人的农耕文明，各民族实现了政治、经济、文化的交往、交流、交融。在农业作物和牲畜种类方面的交流和互换大大丰富了各民族的物质生活，尤其是西亚通道的开辟，促进了国内民族之间乃至中外之间的农业交流，一批有经济意义的作物先后被引进中原。西域和蒙古草原的良种马、骡、驴、骆驼等牲畜也被大量引入中原地区。北魏时期，统治集团采取了一些恢复和发展社会经济的政策性措施，使北方地区的农业生产得到了恢复和发展。同时，由于魏晋南北朝时期黄河流域战争不断，大量农业人口南迁，给南方带来了黄河流域高水平的农业种植技术、耕作经验和较好的农业种植品种，才酝酿着后期南方农业技术的跃进。但南方精耕细作的技术体系尚未完全完成，经济重心仍在黄河流域。

（二）第二次传统农业的扩张——精耕细作农业的扩展期

第二次传统农业的扩张过程体现为以稻作农业为主的传统农业向长江流域的扩张过程，促进了中国传统社会的又一次繁荣发展。

隋、唐、宋、辽、夏、金、元诸代是我国封建地主经济制度走向成熟的时期。北魏时期开始实行的均田制在隋唐时期被继续实行，农民对封建

---
[1] 石季龙载记//[唐]房玄龄，等.晋书[M].北京：中华书局，1997.
[2] 宇文福传//[北齐]魏收.魏书[M].北京：中华书局，2017.

地主的人身依附减弱。到了宋代，租佃制度全面确立，封建地主制获得了典型的形态，传统农业生产出现了又一次高潮。与租佃制伴行的是我国传统社会的另一个历史性变化，即全国经济重心从黄河流域向长江流域及以南地区转移。这一转移发端于魏晋南北朝，隋唐承续，最后在宋代完成。大约在唐代中期，长江流域取代黄河流域而成为最主要的经济中心，从此改变了中国传统农业的分布和发展格局。

东晋至南朝时期，长江中下游地区得到了更为广泛的开发。到了隋唐时期，长江流域社会经济发展势头强劲，逐渐成为与黄河流域旗鼓相当的经济发展区，传统农业有了长足的进步。长江流域经济区成为中央政府财政的主要来源和物资补给中心。唐朝宰相权德舆曾说："江淮田一善熟，则旁资数道，故天下大计，仰于东南。"[1] 韩愈在描述江南的富庶时也讲道："当今赋出于天下，江南居十九。"[2] 可见，长江流域广大地区已成为繁荣的经济中心区域。

隋唐时期，中国传统农业达到了很高的发展水平。由于社会长期稳定，各地的农业生产得到了恢复和发展，很多地区，特别是南方地区农业开发成效十分显著。唐初实行均田制，培育大批小农经济，使小农经济成为传统社会农业生产的主体。宋代时，大地主庄园经济解体，较为纯粹的租佃关系逐步确立起来，租佃农民对地主的人身依附进一步减弱，使得精耕细作的农业生产、经营方式有了较大的进步。

这一时期，农业工具有了重大的发展，例如产生了结构完整、使用轻便的曲辕犁，用于深耕的铁搭，适应南方水田作业的秒、耘荡、龙骨车、水车、秧马等，联合作业的高效农具如粪耧、推镰、水转连磨等。旱地、水田农具种类已发展齐全，形制达到了成熟、定型的程度。这一时期，北方旱地农业技术继续发展，但速度缓慢。当时农业技术最重大的成就是南方水田精耕细作技术体系形成，在土壤耕作方面形成了耕、耙、耖等一套完整的措施，水稻育秧、移栽、烤田、耘耥等都有了进一步的发展。为了适应一年两熟的需要，人们更重视施肥以补充地力，肥料种类进一步增

---

[1] 权德舆传//[宋]欧阳修，宋祁.新唐书[M].北京：中华书局，1975.
[2] 送陆歙州诗序//[唐]韩愈.韩昌黎文集校注[M].马其昶，校注.北京：中华书局，1972.

加，讲求沤制和施用技术。南宋陈旉在其《农书》中对南方水田耕作技术作了总结，提出了"地力常新壮"理论，标志着我国精耕细作农业在广度和深度上达到了一个新水平。

这一时期的农作物构成也发生了很大的变化：北方小麦种植面积继续上升，并向江南地区推广；南方的水稻种植进一步发展，并向北方扩展，逐渐取代了粟而居于南方粮食作物的首位。原来为少数民族所首先栽种的西北的草棉和南方的木棉传至黄河流域和长江流域，取代了蚕丝和麻类成为主要的制衣原料。在农区的牲畜构成上，马的比重逐渐减小，耕牛进一步受到重视，养猪继续占据重要地位。农作物多样化经营快速发展，有力地推动着农产品生产和交换的扩大和发展，较为突出的便是茶叶、甘蔗、水果、蔬菜、花卉等的栽培，以及淡水养殖业的生产。

在传统牧区，农业经济的成分有所增长。这一时期，以游牧为主的契丹、女真、蒙古等族相继南下进入中原，出现了中国历史上游牧民族与农耕民族的第三次大融合，也推动了中原农耕文化向北方地区的扩展。蒙古帝国统治中原和江南广大地区后，依然没有撼动以种植业为主的传统农业结构。随着元王朝的覆灭，北方游牧经济的黄金时代也基本结束了。

两宋时期，精耕细作的农业生产又迈上了一个新台阶。随着社会政治秩序的稳定，人口迅速增加，在黄河流域和长江流域的广大区域，农业生产得到了恢复和发展。这一时期，大量人口南移，江南广大地区被开发利用，广大农民在江、河、湖、海和各种山地、洼地因地制宜地开垦农田，出现了大量的坪田、淤田、架田、山田、涂田、沙田等新开垦的土地。长江以南地区的少数民族也积极参与了南方的农业开发，大规模山林荒地的开垦使蛮、僚、奚、俚等长期生活在蛮荒之地的少数民族走出自己的家园，摆脱了原始刀耕火种的生产、生活状态，开始了与汉民族的大融合。南宋时期，随着政治中心的南移和南方人口的激增，大量新开发的农业区域焕发出勃勃生机，长江流域经济区的繁荣程度远远超过了黄河流域经济区，最终导致了中国传统社会经济中心的彻底南移。

（三）第三次传统农业的扩张——精耕细作农业的持续深化期

第三次传统农业的扩张过程体现为明清时期以高产农作物的引种、商业性农业的发展、农业种植的专业化为特征的传统农业的深化过程。

明代和鸦片战争以前的清代，封建地主经济制度仍然释放着活力，但地租形式发生了较大的变化。实物分成租仍流行于全国，但已经开始从分成租向定额租全面转化，佃农与地主的人身依附关系更加松弛，佃农的经营自主权则进一步加强。在这一基础上，农业生产在明、清两代又相继出现了新的高潮。从1368年明朝建立到1911年清朝覆灭，在长达540多年的时段中，中国社会的政治、经济基本上是稳定并保持发展的，为第三次传统农业的扩张创造了很好的条件和环境，使传统农业进入了发展的最高阶段。

1. 传统农业区的扩展

这一时期，农业生产工具没有重大的发展。江南地区虽然出现过代耕架，但并没有获得推广。这一方面是由于在封建地主制和小农经营条件下，农具的改进已接近历史极限；另一方面，人多地少、劳力充裕抑制了创造劳动效率更高的新式工具的需求。明清时期是中国人口数量急剧增长的时期，人口增长曾出现过3个高峰：1600年全国人口为1.5亿，1794年增至3.13亿，1850年达到4.3亿。[①] 这种人口的急剧增长与农业发展提供的物质基础紧密相关，但同时也导致全国人多地少格局的形成，又对农业的发展方向产生了深远的影响。

明清时期人口激增、耕地不足，迫使人们进一步向偏僻山区，沙洼地，江、河、湖、海和高寒地区推进。这一时期，山区和海涂的利用也有所发展，如明清时期棚民对山区的土地开发活动十分活跃[②]。江南地区围湖、围水、围海造田的情况也越来越多，各类坪田、围田、垸田大量出现。而在人均土地面积减少的条件下，解决吃饭问题的主要途径是提高土地利用率。这样，多熟种植就迅速发展起来，成为这一时期农业生产的突出标志。长江流域推行一年两熟制。在江南地区，双季稻开始推广；在珠江和闽江流域推行一年三熟的种植制度；在北方，两年三熟制获得了发展。耕地面积的不断扩展和土地利用率的提高使粮食总产量大幅增加。

---

① [美]何炳棣.1368—1953中国人口研究[M].葛剑雄，译.上海：上海古籍出版社，1989.
② 彭雨新.清代土地开垦史[M].北京：农业出版社，1990.

这一时期，精耕细作的农业技术又获得了进一步的发展。人们更加重视深耕，耕法更为细致。为了弥补耕具的不足，出现了套耕、转耕等方法；肥料的种类、制作、施用也有了长足的进步。明清时期除了使用自然肥和农肥，还使用各种饼肥。施肥技术的提高对农作物产量的提高起到了重要的作用。"凡治田，无论水旱，加粪一遍，则溢谷二斗"[①]，田间管理进一步加强，人们对农作物除草、治虫等各环节都更加重视，作物栽培管理更加精细。作物品种的选育有很大的发展，高产水稻的优势进一步加强，大量的地方品种涌现出来。作物构成也有显著变化，明代时高产作物从美洲新大陆被引进，如玉米、甘薯、马铃薯等，这些耐旱、耐瘠、高产作物适应了人口激增的需要，获得迅速推广，为解决人们的吃饭问题做出了巨大贡献。

由于人口的增长，多种经营获得了进一步的发展，棉花、蚕桑、茶叶、油料、花卉、药材等经济作物的种植面积进一步扩大，形成了一些专业生产区域，烟草、花生、蕃茄、向日葵等经济作物的引进进一步提高了人们的生活水平。这一时期形成的农作物种植结构奠定了今天我国农业种植的基本格局。

明清时期，随着国内商业的发展和对外贸易的发展，商品经济逐渐渗透到传统农业之中，商业性农业随之发展起来，并进一步促进了商品经济的发展。商业性农业之所以发展得快，主要是由于利润丰厚。相比于经济作物，粮食作物种植的利润普遍偏低。在城市需求和出口的市场诱导下，很多地区改种经济作物。如棉花价格上扬时，不少地区的农户将种植粮食作物改为种植棉花；茶叶出口需求增加时，一些地方又纷纷开茶山种茶树。商业性农业不仅在东南经济发达地区获得发展，也波及内地农村。一些地区农产品生产的专业化趋势增强，促使传统种植结构发生了变化，形成了一些专业化程度较高的农业生产区域，如安徽、江西、福建、浙江、湖南、四川、云南等省成为主要产茶区，浙江、广东、江苏、四川、安徽、湖北、湖南、山东、河南等省成为主要蚕桑区，此外还有烟草产区、

---

① [清]包世臣.齐民四术[M].北京：中华书局，2001.

大豆产区、花生产区、稻米产区、油料产区等。

2.边疆地区农业的开发和扩展

明清时期，政府非常重视边疆地区的农业开发和扩展，如明代对内蒙的屯垦，清代对内蒙、东北的开禁，对新疆、西南边疆和东南海岛的开发等，为实现边地一体化发展奠定了基础。

明朝统治时期，东北地区主要活动着蒙古兀良哈诸部和女真诸部。辽东、辽西农业基础较强。蒙古兀良哈部在明初时几乎恢复了单纯的游牧生活，明政府在此设置屯田和互市，中原农耕技术再度传入，不少蒙古人学会了农耕。女真人的农业在金代已很发达，但由于战争的破坏，元代女真人的农业明显衰落，各部主要过着"逐水草为居，以射猎为业"的生活。明代女真人逐步向西南迁移，与汉族地区接触频繁，农业生产迅速发展，形成了以种植业为主，农、牧、猎结合的经济。清朝建立后，对东北的管理非常严格。清初，为了恢复辽东等地的农业生产，清政府一度鼓励农民出关开垦。康熙、雍正在位时，在东北实行屯田戍边，旗地发展迅速，土地开垦由奉天扩展至吉林和黑龙江。清初，政府曾把至少数十万以上的罪犯发往吉林、黑龙江地区充当官庄的壮丁，对当地农业的发展起到了重要的推动作用。乾隆年间，清政府在东北大力发展的旗地和官庄被不断典卖，转变成民田。东北的开禁放垦已经成为必然的趋势。[①] 在满、汉等各族人民的共同努力之下，康熙末年时，辽东基本实现了粮食自给，雍正以后，辽东已开始有余粮外运，接济直隶、山东等省的灾歉。辽东的大豆还远销至江、浙、闽、广诸省。这些都为东北建设成为我国近代重要的农业区奠定了基础。

蒙古草原历来是游牧民族活动的舞台。由于种植业基础比较薄弱，游牧民族往往需要从外部取得相当数量的粮食供应，这就造成了游牧民族对农耕民族经济上的依赖性。元朝统治期间，蒙古地区农业有较大的发展，也可以从内地取得粮食等物资供应。经过明末的战争，退守漠北的蒙古人几乎完全回到了单纯的游牧经济状态。清朝统治期间，为了就地解决蒙古

---

① 许淑明.清代东北地区土地开发述略//马汝珩，马大正.清代边疆开发研究[M].北京：中国社会科学出版社，1990.

部众对粮食的需要，政府采取了扶持蒙古发展农业的政策，派内地官员到蒙区传授农耕和水利技术，供应生产资料。此外，清朝政府在北疆一些地方实施的屯田和鼓励垦殖，也促进了当地农业的发展。但蒙古地区农业的迅速发展主要得益于大量流入的汉族人对土地的开垦，这一举动使蒙古地区很多地方发展成稳定的半农半牧区，蒙古部众和边外汉民的粮食问题基本得到了解决。雍正时，有些盟旗建立仓储积谷备荒，口外的粮食甚至被运销到京城和华北各地[①]。

明代时的新疆处于分裂和割据状态，清康熙和乾隆时期平定了准噶尔部的叛乱后，才重新统一了新疆。在清朝的统治下，农耕文化通过政府有计划的屯田在新疆地区有了较大的扩展。平定了准噶尔后，清政府开始在新疆大规模屯田，屯田不单是为了解决粮食问题，更关系到社会生产的发展。乾隆和嘉庆时期屯田主要在北疆，南疆屯田只局限在辟展、吐鲁番等若干地区。道光年间，除北疆继续屯田外，南疆屯田也有了较大的发展。新疆屯田的形式较为多样，有兵屯、民屯、回屯、旗屯、犯屯等。除了军队从事农业生产的兵屯，清政府还广招农户、商民开展民屯。民屯以乌鲁木齐地区为最多，乾隆二十六年至四十五年，清政府总共从内地进行过16次相关招募，约1万户、5万余人来疆屯田。与屯田相随的是水利开发。从清初到清末，农田水利工程遍布天山南北，据宣统三年的统计，新疆共有干渠944条、支渠2303条，灌溉农田1999万亩[②]。林则徐谪戍新疆时，把吐鲁番的坎儿井推广到伊拉里克、托克逊等地[③]。清代以前，新疆的农耕区基本上集中在天山以南，北疆几乎表现为单一的游牧经济。清代在新疆屯田使北疆的农业有了巨大的发展，改变了长期以来单一的游牧经济的面貌。

四川南部和云南、贵州一带是游牧部落与农耕民族并存的地区。汉代以来，农耕地区不断扩展。魏晋南北朝时，这一地区处于分裂状态，但农

[①] 成崇德.清代前期蒙古地区的农牧业发展及清朝的政策//马汝珩，马大正.清代边疆开发研究[M].北京：中国社会科学出版社，1990.

[②] 沟渠//新疆图志[M].

[③] 沟渠//新疆图志[M].

业继续发展。元朝政府非常重视对多民族聚居区云、贵的统治，在这一地区实行大规模的由国家组织的军民屯田。明代在元代的基础上实行了范围更广的卫所屯田。明初移民垦殖，西南地区也是重点对象之一。通过屯田，数十万汉、回等民族进入云南等地，使当地的民族结构发了重大变化，汉族逐渐成为西南地区的主体民族。除了垦辟了大量的耕地，移民还带来了内地先进的生产工具和生产技术，促进了当地农业的发展。清代时，人口日增，少数民族聚居的偏远山区和边境地区成为重要开发对象。雍正年间，清政府在云南、贵州、广西、四川、湖广等少数民族地区实行改土归流。这些地区人口稀少，未开垦荒地较多，改流打破了"蛮不出境，汉不入峒"的民族隔离状态。在清政府垦荒政策的鼓励下，大批的汉族流民涌入这些地区，促进了西南地区各民族的交往、交流、交融，也加快了西南各省开发的步伐。

三、中国传统农业的衰落

中国传统农业在循序渐进的发展进程中一直保持旺盛不衰的活力，一方面展现了各时期传统农业的典型特征和成就，另一方面推动了传统社会政治、经济、文化景观的升级。明清时期，中国古代传统农业发展到了精耕细作的高峰时期，至清末，耕地基本不再或很少增加，耕作技术也接近传统时期的最高水平，土地利用达到最高水平。由于经济持续增长，人口仍有较迅速而大幅度的增长。商业性农业发展日新月异，专业生产区域的形成使发挥比较优势的经济格局出现，并推动社会整体产出的增加。在这种持续的、全面性的扩张过程中，中国传统农业的很多优点都得到了发挥，并创造了世界所有农业文明中几乎是最高的水平和成就。然而，中国传统农业的发展在达到了顶峰后渐渐停滞下来，这其中必然隐含着种种矛盾和问题。明清时期，西方资本主义产生，工业革命发生，东西方发展出现了巨大的差距。终于在鸦片战争后的近代化过程中，伴随着政治衰败和列强侵华，中国传统农业在困境和危机中走向了衰落。

（一）人口膨胀压力下土地资源稀缺日益加剧

农业是典型的资源依赖型产业，在传统农业的要素中，耕地、劳动力和耕作技术是三种主要的投入要素，围绕这三种要素变迁而形成的农业经营形态是我国传统农业发展的主导形态。

传统农业的发展是以利用耕地为前提的，人口增长促使人们四处开垦耕地，拓展生存空间。费孝通先生是这样描述这种状况的："乡土社会中无法避免的是'细胞分裂'的过程，一个人口在繁殖中的血缘社群，繁殖到一定程度，他们不能在一定地域上集居了，那是因为这社群所需的土地面积因人口繁殖，也得不断地扩大。扩大到一个程度，住的地和工作的地距离太远，阻碍着效率时，这社群不能不在区位上分裂——这还是以土地可以无限扩张说的。事实上，每个家庭可以向外开垦的机会很有限，人口繁殖所引起的常是向内的精耕，精耕受着土地报酬递减律的限制，逼着这社群分裂，分出来的部分另外到别的地方去寻找耕地。"[1] 由此可以看出，传统农业对耕地资源有着极大的依赖性，使传统农业发展并延续下去，必须有足够的耕地资源。然而中国的耕地资源在宋代之后日渐逼近利用的极限，人地矛盾逐渐明显地表现出来。

耕地的有限性必然使农业生产在广度和规模上受到制约。事实上，从14世纪后期到20世纪中期，我国的耕地面积扩大了近4倍。扩大的耕地面积和土地集约提高单产在维持增长人口粮食需要方面的贡献各占约一半。[2] 然而，土地资源的这种优势在近代中国已逐渐丧失了[3]。这主要是因为：一是缺乏可开垦耕地。到19世纪下半叶和20世纪初，在既有的经济和技术条件下，可开垦的土地已经基本被开垦完。土地利用更为集约，耕作和栽培更为精细，尤其在人口增长导致耕地紧缺的情况下，人们在千方百计垦辟新耕地的同时致力于提高复种指数，土地利用率达到传统农业的最高水平。人多地少的尖锐矛盾日益凸显，传统农业的发展面临着耕地

---

[1] 费孝通.费孝通学术精华录[M].北京：北京师范学院出版社，1988.

[2] [美]珀金斯.中国农业的发展（1368—1968年）[M].宋海文，等，译.上海：上海译文出版社，1984.

[3] 丁栋虹.资源基础与文明变迁[J].南京社会科学，1992（1）.

资源缺乏的严重约束。二是受到报酬递减规律的困扰。虽然在19世纪下半叶以后的近100年中，耕地的总数增加了40%左右，但增加的耕地中约有80%属于边远地区土质较差的土地，有四分之一甚至三分之一之多的耕地仅有边际收益[①]，新开垦的土地也开始表现出报酬递减。可以说，土地资源的日益稀缺和品质下降是传统农业发展达到极限的关键因素。为了突破土地有限性的制约，人们向草地、森林、水域、山丘、滩涂、高山寒地等进军，开展扩地运动和造田运动，不仅造成了严重的生态危机，而且还造成了严重的社会和经济后果。[②]大范围的土地开垦使生态遭到破坏，其结果是使土壤成分发生改变，有机质含量降低，造成大面积水土流失，加重了我国的农业灾害。

（二）农业技术发展难有新的突破

中国传统农业的生产技术与劳动工具体系自汉代确立以来，几乎没有发生过重大变革。传统农业最突出的表现是精耕细作的技术，无论是北方旱地农业技术体系，还是南方稻作农业技术体系，都向着深化精耕细作的方向发展，人们将大量的时间和精力投入农田修整、施肥、排灌、田间管理、栽培、育种等环节，农业生产和经营活动的精细化程度越来越高。明清时期劳动力大量增加后，传统农业生产技术和劳动工具更少有变化，因为大量劳动力的存在抑制了人们发明、创造劳动效率更高的工具的需求。所以，传统农业的技术体系很难通过持续的积累而加速进步，虽然在一定的开发层次内可以达到比较完善的程度，却不能不在开发层次的跃迁方面表现出墨守成规的倾向[③]。实际上，唐宋时期的大型农具的使用反而鲜见了，依靠更多的是人力投入的增加，而不是牛耕的普及和工具的改进。明清时期甚至还出现了人力排斥畜力的现象。清代的农谚"粪大力勤，不用问人"与代田法的"用力少而得谷多"迥然相异。清代时，人们热衷于使

[①] [美]伦道夫·巴克.中国农业经济问题[M].福州：福建人民出版社，1985.

[②] 土地的不合理利用及其对农业的危害//傅筑夫.中国经济史论丛（续集）[M].北京：人民出版社，1988.

[③] 中国农村发展问题研究组.农村经济变革的系统考察[M].北京：中国社会科学出版社，1984.

用"多劳型"精耕细作的区田法，区种试验空前增多。这表明，清代的精耕细作农业日益偏离"节劳"，而向"多劳"转变，高土地利用率与低劳动生产率形成了巨大的反差。可见，传统农业后期的发展很大程度上是建立在依靠投入大量劳动力的基础上的。这种现实使得传统农业通过变革生产技术来提高劳动生产率，从而促进自身突破发展极限变得几乎不可能。

（三）劳动力投入、产出效率达到极限

我国传统农业的产出是以活劳动的投入，即以人口的数量和体力投入为基础的。历史上，随人口增长而来的便是对粮食的需求。除扩大耕地面积的办法，主要就是靠人力的大规模投入提高土地集约化水平。明清之后，传统农业的发展主要还是依赖这种活劳动集约的方式。清中期后，人口剧增，人力资源丰富且劳动力价值低廉，农业吸收了大量的劳动力，但在耕地约束的基础上，活劳动集约的结果是导致了传统农业实物劳动生产率的逐渐下降，小农经济的发展陷入停滞。事实上，隋唐以后，传统农业就开始出现农业边际收益递减的趋势，也就是说，多投入劳动力，生产的粮食反而会越来越少。中国传统社会人均粮食产量的最高峰在唐代，为人均2000多斤，此后开始下降。鸦片战争前夕我国人口为4.13亿，比明万历年间增加2.44倍，而同期耕地面积只增加64%，粮食总产量只增加1倍多。这样，人均耕地面积由万历时的6.3亩下降到鸦片战争前的3亩，而人均占有粮食下降为731斤，至清末时，人均占有粮食仅为500斤左右，在整个传统时期，产出水平是最低的。人均占有粮食的减少意味着农业劳动生产率的下降，农业生产的发展赶不上人口增长对粮食的需要导致当时朝野上下都在为"生齿日繁而地不加广"感到忧虑。在这种情况下，虽然对个别农户来说，增加劳动投入会带来某种经济收入的增加，但从传统农业整体来看，劳动力投入越多，人均收入越低，农户家庭的生活越贫困。

（四）小农经济趋于饱和，难以形成新的经济力量

传统农业是以个体家庭的小规模经营为基本生产、经营组织形式的。在传统农业前期，实行土地私有化之后，实物地租的出现使自耕农或佃农对封建地主的依附逐渐松弛，农户自主经营的欲望日益增强。小农经济因在组织生产上具有一定的自主性和灵活性，大大激发了农户的生产积极

性，使劳动生产率不断提高。但在传统农业后期，这种生产组织却成为农业发展的障碍。一是因为传统农业耕作技术的精耕细作已经发展到较高水平，突破现有水平已经非常困难，将传统农业推向更深程度、更广范围的探索受到技术、资金和生产组织的制约。二是因为生产规模和组织规模的不可扩大性从根本上束缚着传统农业的发展。三是因为土地边际收益递减出现后，小农经济投入的劳动力与产出收益并不能成正比，劳力的增多反而使农户人口负担加重。明清时期，许多地方都已出现了土地开发饱和、人力投入饱和的趋势，小农经济境况趋于恶化，已经没有力量从事较大规模或新型的土地经营。面临各种天灾和人祸时，小农经济的抵御能力极为脆弱。

马克思在谈到社会分工时说："不是土壤的绝对肥力，而是它的差异性和它的自然产品的多样性，形成社会分工的自然基础，并且通过人所处的自然环境的变化，促使他们自己的需要、能力、劳动资料和劳动方式趋于多样化。"也就是说，人类在利用自然资源的基础上形成社会分工，自然资源的多样化必然导致发达的社会分工，而发达的社会分工能丰富社会组织和社会关系。中国传统农业中小农经济虽然形如汪洋大海，但在传统封建制度的束缚下没有产生推动传统农业变革的新的经济关系和经济结构，小农经济表现的仅仅是劳动力数量和生产量的增加，难以推动社会分工纵深发展，也难以推动更高层次的经济开发。

鸦片战争后，伴随着西方殖民者的入侵，中国逐步被卷入资本主义市场，沦为半封建社会。资本主义国家对中国进行原料掠夺和商品输出，导致个体农民和手工业者大量破产，小农经济受到严重打击，自给自足的自然经济被打破，中国成为西方列强的原料产地和商品市场，乃至资本主义殖民体系的组成部分。面对冲击，传统农业无法适应新的形势，丧失了再生产的基本条件。在日益恶化的经济条件下，传统农业危机重重，中国农业、农村、农民问题日益严重。

四、中国传统农业发展的启示

中国传统农业在两千多年漫长的发展历程中创造了灿烂、辉煌的农业文明，积累了宝贵的思想和实践财富，深刻反思，给予我们很多启示。

（一）精耕细作是传统农业的主要特征，其精髓值得继承和发扬

中国传统农业形成并确立之后，一直在精耕细作的道路上前行，精耕细作是传统农业的特点和优势，已经形成了较为系统、成熟的实践体系，其精髓值得继承和发扬。

魏晋南北朝和两宋时期，北方地区战乱频仍，大量人口南迁，推动了江南广大地区土地的开发利用，而江南土地的开发利用和日趋精耕细作使南方稻作栽培体系逐渐成熟并完善起来。此后，南方耕作技术又逐渐推广到北方，形成南北农业种植技术相互交流、相互促进的局面。虽然，在我国历史上，传统农业并非表现为持续发展的状态，战乱、朝代政权更迭、自然灾害等都会对农业发展造成冲击，形成了"发展—萧条—恢复"的周期性规律，但从长期历史观点来看，传统农业又是持续发展的，每一个时期都是在精耕细作技术的基础上又进一步完善了耕作、栽培技术。

20世纪中叶是世界农业发展的分水岭。从农业起源一直到20世纪50年代，世界粮食产量的增加大部分来自不断扩大的耕地面积。[①] 自此，土地资源的使用已近饱和，粮食产量的提高主要来自已有耕地产量的提高。我国传统农业发展到南宋时期，人地矛盾开始出现并逐渐变得尖锐起来。解决人口增长与土地短缺的矛盾，一方面需要将更多的闲置土地开垦为耕地，扩大耕地面积，另一方面就是强化精耕细作的农业生产方式。明清时期，人地矛盾日益尖锐，闲置土地开发已近极限，这种客观条件决定了中国农业只能通过进一步深化精耕细作技术提高粮食产量，解决人口剧增带来的口粮问题。其做法就是提高复种指数、引种高产作物、选育良种、有效施肥、加强除草和灌溉等。实际上，精耕细作是建立在对农业生产客观规律的认识的基础上的，其中很多要素也是现代农业发展的基本生产

---

① 丁栋虹.我国传统农业发展的极限、困境与变迁[J].江汉论坛，1998（7）.

要素。

人多地少是我国的基本国情，也是农业发展的客观条件。当前我国农业、农村的发展仍然存在现有条件的瓶颈性约束，这就需要我们深入挖掘传统农业精耕细作的思想精华和生产方式优长，扬长避短，使我国农业朝着现代化的方向发展。

（二）农业生产工具升级与生产技术改进对于农业、农村发展至关重要

在我国传统农业的发展进程中，农业生产工具扮演着关键角色，新的农业生产工具的发明和创造、旧的农业生产工具的改进和完善、农业生产技术水平的提高对于提高劳动生产率、促进农业发展极为重要。

历史上，我国农业生产工具和生产技术基本上是前期发展，后期停滞。从春秋、战国到秦汉、隋唐，农业生产工具和生产技术在不断发展、进步。战国时期，铁制农具和牛犁得到了推广使用；隋唐时期，钢刃铁农具已普遍使用。隋唐时出现的曲辕犁代替了笨重的直辕犁，灌溉则从"抱瓮而灌"发展到使用水车、龙骨车等自然力驱动的机械灌溉，施肥方面也从施以粪肥过渡到使用绿肥、肥饼等。农业生产工具的改进和农业生产技术的进步减轻了人们的劳动强度，大大提高了劳动生产效率，对于提高粮食单产极为有利。在春秋、战国时期，为了弥补粮食的不足，大豆一度与粟并列成为主要粮食，而耕、耙、耢耕作体系的逐步完善使旱地农业的抗旱和防涝能力提高，大豆才逐渐向副食品方向发展，种植面积有所缩小。冬麦有利于轮作倒茬和"接绝续乏"，随着石磨的推广，面食精细化，种植面积不断增加。这表明，农业生产工具的改进和生产技术的提高不仅有利于节劳增效，对于提高粮食产量、改善人们的生活水平也极为重要。

现代农业的发展也需要不断提高农业生产力水平，需要运用现代科技的力量提高农业生产的机械化水平，才能不断提高科技在农业产出中的贡献率。农人们需要不断改进农业生产技术水平，在栽培，育种，农药、除草剂、化肥施用，水利灌溉，设施农业等方面引入现代生产要素和方法，走好农业、农村的现代化道路。

（三）分散经营的小农经济难以形成规模化、产业化的农业经济

以家庭为单位的小规模分散经营方式体现着我国传统农业发展的客观

现实。一方面，小农经济适应了封建土地制度对农业生产、经营的需要，个体农户拥有相对自由的经营自主权在一定程度上激发了生产积极性；另一方面，小农经济的自给自足对于巩固封建统治、维护社会稳定发挥了重要作用。但小农经济主要建立在分散、孤立的小规模经营的条件下，在手工操作、直观经验的基础上开展农业劳动，因而先天就具有脆弱性，缺乏资金、技术支持，难以形成规模化、产业化的经济组织。虽然明清时期农业商品化使一些地方出现了多元化经营和专业化生产，但总体上力量还是相对薄弱。1840年鸦片战争爆发后，随着西方资本主义政治和经济势力的侵入，传统农业的危机进一步加深。虽然近代中国也出现了近代化农业，手工劳动向机器生产转化，传统耕作方式出现了较大的飞跃，但在国外帝国主义主导的全球化和国内政府推动的工业化的压力下，中国传统农业不堪重负，农业、农村、农民问题日益严峻。

当前，我国正处于由传统农业向现代农业转型的过程中，农业生产规模化、产业化是现代农业发展的重要条件，也是实现由农业大国向农业强国转变的必然要求。这就要求我们在遵循农业现代化一般规律的基础上探寻以多元化为特征，以生产设施化、社会服务化、产业规模化为实现路径的现代农业发展之路。

（四）传统农业发展过程中土地过度开发利用造成的生态危机提示今人要走人与自然和谐发展的农业发展道路

传统农业在发展过程中常常受到"土地小狭，民人众"的影响，人口大量增加而土地受到增量的限制。明清时期人口剧增，但耕地缺乏，于是北方地区的人们向偏远的蛮荒之地进军，南方地区，特别是长江流域和长江以南地区的人们向山林、川泽、江河湖海进军，围湖造田、围水造田、围海造田的情况越来越多。从客观上讲，这一时期，大量的山林、川泽、江河湖海被开垦成耕地，确实缓解了耕地缺乏的困境，促进了传统农业的发展，但是人口的迅速增长超过了土地的承载能力，以致地力过度消耗，出现了土地衰退、老化的现象。同时，盲目开发土地也使森林、牧场、水资源等遭到严重破坏。秦汉以后，自然生态平衡遭到破坏，水土资源严重退化。而生态被破坏不仅使农田的有机质含量降低，发生大面积水土流失，而且增加了干旱、洪涝等灾害发生的频率。"在过去的两千一百多年间，中国共计有一千六百多次大水灾、一千三百多次大旱灾，很多时候旱灾和水灾会在不同地区同时出现。"① 实际上，这种状态一直延续到20世纪80年代。

实现农业、农村现代化不仅要关注耕地的数量和产量，更要注重其质量。加强生态保护，实现人与自然和谐发展，使"绿水青山就是金山银山"的思想融入现代农业的发展理念中，才能真正实现农业、农村的可持续发展。

农业现代化是不可逆转的历史趋势。西方国家在实施工业革命的同时也推动传统农业走上了现代化道路。从社会生产力发展的进程看，传统农业已落后于时代，它必然为现代农业所替代。将现代科技、现代装备、现代人力与精耕细作的优良传统结合，走适度规模化、产业化发展之路，将是中国农业、农村现代化的特点和优点之体现。吸收传统农业的精华，抛弃传统农业中落后的东西，中国农业现代化和乡村振兴之路必将行稳致远。

---

① 傅筑夫.中国经济史论丛[M].北京：生活·读书·新知三联书店，1980.

理 论 篇

第三章 乡村振兴战略的理论基础

农业是人类赖以生存和发展的基础产业,没有农业就没有人类的一切,更不会有人类的现代文明。鉴于农业的重要性,一直以来,农业、农村、农民问题始终是国内外学者高度关注的议题。本章对农业、农村发展的相关研究进行梳理和综述,以便为本书的进一步研究提供理论和方法上的参考和借鉴。

一、乡村振兴战略相关理论研究

从人类历史发展的进程中可以看出,社会生产力发展和社会分工都源于农业,农业催生并发展了第二产业和第三产业,因此,农业是一个国家国民经济的基础。基于农业的基础性地位,早期国外一些学者突出强调农业的作用,如弗朗斯瓦·魁奈(Fransois Quesnay)、安·罗伯特·雅克·杜尔阁(Anne Robert Jacques Turgot)等认为,农业是经济增长的唯一源泉,从土地上生产出来的农产品就是社会财富。随着经济社会的发展,与农业相关的问题愈加受到学者们的关注。

(一)关于农村经济发展问题的研究

随着工业现代化的发展,越来越多的农业劳动力向工业相关部门转移,这是造成乡村凋敝和农业生产力下降的根本原因。因此,如何实现农村经济社会稳定和发展是学者们展开研究的主要出发点。美国学者费景汉和拉尼斯(John C. H. Fei, Gustav Ranis, 1961)的研究认为,农业不仅为工业部门提供劳动力资源,而且也提供农业剩余。如果农业剩余不能满足工业部门扩张对农产品日益扩大的需求，劳动力转移就会受阻，工业扩张就会放慢，甚至停滞不前。托达罗（Michael P.Todaro，1970）认为，发展中国家应该控制人口从农村向城市流动，这对于保证农业经济发展有足够的劳动力具有重要意义。为此，应强调农村和农业部门发展的重要性，增加农民的就业机会，提高农民的收入水平，逐渐缩小城乡差距。西奥多·舒尔茨（Theodore W.Schultz）提出要重视改造传统农业，要向传统农业投入新的生产要素和新的技术，他认为农民的能力是决定农业生产的增长量和增长率最重要的变量，必须注重提高农业科技水平，以及农民的素质和科学、文化程度。世界银行的艾伯特·沃特斯顿（Aibote Wotesidun，1973）认为，农村发展的首要目标应该是丰富农村居民的物质和社会福利，农村整体发展的关键是建立一种能自给自足的农业，这种农业发展模式能够提高全体农村居民的物质和社会福利。他的建议被大多数发展中国家采纳。[①] 1991年4月，联合国粮农组织发表了《可持续农业和农村发展的丹博斯宣言和行动纲领》，首次提出了"可持续农业和农村发展"（Sustainable Agriculture and Rural Development，简称"SARD"）的新概念，其目标是保护资源和环境的永续良性循环。这种可持续的农业发展方式能维护土地、水资源、动植物遗传资源，不造成环境退化，而且能够为社会所普遍接受。[②]

（二）关于乡村衰落与复兴问题的研究

工业化和城市化是一个国家迈向现代化的必由之路。在工业化和城市化的进程中，大量农村劳动力转移到城市，导致乡村出现凋敝和衰退的现象。如何发展农业和农村，重振乡村文明，重构乡村社会秩序？这些问题引发了国内外很多学者对乡村复兴问题的探讨。法国社会学家孟德拉斯（1967）在其论著《农民的终结》中以法国农村的现代化道路为背景分析了欧洲乡村社会在"二战"以后的变迁过程。他认为，传统意义上的自给自足的农民正走向终结，传统的"小农"逐渐转变为"农业劳动者"或

[①] 王丰.百年来西方马克思主义农业现代化思想的演进[J].青海社会科学，2016（4）.

[②] 吴传钧.中国农业与农村经济可持续发展问题：不同类型地区实证研究[M].北京：中国环境科学出版社，2001.

者"农场主","大多数农业劳动者意识到了传统世界的崩溃,但还不善于在现代世界中从事活动,他们的生活跨越两个世界,一方面被禁锢在旧的结构里,另一方面不断地受到'现代人'、进步和城市的吸引。"[1]这种变迁体现为一次巨大的社会革命,体现着传统农业社会向工业社会和后工业化社会演变的历史必然。在此过程中,乡村人口外流,传统小农走向终结,乡村走向衰退。历经了乡村凋敝和衰弱的痛苦阶段后,法国政府实施了一系列重振乡村社会的政策性措施,使乡村重新走上了振兴之路。美国学者Gladwin C H（1989）的研究认为,农民创业精神是乡村复兴的一个关键因素[2]。Korsching P（1992）对美国和加拿大两国乡镇社区发展联盟的作用进行了研究,提出多社区协作对乡村复兴发展起着重要的作用[3]。Greene M J（1988）以农业多元化发展倡议为依据,指出政府在乡村复兴中扮演着不可替代的主体角色[4]。Kawate T（2005）的研究表明,乡村复兴和改革组织在日本乡村复兴和推进农村发展的进程中起着重要作用[5]。还有很多学者从不同的角度,以不同的研究视野和方法对乡村复兴的理论和实践进行了研究和探讨。

（三）关于农业、农村现代化问题的研究

美国著名经济学家西奥多·舒尔茨（1964）在《改造传统农业》这本经典著作中指出,传统农业以祖辈相传使用的生产要素为基础,对经济增长的贡献度低,而改造传统农业的出路就在于引进新的现代农业生产要素（技术变化）提高农业生产效率,来促进传统农业向现代农业转型。舒尔茨论证了技术进步和制度变革对于农业现代化的重要性,并把人力资本作

---

[1] [法]孟德拉斯.农民的终结[M].李培林,译.北京:社会科学文献出版社,2005.

[2] Gladwin C H, Long B F, Babb E M, Beaulieu L J, Zimet D J.Rural Entrepreneurship: One Key to Rural Revitalization[J].American Journal of Agricultural Economics, 1989（5）.

[3] Korsching P.Multicommunity Collaboration: An Evolving Rural Revitalization Strategy[J]. Rural Development News, 1992（1）.

[4] Greene M J.Agriculture Diversification Initiatives: State Goverment Roles in Rural Revitalization[J].Rural Economic Alternatives, 1988（3）.

[5] Kawate T.Rural Revitalization and Reform of Rural Organizations in Contemporary Rural Japan[J].Journal of Rural Problems, 2005（4）.

为农业经济增长的主要源泉，强调提高农民的素质，加强对农业的人力资本投资。舒尔茨的理论为发展中国家改变落后的传统农业提供了重要的理论借鉴。Gyorgy Enyedi 和 Ivan Volgyes（1982）[①]认为，农业现代化的特点是资本密集度高、技术水平高、机器的使用率高、节省劳动，现代农业是利润导向型的产业。他们提出，发展农村基础设施、基本医疗服务、农村教育和扩大农村就业是农业现代化的重要目标。农业的现代化发展既要考虑经济效益，又要重视生态效益，两者缺一不可。

速水佑次郎（Yujiro Hayami）和弗农·拉坦（Vernon W. Ruttan）认为，一个国家农业生产的增长往往受资源禀赋条件的制约，但是这种制约不是一成不变的，可以通过农业技术进步来突破。农业技术产生于生产诱导，而生产诱导起因于生产要素价格的变动，稀缺而价格相对昂贵的要素供给会诱导产生不同类型的技术，以突破稀缺性资源形成的发展"瓶颈"。一个国家或地区如果不能选择一种消除资源约束的有效途径，农业现代化发展的历史进程就会受到阻碍。

实际上，农业现代化应不仅仅体现引入现代生产要素或技术进步的过程，更要实现要素优化配置或制度创新。它不仅包括生产技术的现代化，而且包括农地经营制度、农产品价格形成制度、农产品营销制度、农业劳动力资源配置制度、农业金融制度、社区共同职能和政府管理农业职能等一系列基本制度的现代化。

二、马克思主义的"三农"理论

马克思、恩格斯在著作中没有对"三农"进行直接表述，但他们在分析资本主义生产力与生产关系之间的辩证关系及资本主义终将被社会主义取代这一人类社会发展的必然规律时，对"三农"问题作了精辟的论述。而后，马克思主义者在运用马克思主义基本原理研究社会主义农业生产方式及生产关系的过程中逐渐形成了马克思主义的"三农"理论，为社会主

[①] Enyedi G, Volgyes I.The Effect of Modern Agriculture on Rural Development[M].London: Pergamon Press, 1982.

义国家实现农业发展和农业现代化提供了理论指导。当前,我国的乡村振兴战略正在如火如荼地实施,重温马克思主义"三农"理论,对于探索中国特色社会主义乡村振兴道路具有极大的启发意义和现实指导性。

(一)马克思主义关于农业基础地位的论述

马克思认为,农业不仅是个体独立和发展的必要条件,也是国民经济其他部门发展的基础。他指出,"农业劳动是其他一切劳动得以独立存在的自然基础和前提"[①],"一切劳动首先而且最初是以占有和生产食物为目的的"[②],人类"第一个历史活动就是生产满足这些需要的资料,即生产物质生活本身"。随着人类社会的发展,农业劳动生产率不断提升,人们获得的物质积累已不满足于仅仅从事农业劳动,因此便产生了手工业、商业、工业、运输业、金融业等,越来越多的经济活动不断从农业领域分离出来,逐渐形成国民经济体系。因此可以说,农业的发展是其他一切产业发展的基础。恩格斯明确指出,"农业是整个古代世界的决定性的生产部门,现在它更是这样了"。可以看出,马克思、恩格斯不仅肯定了农业生产对于国民经济其他部门具有的基础性作用,还把农业基础地位理论看作适用于一切社会的普遍原理。列宁在领导俄国十月革命取得胜利之后,结合国内战争后的实际情况,提出"粮食问题是一切问题的基础","真正的经济基础是粮食储备"。他深刻认识到粮食生产和储备对于国家政权存续的极端重要性,指出"没有这些粮食,国家政权就等于零。没有这些粮食,社会主义的政策不过是一种愿望而已"[③]。由此可见,列宁关于农业基础地位理论及政策主张不仅丰富、发展了马克思主义"三农"理论,同时也开启了社会主义农业基础地位理论的先河。

(二)马克思主义关于农业现代化的论述

1.主张土地所有权变革

马克思认为,土地所有权垄断的存在一方面限制了资本自由进入农业

---

① [德]马克思,[德]恩格斯.马克思恩格斯全集(第26卷)[M].北京:人民出版社,1972.
② [德]马克思.资本论(第3卷)[M].北京:人民出版社,1974.
③ [苏]列宁,中共中央马克思恩格斯列宁斯大林著作编译局.列宁全集(第40卷)[M].北京:人民出版社,1986.

生产领域，另一方面压制了农业资本家长期投资土地以改善地力的积极性。"从一个较高级的社会经济形态的角度来看，个别人对土地的私有权，和一个人对另一个人的私有权一样，是十分荒谬的。甚至整个社会、一个民族，一切同时存在的社会加在一起，都不是土地的所有者。他们只是土地的占有者、土地的利用者，并且他们必须像好家长那样，把土地改良后传给后代。"马克思认为只有实现土地公有化（国有化和集体化），才能使"劳动和资本之间的关系彻底改变，归根到底将完全消灭工业和农业中的资本主义生产方式"。他指出："社会的经济发展、人口的增加和集中这些情况迫使资本主义农场主在农业中采用集体的和有组织的劳动，并使用机器和其他发明，将使土地国有化愈来愈成为一种社会必然。抗拒这种必然性是任何拥护所有权的言论都无能为力的。"[①]尽管这个论断是针对英国的经济发展做出的，但对于中国当前进行农业、农村改革仍具有重要的理论借鉴意义。

2.提出农业集约化经营和提高农业生产率

马克思对农业集约化经营做了精辟的论述："所谓耕作集约化，无非是指资本集中在同一土地上，而不是分散在若干毗连的土地上。"这说明农业集约化经营要依靠提高生产要素的使用效率。马克思还认识到科学技术和机械化水平对于农业生产发展的决定性作用。"面积不断扩大，耕作更加集约化，投在土地及其耕作上的资本有了空前的积累"，集约化生产才能使农业进一步扩大再生产，才能促进产业分工的深化。"显然，不从事农业劳动而能生活的人的相对数，完全取决于土地耕种者的劳动生产率"。这表明劳动生产率提高促使农业不断转移出剩余劳动力，农业剩余劳动力向非农产业和城市部门转移，才能加速城市化进程。

3.提出农业合作化或集体化经营的生产组织形式

小农经济是一种落后的生产方式，它必须被加以改造，以适应社会生产力的发展。1872年，恩格斯在《住宅问题》一文中，从土地经营方面提出了合作社生产的条件及意义："现存的大土地所有制将给我们提供一

---

① [德]马克思，[德]恩格斯，中共中央马克思恩格斯列宁斯大林著作编译局.马克思恩格斯全集（第18卷）[M].北京：人民出版社，2016.

个良好的基础来由组合工作者经营大规模的农业"[1]。同样,在《德国农民战争》的序言中,恩格斯指出,"农业工人,也只有当首先把他们的主要劳动对象即土地从大农民和更大的封建私人占有者中夺取过来,而变为社会财产并由农业工人的合作团体共同耕作时,他们才能摆脱可怕的贫困"[2]。"合理的农业所需要的,要么是自食其力的小农的手,要么是联合起来的生产者的控制。"1874—1875年,马克思在《巴枯宁"国家制度和无政府状态"一书摘要》中首次明确提出把农民小土地所有制改变为集体所有制,采用农民合作社的组织形式进行经营。在马克思、恩格斯看来,未来的农业发展必定建立在土地公有化的基础上,以合作社为农业生产组织单位,采用合作化的组织形式开展农业生产。列宁在对苏联农业进行社会主义改造的过程中发现,完全公有制和平均化的分配方式很难行得通,要有更合理、更完整的合作制,也就是合作社制度。他认为,战胜资本主义之后,社会主义的发展是建立在合作社的基础之上的,而且要实现完全的合作化,就必须进行文化革命,使农民达到一定的文化水准。马克思、恩格斯的农业合作化经营理论为俄国探索社会主义道路提供了理论基础和实践准备,也为我国进行社会主义革命和建设提供了理论武器。

(三)马克思主义关于城乡差别与城乡融合的论述

马克思、恩格斯立足人的自由、全面的发展,提出了城乡融合的理论。他们指出,个人自由、全面发展的前提是消灭旧的社会分工。旧的社会分工的基础是城乡差别、工农差别、脑力劳动与体力劳动的差别。分工使每个人局限在生产的某一部分里,劳动者的能力、体力和智力受到束缚,得不到全面发展。只有消灭了这三大差别,从而消除了旧的分工和阶级,每个人才能自由、全面地发展。马克思、恩格斯在《共产党宣言》中指出:"代替那存在着阶级和阶级对立的资产阶级旧社会的,将是这样一个联合体,在那里,每个人的自由发展是一切人的自由发展的条件。"在

---

[1] [德]马克思,[德]恩格斯,中共中央马克思恩格斯列宁斯大林著作编译局.马克思恩格斯选集(第2卷)[M].北京:人民出版社,1995.

[2] [德]马克思,[德]恩格斯,中共中央马克思恩格斯列宁斯大林著作编译局.马克思恩格斯选集(第2卷)[M].北京:人民出版社,1995.

如何消除城乡对立，达到城乡融合方面，马克思、恩格斯认为要使人口和工业尽可能平均分布。现代工业的发展为实现这一途径创造了可能。现代大机器工业使劳动变换、职业更换和工人流动成为可能，这样就可以消灭旧的分工，劳动者个人可以交替从事不同社会职能的活动，因而，人口和工业都可以尽可能地平均分布。俄国十月革命胜利后，列宁在继承马克思、恩格斯的城乡差别思想的基础上提出，要合理分布俄国工业，要"使工业接近原料产地，尽量减少原料加工、半成品加工，直到产出成品的各个阶段的劳动力损耗"，力图通过统筹工农业发展布局缩小城乡差别。同时，列宁也认识到了城乡融合对缩小城乡差别的意义，提出"只有农村居民流入城市，只有农业人口和非农业人口混合和融合起来，才能使农村居民摆脱孤立无援的地位。"可以看出，列宁继承并发展了马克思、恩格斯的城乡融合发展思想。马克思主义城乡融合的思想对于当前我国消除城乡二元结构、建立城乡一体化格局有很大的理论价值和实践指导意义。

（四）马克思主义关于农业生态环境保护的论述

马克思、恩格斯从人与自然关系的角度阐述了农业发展要遵循自然内在规律的观点。马克思指出，"在一定时期内提高土地肥力的任何进步，同时也是破坏土地肥力持久源泉的进步"[1]。恩格斯也认为："人本身是自然的产物，是在他们的环境中并且和这个环境一起发展起来的。"[2] 并告诫人们："不要过分陶醉于我们对自然界的胜利。对于每一次这样的胜利，自然界都报复了我们。每一次胜利，在第一步都确实取得了我们预期的结果，但是在第二步和第三步却有了完全不同的、出乎意料的影响，常常把第一个结果又取消了。"他进一步指出，"我们一天天地学会更加正确地理解自然规律，学会认识我们对自然界的惯常行程的干涉所引起的比较近或比较远的影响"。这就意味着，农业发展要遵循自然规律，依靠科学的农业生产知识和技术，走减少农业污染、减少生态破坏的人与自然和谐的农业发展道路。列宁也关注到农业生产与生态关系，他认为，大量的农业劳

---

[1] [德]马克思.资本论（第1卷）[M].北京：人民出版社，1968.

[2] [德]马克思，[德]恩格斯，中共中央马克思恩格斯列宁斯大林著作编译局.马克思恩格斯全集（第20卷）[M].北京：人民出版社，2016.

动力向城市转移必然导致农业生态遭受严重破坏。他也敏锐地洞察到农业技术的使用对农业生态造成的影响，认为农民大量丧失马匹和抛弃土地的现象"与农业技术促进农业经济发展同时并存"①。这说明，农业技术进步产生了更多先进的农业生产工具，为了追求劳动效率，人们使用大量的机械化工具，这必然导致传统的生态化的耕作方式和生产工具的消失，同时，也容易让人们忽视高效的农业生产对农业生态环境的破坏。但农业技术也会推动农业生产方式进步，集约型的农业耕作方式有利于土地资源的合理利用，从而对农业生态建设具有促进作用。

三、马克思主义"三农"理论的中国化

恩格斯曾经说过："马克思的整个世界观，不是教义，而是方法。它提供的不是现成的教条，而是进一步研究的出发点和供这种研究使用的方法。"马克思主义的应用体现的不是生搬硬套，需要根据实践环境、社会条件等的变化进行调整。马克思主义"三农"理论中国化是以我国社会和历史条件为基础，在坚持马克思主义核心不动摇的基础上不断的探索和实践中形成的。从发展脉络来看，马克思主义"三农"理论中国化经历了形成、发展、丰富、完善及最新发展五个阶段。

（一）"三农"理论中国化的形成

新民主主义革命时期，毛泽东同志创造性地运用马克思主义指导中国革命实践，开辟了适合中国国情的革命道路。中华人民共和国成立之后，他把马克思主义"三农"理论与中国实际结合，积极探索，使中国摆脱了落后，走上了现代化的发展道路。中华人民共和国成立初期，毛泽东同志高度重视对农业发展和农业、农村问题的研究。土地改革成功后，他提出了"先合作化，后机械化"的思想，并做出了"农业的根本出路在于机械化"的著名论断。毛泽东同志认识到，"我国有五亿多农业人口，农民的情况如何，对于我国经济的发展和政权的巩固，关系极大。""为了完成国

---

① [苏]列宁.列宁全集（第二卷）[M].北京：人民出版社，1984.

家工业化和农业技术改造所需要的大量资金，其中有一个相当大的部分是要从农业方面积累起来的。"只有先实现农业合作化，依靠集体经济的力量逐步积累资金，培养农业技术力量，才能实现机械化，而农业机械化又是农业合作化的必然要求。由于集体经济的劳动生产率很低，只有实现农业的机械化，才能大大发展农业生产力，巩固并壮大农村集体经济，在新的物质技术基础上巩固并发展工农联盟。这种判断与当时我国所处的历史条件，国际、国内环境是相适应的，表现为对马克思主义农业思想的一种理论创新。毛泽东同志非常重视农业发展的基础地位，他曾在多篇著作中提到农业和工业应被列在经济发展的首位，粮食生产应被放在最基础的位置。他在提出经济发展的"四个现代化"奋斗目标时，把农业现代化列在首位，这显示了我党运用马克思主义指导经济建设的决策和实践。农民是农业现代化建设的主体，农民素质高是农业现代化建设的关键。毛泽东同志在《论人民民主专政》这篇文章中指出："严重的问题是教育农民。农民的经济是分散的，根据苏联的经验，需要很长的时间和细心的工作，才能做到农业社会化。"他认为不仅要加强农民的政治教育，也要提升农民的文化水平，实现农民教育与生产实际结合，"几千年来，都是教育脱离劳动，现在要教育劳动相结合，这是一个基本原则。"可以看出，毛泽东同志关于"三农"的重要论述是将马列主义基本原理创造性地运用于中国实践当中的产物，同马克思、恩格斯、列宁的农业思想是一脉相承的。

（二）"三农"理论中国化的发展

十一届三中全会之后，邓小平同志坚持解放思想、实事求是，继续推动农村改革，探寻了一条中国特色的社会主义农业发展道路。邓小平同志非常重视农业基础地位和粮食安全问题，他认为，中国有12亿人口，吃饱饭才能有发展。任何时候都要以实现粮食产量增长为前提，要不断进行农业改革，提高农业生产力，为经济社会平稳发展打好坚实的基础。邓小平同志认识到，实现中国农业现代化的关键是解放、发展农村生产力，"一大二公""政社合一"的农业合作化非但没有使中国农业走上现代化道路，反而使中国陷入了农业落后、农民贫困的境地。他大刀阔斧地改革原有的农村经济体制，实行家庭联产承包制，把生产经营自主权赋予农民，最大限度地调动了农民的生产积极性。实践证明，农村经济体制改革使农业生产力不断提高，农业、农村现代化向前迈进了一大步。

邓小平同志提出"科学技术是第一生产力"，他尤其重视科学技术在农业中的应用，认为农业的发展一靠政策，二靠科学，科学技术的发展和作用是无穷无尽的。政策创新为农业、农村发展确立了制度前提，而科学技术的普及为农业现代化提供了不竭动力。邓小平同志认为："农业的出路，最终要由生物工程来解决，要靠尖端技术。"[①] 可以看出，他对农业现代化的认识已不再是单纯的机械化，而是把农业技术向前推进到生物工程技术。这不仅体现了他坚定的科技兴农的思想，也体现了对马克思主义农业现代化思想的重大发展。邓小平同志继承了毛泽东重视农民教育的思想，强调注重提高农民的文化素质和劳动技能，为农业、农村现代化培养高素质农业人才。

在城乡协调发展方面，邓小平同志对马克思主义"三农"理论进行了创新和发展。为了缩小城乡差距，他把发展乡镇企业和实现农村城镇化作为促进城乡协调发展的战略载体。随着家庭联产承包制的推广，农村产生了大量的剩余劳动力。邓小平同志指出，发展多种经营，发展新型的乡镇企业，这个问题就能得到解决。以乡镇企业为依托的农村城镇化缩小了城乡差距，促进了城乡融合，"反过来对农业又有很大的帮助，促进了农业的发展"。邓小平同志将马克思主义基本原理与中国农村的实际情况结合，制定了具有中国特色的农业现代化道路，为我国实现农业现代化指明了正确的方向。

（三）"三农"理论中国化的丰富

十三届四中全会以后，以江泽民同志为核心的党的第三代中央领导集体坚持解放思想、实事求是、与时俱进的思想路线，在深化改革的背景下，结合农业、农村发展过程中出现的新情况、新问题，进一步丰富并发展了马克思主义"三农"理论。江泽民同志高度重视科技在现代农业中所

[①] 1983年8月，邓小平在黑龙江的农场视察[EB/OL].http://cpc.people.com.cn/n1/2020/0324/c69113-31646114.html.

起的重要作用，在党的十三届八中全会闭幕会上，他正式提出了科教兴农战略。他认为："我们一定要树立科学技术是第一生产力的马克思主义观点，积极创造条件，把农业和农村经济的发展逐步转移到依靠科技进步和提高劳动者素质的轨道上来。"农业的根本出路在科技，在教育。科教兴农的关键环节是农业科技的推广应用和高素质农业技术人员发挥作用。江泽民同志提出，要健全农业技术推广体系，使农业科技成果更好地服务于生产实践，同时要加强对农民的教育和培训，培养大量的农业人才。

由于家庭联产承包责任制在农业生产中充分释放了生产活力，江泽民同志指出，要坚定不移地执行家庭承包经营制度，进一步完善公有制为主，多种所有制经济共同发展的经济结构。针对以小规模经营为典型特征的小农经济在抗御市场风险和自然灾害、提高经营效益等方面的能力不足，江泽民同志提出必须积极推进农业产业化经营，推进农业向商品化、专业化、现代化转变。在党的十五届三中全会上，江泽民强调："农村出现的产业化经营不受部门、地区和所有制的限制……能够有效解决千家万户的农民进入市场、运用现代科技、扩大经营规模等问题，提高农业经济效益和市场化程度，是我国农业逐步走向现代化的现实途径之一。"在上述思想的指导下，党的十五届三中全会将以公有制为主体，多种所有制经济共同发展的基本经济制度，以家庭承包经营为基础，统分结合的经营制度，以劳动所得为主，与按生产要素分配结合的分配制度，发展农村生产力，推进农业现代化作为农业和农村发展战略确定了下来。

（四）"三农"理论中国化的完善

党的十六大以来，以胡锦涛同志为总书记的党中央立足我国的基本国情和发展阶段，提出了一系列加快农业、农村现代化的战略理论，出台了一系列强农、惠农政策，有力地促进了农业、农村的改革和发展。从2004年起，中央每年发布的指导"三农"工作的一号文件表明，党中央把"三农"工作提升到了前所未有的高度，也表明了支持农业和农村发展的重要性和紧迫性。

在党的十六届三中全会上，胡锦涛同志提出了"五个统筹"的科学发展观，其中统筹城乡发展就是要着力解决城乡差距，实现城乡一体化发展。在党的十六届四中全会上，胡锦涛同志提出了"两个趋向"的重要论断，即"在工业化初始阶段，农业支持工业、为工业提供积累是带有普遍性的趋向；但在工业化达到相当程度以后，工业反哺农业，城市支持农村，实现工业与农业、城市与农村协调发展也是带有普遍性的趋向。""两个趋向"的重要论断是针对我国农业、农村发展阶段的战略判断，为我国在新形势下形成工业反哺农业、城市支持农村的机制定下了基调。这与党中央在不同时期提出的"工业与农业结合""工业支援农业"等农业现代化思想是一脉相承的。为了缩小城乡差距，统筹城乡协调发展，胡锦涛同志提出了"坚持'多予少取放活'的方针""建立以工促农、以城带乡的长效机制""以税惠农""建设社会主义新农村"等一系列支持农业、农村发展的政策性措施，为保证农村安定而繁荣、农民安居乐业，逐步实现全面建成小康社会的宏伟目标奠定了基础。

改革开放以来，虽然我国在农业、农村方面取得了巨大的成就，但是农业基础设施薄弱、生态环境恶化、农业投入不足、农业经营体制不完善、城乡二元体制等问题严重制约着我国农业现代化的进程。基于我国农业、农村的发展现状，党的十七大明确提出"坚持把发展现代农业、繁荣农村经济作为首要任务"，"走一条中国特色农业现代化道路"。在党的十八大报告中，胡锦涛同志指出："坚持走中国特色新型工业化、信息化、城镇化、农业现代化道路"，"促进工业化、信息化、城镇化、农业现代化同步发展"。这是我们党分析农村30多年的改革发展历程做出的科学决策，为中国特色农业现代化道路指明了方向。

中国特色农业现代化道路体现着对马克思主义农业现代化思想的创新和发展，具有比较完整的理论体系和深刻的内涵，为未来继续探索中国特色农业、农村现代化道路奠定了理论基础。

（五）"三农"理论中国化的新发展

党的十八大以来，以习近平同志为核心的党中央将理论创新与实践创新结合，继续推进马克思主义理论在当代中国的最新发展，形成了关于"三农"工作的一系列重要论述。这些重要论述是结合我国经济社会进入新时代的国情和农情发展起来的，源自习近平同志深厚的实践基础、深邃的理论思考、深远的战略考量，是被实践证明了的正确的理论结晶和经验升华。习近平同志关于"三农"工作的重要论述科学地回答了农村改革和发展的一系列重大理论和实践问题，是指导我国农业、农村发展取得历史性成就，发生历史性变革的科学论述，对解决好"三农"问题，指导我国深化农村改革，实现农业、农村现代化，全面建设社会主义现代化国家意义重大。

1.关于解放、发展农村生产力的新论断

生产力是推动一切社会发展的决定力量。历届中央领导集体在推动农业现代化进程中都高度重视解放、发展农业生产力问题。习近平同志立足我国新阶段的基本国情和农情，提出了一系列新论断，进一步深化了我党对发展农村生产力问题的认识。

20世纪70年代末开始推广的家庭联产承包责任制极大地释放了农村生产力，推动农业生产快速发展，但随着工业化和城镇化进程的不断推进，土地粗放经营、耕地细碎化等问题制约着农村生产力水平的进一步提升。虽然全国多地创新实行了农地流转制度，但农地流转总体上处于较低水平。为了提高土地资源的配置效率，习近平同志提出，在保持农村土地承包关系稳定并长久不变的前提下，落实集体所有权，稳定农户承包权，放活土地经营权，实行"三权分置"。三权分置改革的目的就是正确处理农民与土地的关系，坚持了土地集体所有权，稳定了农户承包权，放活了土地经营权[1]。习近平同志认为，这"顺应农民保留土地承包权、流转土地经营权的愿望"，体现了"农村改革又一重大制度创新"。

进入新时期以来，以习近平同志为核心的党中央针对农业现代化进程中的突出问题和矛盾，适时推进农业供给侧结构性改革，通过调整产品产业结构、拓展农业产业价值链、推行绿色生产方式、强化农业科技创新等一系列供给侧改革推动我国农业转型升级，为农业现代化建设夯实了物质基础。在2016年12月召开的中央农村工作会议上，习近平明确提出要把推进农业供给侧结构性改革作为农业、农村工作的主线，培育农业、农村

---

[1] 韩长赋."三权分置"是农村改革又一重大制度创新[N].光明日报，2016-01-26.

发展新动能，提高农业综合效益和竞争力。以此为指引，2017年中央一号文件提出要"把深入推进农业供给侧结构性改革作为新的历史阶段农业、农村工作主线"，并首次明确提出深化农村集体产权制度改革，落实农村"三权分置"办法。这集中体现了以习近平同志为核心的党中央关于农业现代化建设的新思想和新要求。

与历届中央领导的指导思想一致，习近平同志也高度重视科技在推动农村生产力中的巨大作用，他指出，要"把科技兴农作为一项基本政策"，"瞄准农业现代化主攻方向，提高农业生产智能化"。在科技兴农的措施方面，他明确指出，要给农业插上科技的翅膀，按照增产、增效并重，良种、良法配套，农机、农艺结合，生产、生态协调的原则，促进农业技术集成化，劳动过程机械化，生产、经营信息化，安全、环保法治化，加快构建适应高产、优质、高效、生态、安全的农业发展要求的技术体系。这成为新时期我国农业现代化建设的重要突破口。在福建省工作期间，习近平同志总结并推广了农业科技特派员下乡制度；此后，这一经验上升为全国推广的创新经验。习近平指出，农业出路在现代化，农业现代化关键在科技进步，我们必须比以往任何时候都更加重视、依靠农业科技进步，走内涵式发展道路，"内涵式发展道路"充分表明了习近平同志关于"三农"工作重要论述中"科学技术是第一生产力"的逻辑主线。

2.关于支持、鼓励农民增收致富的重要论述

习近平同志指出，要"把农业的发展放到整个国民经济发展中统筹考虑，把农村的繁荣进步放到整个社会进步中统筹规划，把农民的增收放到国民收入分配的总格局中统筹安排。"[①] 习总书记多次指出，"小康不小康，关键看老乡"，"中国要强，农业必须强；中国要美，农村必须美；中国要富，农民必须富"[②]。这些话语充分展示了习近平同志关于"三农"工作重要论述中强农、惠农、农的人本理念。

随着工业化和城市化对土地需求的持续增长，大量的农村集体土地被

---

① 习近平.之江新语[M].杭州：浙江人民出版社，2007.
② 中共中央文献研究室.习近平关于协调推进"四个全面"战略布局论述摘编[M].北京：中央文献出版社，2015.

征收、征用。由于一些地方政府和基层组织在征地拆迁过程中的做法欠妥当，导致农村社会各种矛盾集结。针对农村改革中出现的这些问题，习近平强调，不管怎么改，都不能把农村土地集体所有制改垮了，不能把耕地改少了，不能把粮食生产能力改弱了，不能把农民利益损害了。这"四个不能"是农村改革的一条底线，体现着对农民利益极有力的维护，具有很强的针对性和重大的指导作用。

农民增收难是中国"三农"问题的核心。十八大以来，以习近平同志为核心的党中央始终把促进农民增收致富作为新阶段农村工作的主要目标和中心任务。习近平同志强调让农民共享改革发展成果，提出促进农民收入持续较快增长。要综合发力，广辟途径，建立促进农民增收的长效机制。要加大农业投入力度，财政再困难也要优先保证农业支出，开支再压缩也不能减少"三农"投入。习近平同志深切关心贫困地区的各族群众，指出，我们搞社会主义，就是让各族人民都过上幸福、美好的生活。全面建成小康社会最艰巨、最繁重的任务在贫困地区，特别是深度贫困地区。无论这块硬骨头有多硬，都必须啃下，无论这场攻坚战有多难打，都必须打赢。全面小康路上不能忘记每一个民族、每一个家庭。实现农业发展、农民致富不仅需要加快推进农村体制机制创新，加大农业投入，也迫切需要培育出适应现代农业发展需求的新一代农民。习近平提出，要帮助贫困地区群众提高身体素质、文化素质、就业能力，努力阻止因病致贫、因病返贫，打开孩子们通过学习成长、青壮年通过多渠道就业改变命运的扎实通道，坚决阻止贫困现象代际传递。要把加快培育新型农业经营主体作为一项重大战略，以吸引年轻人务农、培育职业农民为重点，加快构建职业农民队伍，形成一支高素质农业生产和经营者队伍，为农业现代化建设提供坚实的人力基础和保障。这种全面提升农民素质、积极引导农民向高素质的新型职业农民转变的政策性措施为促进农民持续增收，逐步缩小城乡收入差距奠定了坚实的基础。

人口多、底子薄、发展不平衡是我国现阶段的基本国情，还有1.28亿人生活在贫困线以下，其中绝大部分在农村。针对这些贫困人口的脱贫期盼，以习近平同志为核心的党中央高瞻远瞩，做出了扶贫开发的战略决策。习近平指出，没有农村的小康，特别是没有贫困地区的小康，就没有全面建成小康社会。他提出，要在中国扶贫攻坚工作中实施精准扶贫方略，增加扶贫投入，出台优惠政策性措施，坚持中国制度优势，注重"六个精准"，坚持分类施策，因人、因地施策，根据贫困原因施策，因贫困类型施策。通过扶持生产和就业发展一批，通过易地搬迁安置一批，通过生态保护脱贫一批，通过教育扶贫脱贫一批，通过低保政策兜底一批，广泛动员全社会力量参与扶贫。习近平同志精准扶贫的新思维不仅明确了扶贫攻坚的方向和任务，也彰显了我党以人民为中心的治国理念。

3.关于新型工农城乡关系的重要论述

习近平同志指出，没有农业、农村现代化，就没有整个国家现代化。在现代化进程中，是否处理好工农关系、城乡关系在一定程度上决定着现代化的成败。要走城乡融合发展之路，向改革要动力，加快建立、健全城乡融合发展体制机制和政策体系，健全多元投入保障机制，增加对农业、农村基础设施建设的投入，加快城乡基础设施互联、互通，推动人才、土地、资本等要素在城乡间双向流动。要建立、健全城乡基本公共服务均等化的体制机制，推动公共服务向农村延伸、社会事业向农村覆盖。城乡融合发展是工业化、城镇化、农业现代化发展到一定阶段的必然要求，是国家现代化的重要标志。习近平同志认识到，必须通过推动体制机制创新，才能有效促进整个城乡经济社会全面、协调、可持续发展。党的十九大报告明确提出要建立、健全城乡融合发展体制机制和政策体系。从"城乡发展一体化"到"城乡融合发展"既一脉相承，又与时俱进地体现了"促进城乡协调发展"的价值理念，也体现了新时代我国农业、农村发展的阶段性特征。

党的十八大以来，以习近平同志为核心的党中央格外重视城镇化对统筹城乡发展和农业现代化建设的推动作用，"走中国特色、科学发展的新型城镇化道路，核心是以人为本，关键是提升质量，与工业化、信息化、农业现代化同步推进"。习近平指出，持续进行的新型城镇化将为数以亿计的中国人从农村走向城市、走向更高水平的生活创造新空间。这意味着推进新型城镇化将为广大农业转移人口构建高质量的、新的生活空间。农业人口的有序转移不仅推进了新型城镇化，为扩大内需和促进产业升级增添新的动能，也有助于缓解农业人多地少的矛盾，为实现农地适度规模化经营创造条件。

城乡基本公共服务均等化是城乡一体化发展的目标要求。尽管近年来国家对农村公共服务建设高度重视并予以持续投入，城乡基本公共服务水平得到了显著的提高，但总体供给不足、分配不均衡的现象依然很突出。习近平同志认识到，从城乡融合发展情况来看，最紧迫的任务是构建覆盖城乡的基本公共服务体系，推进基本公共服务均等化，使广大农民平等分享现代化成果。因此，他明确指出，实现城乡发展一体化，目标是逐步实现城乡居民基本权益平等化、城乡公共服务均等化、城乡居民收入均衡化、城乡要素配置合理化及城乡产业发展融合化。

美丽乡村建设是推进新农村建设的重大举措。建设社会主义新农村绝不仅仅是为了农业、农村发展和农民富裕，而是关系到国家长治久安和民族伟大复兴的重大战略部署。[①] 早在于浙江施政时期，习近平同志就亲自部署并推动这项工作。党的十八大以来，他多次强调要把浙江经验总结好、推广开。习近平同志强调，"中国要美，农村必须美"，要注意生态环境保护，因地制宜推进农村人居环境的综合整治，走一条"留得住绿水青山，记得住乡愁"的建设之路。习近平同志指出，绿水青山是金山银山，良好的农村生态也是一种生产力。"千村示范、万村整治"工程就是"两山"理论的成功实践。美丽乡村不仅要有内在美，还要有外在美，清洁、整齐的村容、村貌有助于提升农民的身心健康。他嘱咐各地，要将农村厕所改造作为民生大事来抓。习近平同志关于美丽乡村建设的重要论述和指示精神彰显了以习近平同志为核心的党中央大力推进社会主义新农村建设的坚定决心，为推进我国农业现代化建设、加快城乡融合发展提供了科学的理论指导和行动指南。

乡村振兴战略是党的十九大提出的一项重大战略，是全面建设社会主义现代化国家的全局性、历史性的重大任务，是新时代"三农"工作的总

---

① 习近平.之江新语[M].杭州：浙江人民出版社，2007.

抓手。"40年前，我们通过农村改革拉开了改革开放大幕。40年后的今天，我们应该通过振兴乡村，开启城乡融合发展和现代化建设新局面。"① 习近平同志的这一重要论断明确了实施乡村振兴战略的战略目标。2018年是乡村振兴战略实施的第一年，党中央出台了一系列强农、惠农政策，为促进城乡融合发展提供了坚实的制度保障。这一年的中央一号文件围绕实施乡村振兴战略，提出了"三农"发展的"三步走"目标任务：第一步是到2020年，乡村振兴取得重大进展，制度框架和政策体系基本形成；第二步是到2035年，农业、农村现代化基本实现；第三步是到2050年，乡村全面振兴，农业强、农村美、农民富全面实现②。以乡村振兴战略引领城乡融合发展是进入新时代建设中国特色农业、农村现代化的内在要求。习近平同志指出，要强化以工补农、以城带乡，加快形成工农互促、城乡互补、协调发展、共同繁荣的新型工农城乡关系，向改革要动力，加快建立、健全城乡融合发展体制机制和政策体系。由此可见，乡村振兴的全面推进必将推动新时代我国城乡融合的新发展，从而为构建新型工农城乡关系指明方向。

4.关于农业、农村现代化的重要论述

农业现代化是国家现代化的重要构成，农业现代化进程直接关系到中国特色社会主义现代化目标实现的进度和质量成色③。在庆祝中国共产党成立100周年大会上，习近平总书记指出，我国"创造了中国式现代化新道路"。这意味着我国的农业、农村现代化将在中国式现代化的轨道上行进。

2017年，党的十九大胜利召开，习近平总书记在会上首次提出"农业、农村现代化"概念。"实现农业、农村现代化，这是一个新的重大提

---

① 韩长赋.四十年农业农村改革发展的成就经（庆祝改革开放40周年理论研讨会论文摘编）[N].人民日报，2019-01-17.

② 中共中央国务院关于实施乡村振兴战略的意见[J].中国农民合作社，2018（3）.

③ 胡春华.加快农业农村现代化（学习贯彻党的十九届五中全会精神）[N].人民日报，2020-12-01.

法。"①进入新时代以后，农业、农村现代化以高质量发展为导向，在新发展理念的指引下推动农业向多元目标发展。党的十八届五中全会提出要加快转变农业发展方式，走产出高效、产品安全、资源节约、环境友好的农业现代化道路。党的十九大则强调在坚定实施乡村振兴战略的框架下优先发展农业和农村，构建现代农业产业体系、生产体系、经营体系，完善农业支持保护制度，发展多种形式适度规模经营，培育新型农业经营主体，健全农业社会化服务体系，实现小农户与现代农业发展有机衔接。党的二十大报告指出，全面推进乡村振兴，坚持农业、农村优先发展，巩固、拓展脱贫攻坚成果，加快建设农业强国，扎实推动乡村产业、人才、文化、生态、组织振兴，全方位夯实粮食安全根基，牢牢守住十八亿亩耕地红线，确保中国人的饭碗被牢牢端在自己手中。

粮食安全是"国之大者"。习近平同志多次强调一定把饭碗端在自己手中，牢牢抓住粮食安全的主动权，这体现着最重要的经济安全。"看看世界上真正强大的国家、没有软肋的国家，都是有能力解决自己的吃饭问题。美国是世界第一粮食出口国、农业最强国，俄罗斯、加拿大和欧盟的大国也是粮食强国。这些国家之所以强，是同粮食生产能力强联系在一起的。"②在新时代农业、农村现代化发展过程中，粮食安全不仅是经济问题，还事关国家安全，因此"要扛稳粮食安全这个重任"③。很多国家的粮食供应都主要依赖外贸，我国则强调粮食生产自给，这不仅体现着新时代农业、农村现代化的特色，也是中国特色社会主义能行稳致远的底气。

农业、农村现代化的内核实际上是创新、协调、绿色、开放、共享的新发展理念，强调兼顾多重目标和多主体利益，坚持农业、农村优先发展。实现农业、农村现代化是适应新发展阶段建设农业强国和社会主义现代化强国的要求，与"五位一体"的总体布局对应，反映了产业兴旺、生

---

① 韩长赋.用习近平总书记"三农"思想指导乡村振兴[J].农村工作通讯，2018（7）.

② 中共中央党史和文献研究院.习近平关于三农工作论述摘编[M].北京：中央文献出版社，2019.

③ 习近平李克强王沪宁韩正分别参加全国人大会议一些代表团审议[N].人民日报，2019-03-09.

态宜居、乡风文明、治理有效、生活富裕的乡村振兴总要求的现代化,即"农村产业现代化、农村生态现代化、农村文化现代化、乡村治理现代化和农民生活现代化"①。从农业现代化到农业、农村现代化,在更加全面、综合的目标视阈中丰富了"三农"领域现代化的内涵。

共同富裕是社会主义的本质要求,是中国共产党对全体中国人民的承诺,也体现着中国特色社会主义现代化的鲜明特征②。习近平同志多次强调:"全面建成小康社会,一个也不能少;共同富裕路上,一个也不能掉队。我们将举全党、全国之力,坚决完成脱贫攻坚任务,确保兑现我们的承诺。我们要牢记人民对美好生活的向往就是我们的奋斗目标,坚持以人民为中心的发展思想,努力抓好保障和改善民生各项工作,不断增强人民的获得感、幸福感、安全感,不断推进全体人民共同富裕。"农民是共同富裕道路上的后进者,农民获取收入的来源主要是农业。农民能否与全体人民一道实现共同富裕,主要取决于农业、农村能否实现现代化。习近平同志指出:"在向第二个百年奋斗目标迈进的历史关口,巩固和拓展脱贫攻坚成果,全面推进乡村振兴,加快农业、农村现代化,是需要全党高度重视的一个关系大局的重大问题。""举全党、全社会之力推动乡村振兴,促进农业高质、高效,乡村宜居、宜业,农民富裕、富足。"在新发展阶段,我国实现农业、农村现代化要以城带乡、以工促农,要求工业化和城市化反哺农业、农村和农民,从而实现城乡和工农关系的长期协调,促进城乡共同富裕。

习近平同志强调:"坚持人与自然和谐共生,坚持节约优先、保护优先、自然恢复为主的方针,像保护眼睛一样保护生态环境,像对待生命一样对待生态环境,让自然生态美景永驻人间,还自然以宁静、和谐、美丽。""提高把'绿水青山'转变为'金山银山'的能力。"习近平同志的重要论断表明,新发展阶段农业、农村现代化是集生态文明建设和绿色发展于一体的现代化,过去,农业发展单纯注重生产效率;新发展阶段农业、农村发展转向兼顾生产效率和生态效率,更加强调农业发展的安全

---

① 魏后凯.深刻把握农业农村现代化的科学内涵[J].农村工作通讯,2019(2).
② 李崇富.论治国理政的"底线思维"[J].马克思主义研究,2016(3).

性、可持续性和生态屏障功能。特别是生态农业将农业生态化作为农业高质量发展的目标，注重农产品生产过程的绿色化、无公害化，以此提高农产品的质量和竞争力，使农产品的绿色和有机标识成为衡量农产品品牌价值的重要指标。习近平同志强调，应促进农业与工业、农业与服务业的融合。在新发展理念的指引下，现代农业将与农产品加工、农村旅游、体闲体验、农业科普教育、花卉栽培、健康养老等结合起来，发挥其生产功能、生活功能、旅游功能、生态功能、示范和教育功能等多种功能，形成第一、第二、第三产业融合的综合性生态产业体系。

对于农业文化传承和发展问题，习近平同志强调，中华文明根植于农耕文明。我们要深入挖掘、继承、创新优秀传统乡土文化。要把保护、传承和开发、利用有机结合起来，把我国农耕文明优秀遗产和现代要素结合起来，赋予新的时代内涵，让中华优秀传统文化生生不息，让我国历史悠久的农耕文明在新时代展现其魅力和风采。[①] 现代农业是传承我国宝贵的传统农耕文明基因的载体。传统农耕文化中包含的传统节日、民俗、民族文化、手工艺等；传统农业耕作中的节气和时令，循环农业、轮作耕种等生产智慧；我国农耕文化中包含的天人合一、和谐共生的哲学思想；守望相助、耕读传家的乡土基因；淳厚、朴实、勤勇、忠信的优秀品质……这些农耕文化在现代文化价值体系中依然占有重要地位，在现代乡村文化振兴中值得被重新发扬光大。习近平同志指出，要"弘扬和践行社会主义核心价值观，……深入挖掘优秀传统农耕文化蕴含的思想观念、人文精神、道德规范，培育、挖掘乡土文化才。弘扬主旋律和社会正气，培育文明乡风、良好家风、淳朴民风，改善农民精神风貌，提高乡村社会文明程度，焕发乡村文明新气象。"[②] 这即是说，在现代农业发展过程中，乡村治理要以社会主义核心价值观为引领，通过文明乡风、家风和民风的培育坚守优秀农耕传统文化和乡土文化文脉的延续。在城市化快速发展的同时，农村呈现出逐渐衰败的趋势。然而，新时代中国特色社会主义的乡村振兴

---

① 习近平.习近平著作选读（第二卷）[M].北京：人民出版社，2023.
② 中共中央宣传部，国家发展和改革委员会.习近平经济思想学习纲要[M].北京：人民出版社，学习出版社，2022.

肩负着实现民族复兴的重大使命，正如习近平同志指出的，"民族要复兴，乡村必振兴"。在此目标的引领下，农业、农村现代化成为推进乡村振兴的根本抓手。

第四章　乡村振兴战略的背景、内涵及实施

乡村振兴战略是在党的十九大报告中被正式提出的，并被写入这次代表大会通过的党章，体现了党中央基于对中国特色社会主义进入新时代和社会主要矛盾转化做出的重大决策和战略安排，在我国"三农"发展进程中具有划时代的里程碑意义。本章首先回顾乡村振兴战略提出的背景，然后讨论这一战略的内涵和实施重点。

一、乡村振兴战略提出的背景

乡村的"兴"和"衰"是一对矛盾的表现，在中国历史上，乡村发展有兴也有衰。唐宋时期，我国封建社会进入兴盛时期，乡村自给自足的自然经济为人们创造了相对富足的生活，以血缘为纽带的乡绅治理结构在基层社会发挥着稳定器的作用，以儒家文化为核心的价值观渗入传统农耕文化中，浸润着农人们的心灵。这一时期，中国乡土社会在经济、政治、文化等方面都相对达到了鼎盛时期。元明清时期，乡土社会开始进入衰落期。元朝时期，统治者以游牧军事的方式来治理农耕社会，大量的乡村耕地遭到破坏，乡土社会受到了极大的摧残。明朝建立后，虽然统治政府采取了恢复农业、发展生产的措施，但封建专制集权压制了乡土社会复苏的活力。清朝中后期，统治政府日趋腐朽、黑暗，使中国乡土社会加速走向衰落。尤其是鸦片战争之后，列强入侵，中国传统的自给自足的小农经济在封建主义和帝国主义的双重压迫下彻底走向衰落，乡土社会的衰落加剧。

从人类社会近现代史来看，工业革命以来，乡村衰落逐渐成为一个世界性的问题。英国在工业革命开始后，经济获得了快速发展，但"圈地运动"导致"羊吃人"式的发展模式，广大农民的利益受到了极大的损害。17世纪，英国进入世界强国之列，殖民地迅速扩大，英国资本家为了满足市场对羊毛生产和纺织品生产的巨大需求，强占乡村土地，迫使大量农民破产，农田变成牧场。工业化和城市化是英国乡村走向衰落的直接原因。在拉丁美洲，过度城市化和超前城市化是导致乡村衰落的直接原因。很多国家独立后城市化发展速度超过了工业化发展速度，一些国家甚至走上了无工业化的城市化道路。政府放弃了对乡村的支持和建设；农民则抛弃了乡村家园，涌入城市，导致城市人口快速增长。但城市基本建设滞后，跟不上人口增长的速度，居民得不到就业的机会和必要的生活条件，出现了"城市病"。同时，大量贫民聚居在城市周边，形成了"贫民窟"。1950年，拉美的城市化水平与北美、欧洲、大洋洲等发达地区相比还有很大差距；经过半个世纪的发展，到了2000年，拉美的城市化水平超越了欧洲和大洋洲，在世界六大地区中排名第二，仅略低于北美洲。根据世界银行《2001年世界发展指标》提供的数据计算，世界城市化与工业化比率的平均数为1.48。2001年，拉美的工业产值占GDP的29.0%，城市化率为75.3%（2000年），二者的比率为2.6。该数据表明，拉美地区城市化的"超前"现象是比较普遍的。城市化和工业化是乡村衰落的诱因。乡村凋敝为人们敲响了警钟，很多国家开始关注乡村复兴问题。如何吸取、借鉴人类文明史上的经验和教训，使城乡发展优势互补、互为促进是值得我们思考的。

十一届三中全会以来，我国农村发生了巨大的变化。农村推行了家庭联产承包责任制，在这种制度下，农民掌握了生产的主动权和决策权。"交够国家的，留足集体的，剩下的全是自己的"的分配原则使农民的干多干少、干好干坏与他个人（或家庭）的利益密切相关，极大地调动了农民的积极性，农业生产出现了前所未有的繁荣景象，乡村随之呈现出勃勃生机。随着家庭联产承包责任制的进一步完善和发展，我国在随后的40多年里又推进了一系列农业和农村的改革，初步构建了农业和农村建设、发展的制度框架。改革开放初期，在"以粮为纲"政策的引导下，我国农业以种植业为主，产品种类单一，发展不平衡。随着农业政策不断优化调整，农业综合生产能力稳步提高，现代农业体系初步建立并完善。但是，随着工业化和城镇化的快速发展，我国乡村的社会结构和自然风貌发生了剧烈的变化。

总体来看，这一时期中国城乡关系调整，以及在此大背景之下的农业、农村发展都取得了明显的成效。限于篇幅，仅就表1中列举的几个重要指标进行简单的分析和评价。

表1　2008—2021年中国农业、农村发展状况的几个重要指标

年份	农民人均可支配收入（元）	粮食总产量（万吨）	农村居民家庭恩格尔系数（%）	城乡居民收入之比
2008	4998.9	53434.3	43.7	3.31
2009	5435.1	53940.9	41.0	3.33
2010	6272.4	55911.3	41.1	3.23
2011	7393.9	58849.3	40.4	3.13
2012	8389.3	61222.6	39.3	3.10
2013	9429.6	63048.2	37.7	3.03
2014	10489.9	63964.8	33.6	2.75
2015	11421.7	66060.3	33.0	2.73
2016	12363.4	66043.5	32.2	2.72
2017	13432.4	66160.7	31.2	2.71
2018	14617.0	65789.2	30.1	2.69
2019	16020.7	66384.3	30.0	2.64
2020	17131.5	66949.2	32.7	2.56
2021	18931.0	68285.0	32.7	2.50

资料来源：中国统计年鉴（2021年）、中华人民共和国各年国民经济和社会发展统计公报

从表1中可以看出：第一，农民收入呈现快速增长趋势。2008—2021年年均增长10.8%。尤为可喜的是，城乡居民收入之比自2009年以后呈下降趋势，说明党的十七大以来党中央支持农业发展的各项政策，以及各地区各级政府采取的促进农村增收的措施取得了良好的效果，农民收入增长速度高于城镇居民收入增长速度，城乡居民收入差距逐渐缩小。第二，粮食产量是衡量农业产出的重要指标，也是新常态下确保国民经济稳定增长的"定海神针"。2004年以来，我国粮食产量呈现出连年丰收之态势，至2021年为"十八连丰"，除了2016年和2018年产量略有下降外，其余年份均呈增长态势，这在中华人民共和国成立以来的历史上是没有过的。第三，农村居民家庭恩格尔系数下降明显。2019年，农村居民家庭恩格尔系数降至30.0%，已进入小于30.0%的富足阶段。而同年城镇居民家庭恩格尔系数已经降至27.6%，城乡居民平均为28.2%。这意味着中国居民的消费也在升级，人们更加关注时尚、品质和安全性，更加注重文化、教育、休闲、娱乐、旅游等食品以外的消费，对农业、农村的要求也更高了，这也是党的十九大提出乡村振兴战略的重要原因之一。

从另一个方面来看，随着工业化和城镇化的快速发展，我国乡村的社会结构发生了较大的改变。越来越多的农民进城务工，农村人口流动引起了农村社会结构变化，助推了农村阶层分化。一是农村人口流动不仅为中国城市化和工业化提供了丰富的劳动力资源，也为农村的发展带来了正面效应。农民职业开始分化，出现了纯农户、兼业农户和非农户。兼业农户的出现不仅增加了农户的非农收入，也优化了农村产业结构。同时，劳动力的城乡流动有助于农民积累科学技术、经营理念和社会文化，提升了农民的综合素质。二是大量青壮年劳动力向城市建设市场的转移改变着中国的社会结构，也给农村的发展带来了消极影响，出现了大量的空巢村、老人村、留守儿童村和贫困村，这成为当下中国，尤其是西部地区不争的事实。乡村衰退体现的不仅是经济和建筑的衰退，更是乡村社会和文化的衰败。乡村留给人们的不是乡愁，更多的是衰败、凋敝的景象。住建部《全国村庄调查报告》数据显示：1978—2012年，中国行政村总数从69万个减少到58.8万个，自然村总数从1984年的420万个减少到2012年的267万个，年均减少5.5万个。随着农村青壮年劳动力不断向城市转移，种地的人越来越少，造成农业产业衰退，乡村经济停滞不前。这进一步强化了城乡发展的不平衡。同时，城乡二元结构未被完全破除，城乡发展差距依然较大，主要表现为农村教育、科技、文化、卫生等公共事业发展滞后，乡村治理落后，村民的法治意识比较薄弱，现代文明程度低；农膜、农药、化肥的超量使用使农村面源污染较为严重，不少地方的土壤退化、水土流失现象突出。农业、农村的全面持续发展迫切要求打破这种城乡发展不平衡的状况，乡村振兴战略应运而生。

二、乡村振兴战略的重大意义与科学内涵

（一）乡村振兴战略的重大意义

对于乡村振兴战略的重大意义，一些学者认为乡村振兴战略创造性地回答了新时代"三农"工作的未来走向和如何发展这一重大问题，体现了中国共产党"三农"工作理论与实践的重大创新和发展；一些学者认为乡村振兴战略从顶层确立了我国乡村发展的新思路，是加快农业、农村现代化，全面提振农村发展，遏制乡村日渐凋敝、衰落的战略举措；还有一些学者认为乡村振兴战略能够为世界农业的发展树立中国样板，为世界农业发展问题提供中国方案。乡村振兴战略是以习近平同志为核心的党中央着眼于世情、国情、农情而对"三农"工作做出的重大决策部署，其意义之重大不言而喻。

1.实施乡村振兴战略是建设社会主义现代化强国、实现中华民族伟大复兴的必然要求

乡村兴则国家兴，乡村衰则国家衰。改革开放40年来，我国经济社会的发展取得了长足的进步。根据世界银行公布的数据，按现价美元计算，2016年我国的GDP为11.2万亿美元，居世界第二。作为全球第二大经济体，我国经济增速保持世界前列，人均收入水平持续增长，实体经济、科技创新、现代金融、人力资源协同发展的产业体系被逐步建立起来，社会全要素生产率大幅提高。但从整体来看，我国农村的发展速度和

质量远落后于城市。当前我国一些地区尤其是中西部地区很多农村还存在着基础设施落后、公共服务不均等、生产和生活条件差、贫困程度深、贫困人口规模较大等突出问题，这与我们党提出物质文明、政治文明、精神文明、社会文明、生态文明全面提升和整体进步的全面小康社会还有较大的差距，更与建设中国特色社会主义现代化强国的目标相去甚远。全面建设社会主义现代化强国最艰巨、最繁重的任务在农村，最有发展潜力的也是农村。没有农业、农村的现代化，就没有中国特色社会主义的现代化。农业是国民经济的基础，一直以来，党和国家高度重视农业发展，多方面加大对农业、农村的扶持力度。从2003年开始，中央一号文件连续20年聚焦"三农"问题。在2013年中央农村工作会议上，习近平总书记对"三农"工作的极端重要性进行了高度概括，明确提出了"三个必须"的重要论述，突出强调了农业强、农村美、农民富与国家强、国家美、国家富的关系。在2020年底召开的中央农村工作会议上，习总书记强调，全党务必充分认识新发展阶段做好"三农"工作的重要性和紧迫性，坚持把解决好"三农"问题作为全党工作的重中之重，举全党、全社会之力推动乡村振兴，促进农业高质、高效，乡村宜居、宜业，农民富裕、富足。因此，全面实施乡村振兴战略表现为构建现代农业产业体系、生产体系、经营体系，以农业推动中国经济社会持续发展，补齐实现社会主义现代化强国的短板。"团结带领全国各族人民全面建成社会主义现代化强国、实现第二个百年奋斗目标，以中国式现代化全面推进中华民族伟大复兴"是新时代、新征程中中国共产党的中心任务。乡村能否实现振兴发展、"三农"问题能否得到妥善解决是关乎建设社会主义现代化强国、实现第二个百年奋斗目标的关键问题，而推动乡村的振兴发展正是实现中华民族伟大复兴的必然要求。

2.实施乡村振兴战略是新时代实现城乡、区域和人的均衡发展的必由之路

历史上我国是一个传统的农耕社会国家，乡村承载着生产、生活、生态、文化等多重功能，虽然乡村与城镇有着不同的生产、生活方式，二者却共生、共存，共同构成了人们活动的主要空间。然而，随着我国工业化、城镇化的快速发展，乡村逐渐呈现出凋敝的状态。据统计，2021年我国城镇常住人口为91425万，城镇化率为64.7%，而2011年时，我国城镇常住人口为69079万，10年间城镇常住人口增长了22346万。城镇人口的持续增长意味着农业活动逐渐向非农业活动转化，意味着耕地减少、粮食安全等一系列问题会出现。2021年我国城镇居民人均可支配收入为4.74万元，农村居民人均可支配收入为1.89万元，城乡居民收入差距为2.85万元。城乡发展和收入分配的不平衡导致乡村群众在就业、教育、医疗、居住、养老等方面与城镇居民存在较大差距。新时代乡村振兴战略的提出进一步把农村与城市的同步发展、协同融合发展提到了重要的位置。乡村是现代社会不可缺少的一部分，农村经济是现代化经济体系的重要组成部分。乡村振兴战略要求把城乡作为一个有机整体，充分利用乡村的产业、文化、生态等资源，发挥乡村社会的主动性和积极性，来激发乡村发展活力[①]。同时，突出农村和城市是并行的发展主体，充分挖掘城乡生产要素的配置互补性和相互流动性，实现城乡发展的有机融合。

3. 实施乡村振兴战略是顺应当前社会主要矛盾变化、实现人民群众对美好生活的向往的必然选择

随着中国特色社会主义进入新时代，我国社会主要矛盾转化为人民日益增长的美好生活需要与不平衡、不充分的发展的矛盾。城乡居民对幸福、美好生活的期盼与城乡发展不平衡、农村发展不充分成为最大的矛盾。当前，我国发展不平衡、不充分问题在乡村最为突出，主要表现在：农产品阶段性供过于求与供给不足并存，农业供给质量亟待提高；农民适应生产力发展和市场竞争的能力不足，新型职业农民队伍建设急需加强；农村基础设施和民生领域欠账较多，农村环境和生态问题比较突出，乡村发展整体水平亟待提升；国家支农体系相对薄弱，农村金融改革任务繁重，城乡之间要素合理流动机制亟待健全；农村基层党建存在薄弱环节，乡村治理体系和治理能力亟待强化。习总书记多次强调，小康不小康，关键看老乡。农业强不强、农村美不美、农民富不富，关乎广大农民群众的

---

① 李慧.乡村振兴战略：农村发展新蓝图[N].光明日报，2017-11-14.

获得感、幸福感、安全感，关乎能否如期全面建成小康社会的大局。从中国共产党第十六届五中全会提出建设社会主义新农村重大历史任务时提出生产发展、生活宽裕、乡风文明、村容整洁、管理民主等具体要求，到党的十九大提出产业兴旺、生态宜居、乡风文明、治理有效、生活富裕的总要求，从时间跨度上可以看出，党中央对农业、农村发展的持续高度关注，并对新时代农业、农村发展提出了更新、更高的要求。乡村振兴的根本就是实现生活富足。党中央提出实施乡村振兴战略顺应了广大农民群众对美好、富裕生活的期盼和向往，体现了以人民为中心的本质要求。实现乡村振兴，要不断拓宽农民增收致富渠道，全面改善农村生产、生活条件，从生产、生活、文化、生态等方方面面增强农民群众的参与感、获得感和幸福感，让亿万农民走上共同富裕的道路。

（二）乡村振兴战略的内涵

党的十九大报告提出的20字方针既是乡村振兴战略的总要求，也体现了对乡村振兴战略内涵和外延的高度概括。有学者从乡村振兴战略的主体、实现方式和最终指向三个方面阐释了乡村振兴战略的科学内涵，还有学者从历史与现实结合的角度探讨乡村振兴战略的本质内涵。有学者指出，应该从"七个根本性转变"方面来认识乡村振兴战略的内涵。本书不仅对乡村振兴战略的总要求和总目标进行了深入分析和探讨，还提出了应从城乡融合发展，巩固、拓展脱贫攻坚成果，提高农业竞争力，建设农业强国，重视粮食安全等方面来理解、把握乡村振兴战略的内涵。

党的十九大报告提出了实施乡村振兴战略的总要求：产业兴旺、生态宜居、乡风文明、治理有效、生活富裕。这20个字勾勒出了乡村振兴的宏伟蓝图。

产业兴旺是乡村振兴的重点和基石。农业产业不兴旺，就无法实现农民增收、农业发展和农村繁荣。因此，实施乡村振兴战略的突破口和支撑点就在产业振兴上，只有把产业振兴做实，才能把乡村振兴战略落实，农民才能真正增收，农村才能更美，农业才能更强。因此，产业兴旺是推进乡村振兴工作的重心。推进乡村振兴，要围绕农村第一、第二、第三产业融合发展，加快建立农业、农村产业体系和服务体系，延长产业链条，以农业为中心发展农产品加工业，充分挖掘农业多种功能，做强农业，提高农业竞争力。

生态宜居是乡村振兴的关键。农村生态环境是村民生存和发展的基本条件，也是农村经济社会发展的基础。实现乡村生态宜居体现着广大农民群众对美好生活的需求。2018年中央一号文件指出："良好生态环境是农村最大优势和宝贵财富。必须尊重自然、顺应自然、保护自然，推动乡村自然资本加快增值，实现百姓富、生态美的统一。"当前我国一些地方农村人居环境没有得到根本性改观，脏、乱、差问题依然存在。没有生态和人居环境的振兴，就不会有真正意义上的乡村振兴。基于此，2022年中央一号文件对乡村建设做了具体部署。文件提出要"健全乡村建设实施机制"，"接续实施农村人居环境整治提升五年行动"，确保村庄环境干净、整洁、有序，保留乡村风貌和乡土气味，让新时代的乡村不仅绿起来，更要美起来、靓起来。

乡风文明是乡村振兴的灵魂，是推动乡村振兴的精神力量和重要保障。随着农村物质生活水平的不断提高，农民对精神文化的需求也在不断增加，这正是乡村振兴战略中乡风文明建设的内在要求。当前城市化的快速发展使得城市文明逐渐侵占了乡村传统的道德价值观。旧日乡土文明中的家庭意识、宗族观念日益淡化，恋乡、恋土情结日益弱化。同时，农村人口大量外流，人口老龄化、村庄空心化、家庭离散化问题凸显，助推了传统农耕文化和乡土文明的解体。许多农村地区的不良风气、陈规陋习依然突出，法治不彰、歪风邪气等问题还一定程度存在。基于目前的现实困境，加快乡村社会的文化软环境建设，为农民生活和乡村振兴提供价值源泉和精神动力势在必行。

治理有效是乡村振兴的重要内容。能否做到乡村善治决定乡村振兴的成败，有效的治理为乡村振兴提供了良好的政治生态和法治基础。当前，我国乡村治理的难点在于法治不彰、法制废弛问题。乡村治理需要以法治的方式来推进，2022年中央一号文件提出"推进更高水平的平安法治乡村建设"，要以法治的理念引领乡村社会秩序的重构，以法治的方式维护乡村平安。乡村善治要坚持自治为基础，提升乡村德治水平，强化道德教化作用。通过道德的引领来规范村民的行为，以及村规、民约，让村民以自我教化的方式推动乡村自治。① 同时，乡村有效治理有赖于村级干部和基层党组织的坚强领导。要牵住农村基层组织建设这个"牛鼻子"，着力解决乡村社会法治观念淡薄、基层自治能力弱等问题。总之，乡村治理的目的就是建设宜居、宜业的和美乡村，让农村既充满活力，又稳定而有序，走具有中国特色的"三治融合"的乡村治理道路。

生活富裕既是乡村振兴的根本，也是衡量乡村振兴战略实施成效的基本尺度。乡村振兴战略的出发点和落脚点就是不断提高农民的物质生活和精神文化水平，提升农民的幸福感和获得感。实现生活富裕需要拓宽农民增收致富渠道，建立促进农民增收的长效机制。通过落实产业帮扶政策，依托农业、农村特色资源，强龙头，补链条，兴业态，树品牌，推动乡村产业全链条升级。要坚持将脱贫人口和脱贫地区的帮扶政策衔接好，将相关措施落实到位，防止出现返贫现象。

综上，"产业兴旺、生态宜居、乡风文明、治理有效、生活富裕"是实施乡村振兴的总要求，这五个方面的总要求是相互联系的有机整体，其中，产业兴旺为重点，生态宜居为关键，乡风文明为保障，治理有效为基础，生活富裕为根本。这20个字高度概括了中国特色社会主义乡村振兴道路的基本要求和实质内涵，深刻领会并理解其中丰富的内涵，对落实乡村振兴战略具有重大的指导意义。

三、乡村振兴战略的实施

（一）乡村振兴战略的阶段性目标任务

按照十九大提出的决胜全面建成小康社会、分两个阶段实现第二个百年奋斗目标的战略安排，2018年中央一号文件对乡村振兴战略提出了三个阶段的奋斗目标。

第一，到2020年，乡村振兴取得重要进展，制度框架和政策体系基

---

① 李章军.推进"三治融合"，助力乡村振兴[N].人民法院报，2018-09-12.

本形成。2020年是一个重要的时间节点，中国共产党将迎来建党100年。党的十八大报告提出，到2020年全面建成小康社会。党的十九大报告指出，从现在到2020年是全面建成小康社会的决胜期。《中共中央国务院关于打赢脱贫攻坚战的决定》提出，确保到2020年农村贫困人口实现脱贫，是全面建成小康社会最艰巨的任务。如今，这一阶段性目标任务已顺利完成，我国已全面建成小康社会。

第二，到2035年，乡村振兴取得决定性进展，农业、农村现代化基本实现。党的二十大报告提出，"全面建成社会主义现代化强国，总的战略安排是分两步走：从2020年到2035年基本实现社会主义现代化"。对应乡村振兴的目标任务来看，这一目标可以被细分为四个具体目标，即"农业结构得到根本性改善，农民就业质量显著提高，相对贫困进一步缓解，共同富裕迈出坚实步伐；城乡基本公共服务均等化基本实现，城乡融合发展体制机制更加完善；乡风文明达到新高度，乡村治理体系更加完善；农村生态环境根本好转，美丽、宜居乡村基本实现"。

第三，到2050年，乡村全面振兴，农业强、农村美、农民富全面实现。2050年是"两个一百年"的第二个100年，即中华人民共和国成立刚好超过100年。党的二十大报告中的规划是：从2035年到本世纪中叶把我国建成富强、民主、文明、和谐、美丽的社会主义现代化强国。这是一个中长期的目标任务，对应乡村振兴的目标任务必然是实现农业强国。

（二）乡村振兴战略的实施

2022年，中央农村工作会议在北京召开，习近平总书记出席会议并发表重要讲话，强调，全面推进乡村振兴、加快建设农业强国是党中央着眼全面建成社会主义现代化强国做出的战略部署，要铆足干劲，抓好以乡村振兴为重心的"三农"各项工作，大力推进农业、农村现代化，为加快建设农业强国而努力奋斗。

农业强国是新时代乡村振兴战略的最终目标。当前"三农"工作的重心是全面推进乡村振兴，推进农业、农村现代化，最终实现建成农业强国的目标。

1. "五个振兴"与乡村振兴的路径

关于乡村振兴的推进路径，有学者提出，从影响乡村振兴的内、外因素两个维度，内外协同发力促进乡村振兴；有学者认为，抓好"人""地""钱"的问题是实施乡村振兴战略的核心；还有学者提出，实现乡村振兴需要从乡村产业融合，人才队伍、乡村文化、生态环境建设方面找好着力点，采用因地制宜策略、规划引导策略、统筹协同策略、市场主导策略、质量提升策略、增量共享策略、全域服务策略和对外开放策略。

2018年3月8日，习近平总书记参加第十三届全国人民代表大会第一次会议山东代表团审议时发表重要讲话，就实施乡村振兴战略提出了"五个振兴"，即乡村产业振兴、人才振兴、文化振兴、生态振兴、组织振兴。党的二十大报告对实施乡村振兴提出了"扎实推动乡村产业、人才、文化、生态、组织振兴"的部署要求。这五个方面构成一个整体，是乡村振兴的实施路径和主攻方向。

具体来说，实现产业振兴，就要发展农业、农村的各项产业，满足人民日益增长的对农村美好生活的向往和对高品质绿色有机农副产品的需要。要强化质量兴农，走绿色发展之路。当前，我国农产品加工业的发展水平较低，与发达国家还有较大的差距。要制定相关政策支持农产品精深加工，增加农产品的附加值，使农民在生产、经营过程中获得更多的利益。要加快农业三次产业融合发展的步伐，完善农业生产体系、经营体系、服务体系，提高农业产业的整体盈利水平。要统筹兼顾培育新型农业经营主体，并扶持小农户，采取有针对性的措施，促进小农户与现代农业发展有机衔接。

实现人才振兴，就要开发乡村人力资源，通过疏通智力、技术、管理的下乡通道，培养、造就更多的乡土人才。推动建立职业农民制度，完善相关配套政策体系，大力培育新型职业农民；扶持并培养农民企业家、乡村工匠、文化能人、非物质文化遗产传承人等，推动乡村特色产业发展；发挥科技力量的支撑作用，推动科研院所、高校与乡村的技术合作，培养更多的乡村农技人员；建立激励机制，吸引企业家、党政干部、专家、学者、医生、教师、技术人员等各类人才投身乡村建设。

实现文化振兴，就要加强农村道德规范建设，传承、发展中国传统农耕文化和优秀乡土文化，加强以社会主义核心价值观为核心的农村公共文化建设，广泛开展移风易俗行动。

实现生态振兴，就要建设生态宜居的魅力乡村，实现百姓富与生态美的统一。要统筹乡村山、水、林、田、湖、草、沙系统治理，加强农业面源污染等农村环境突出问题的综合治理，开展农业绿色发展行动。正确处理开发与保护的关系，将乡村生态优势转化为发展经济的优势，提供更多、更好的绿色生态产品和服务，促进生态和经济良性循环。

实现组织振兴，就要充分发挥农村党支部的核心作用和村委会的战斗堡垒作用，通过发展农民专业合作社等合作经济组织团结农民、服务农民，鼓励成立农村老人协会、婚丧嫁娶协会等民间组织，引导广大农民移风易俗，爱家、爱村、爱国，实现经济发展与社会和谐的高度统一。

2.实现乡村振兴需要把握的关键问题

（1）充分发挥村"两委"的关键作用

乡村振兴的落脚点在乡村，村"两委"在乡村振兴中发挥着关键作用，因此要充分发挥村"两委"的作用。在新时代，村"两委"的工作重点就是按照实施乡村振兴战略"产业兴旺、生态宜居、乡风文明、治理有效、生活富裕"的总要求和"五个振兴"把农村工作做好。一要在积极推进集体产权制度改革方面探索"三变"改革的有效形式，让沉睡的资源活起来，让分散的资金聚起来，让农民致富的渠道宽起来，用好、用活村集体资产；二要探索发展农村集体经济的途径，壮大集体经济的力量；三，村"两委"要在发展农民专业合作社方面起到带头示范作用；四，村"两委"要在加强农村基层治理工作，建立"三治"融合乡村治理体系方面发挥不可替代的作用。

（2）城乡融合发展的目标导向

党的十九大报告提出："要坚持农业、农村优先发展，按照产业兴旺、生态宜居、乡风文明、治理有效、生活富裕的总要求，建立、健全城乡融合发展体制机制和政策体系，加快推进农业、农村现代化。"在乡村振兴战略下实现城乡融合，这是党中央在新形势下对城乡关系的新定位，体现着对以往城乡发展战略的重大调整，标志着中国城乡发展进入了新时代，具有重要的理论和现实价值。

城乡融合包括以下几方面内容：一是要素融合。在城乡利益趋同的条件下，劳动力、资金、土地、技术等要素可以在农村、城镇之间流动，逐渐实现均衡配置。二是区域融合。城市与乡村的边界将越来越模糊，乡村是城市的后花园，城在村中，村中有城，两者功能清晰，发展互补。三是生活方式融合。在城乡公共服务均等化的条件下，乡村居民的生活水平、生活方式与城市社区日益趋同。城市居民在节假日也可以到附近的乡村享受田园的乐趣。生活方式的融合极大地提高了城乡居民的生活质量，这是新时代的重要特征之一。

（3）巩固、拓展脱贫攻坚成果

党的二十大报告提出："全面推进乡村振兴，坚持农业、农村优先发展，巩固、拓展脱贫攻坚成果，加快建设农业强国，扎实推动乡村产业、人才、文化、生态、组织振兴，全方位夯实粮食安全根基，牢牢守住十八亿亩耕地红线，确保中国人的饭碗牢牢端在自己手中。"乡村振兴战略是党和国家关于农业、农村发展的重大战略，其目的是建设农业强国。巩固、拓展脱贫攻坚成果是乡村振兴战略的题中应有之意。一方面要巩固脱贫攻坚成果，防止返贫，在此基础上才能进一步拓展脱贫攻坚成果，实现农村产业优化升级，生态环保而美丽，文化传承发展，社会和谐而进步；另一方面，乡村振兴战略为农业、农村发展到新阶段确定了新目标，提出了新要求，也为加快实现建设农业强国目标吹响了号角。

（4）提高农业竞争力，建设农业强国

2022年中央农村工作会议提出，农业强国是社会主义现代化强国的根基，满足人民对美好生活的需要、实现高质量发展、夯实国家安全基础都离不开农业的发展。毋庸置疑，中国是一个农业大国，稻谷、小麦、肉类、蛋类、水果等农产品的产量均居全球第一位。但加入世界贸易组织参与国际市场竞争以来，中国主要农产品进口量连年增加。2020年1—12月农产品贸易逆差为948.1亿美元。其中谷物净进口3619万吨，同比增加

34.0%；大豆进口10031万吨，同比增加13.3%；棉花进口216万吨，同比增加16.8%；就连一度具有较强国际竞争力的肉类，自21世纪第二个10年以来也一直呈净进口状态。这种状况与建成农业强国还相去甚远。通过实施乡村振兴战略，实现农业由大到强的转变，就要大力构建现代农业产业体系、生产体系、经营体系，通过新主体、新产业、新业态的发展提升农业素质；加快推进农业由增产导向向提质导向转变，加快推进农业转型升级，坚持质量第一，推进质量兴农、品牌强农，大力推进农业标准化，坚持效益优先，促进农业竞争力提升和农民收入增长；加快推进农业生产方式向环境友好、资源节约方式转变，促进农业绿色可持续发展；持续推进农业供给侧结构性改革，增加绿色优质农产品供给；持续推进农业投入品减量，加快推进农业废弃物资源化利用，加强农业资源养护；创新完善农业支持、保护制度，实现农业补贴政策"绿箱"转变。

（5）关乎国家长治久安的粮食安全问题

粮食安全指保证任何人在任何时候都买得到，又买得起维持生存和健康必需的足够食品。这一概念主要从供给角度强调食品充足。粮食既是关系国计民生和国家经济安全的重要战略物资，也是人民群众最基本的生活资料。因此，粮食生产是安天下、稳民心的战略性产业。但我国的现实农情是人多地少，户均耕地规模仅相当于欧盟的四十分之一、美国的四百分之一。"人均一亩三分地、户均不过十亩田"是我国许多地方的耕地现状。在此背景下，耕地的粗放经营和小规模家庭经营格局将长期存在。近年来，由于国家加大农业投入，2004年以来，粮食生产连续增收，粮食产量的增加有助于缓解我国的粮食供需矛盾。但我们也应该看到，国内粮食需求呈现刚性增长，且食品需求升级。除了满足口粮需求，工业和其他方面的用粮也迅速增加。目前，中国三大主粮作物净进口已表现出常态化。国内粮食进出口受国际市场的影响越来越大，尤其是大豆、棉花等农产品，对外依存度较高，受全球农产品价格影响较大。当前，我国保证粮食安全还面临着水土资源紧约束的制约。从已有耕地来看，我国耕地质量总体偏差，中、低产田约占67%，且水土流失、土地沙化、土壤退化、"三度"污染问题严重。加上气候和自然灾害的影响，稍有不慎，粮食安全形势就会发生逆转。20世纪70年代，美国国务卿基辛格曾说过："谁控制了石油，谁就控制了所有国家；谁控制了粮食，谁就控制了所有的人。"对于拥有14亿人口的中国，粮食问题是关乎国家发展和政权稳固的根本问题，是国家的根基，任何时候都不能放松。党的十八大以来，习近平总书记多次强调，"中国人的饭碗任何时候都要牢牢端在自己手中，饭碗主要装中国粮"，"要依靠自己力量端牢饭碗"。党的二十大报告提出，全方位夯实粮食安全根基，牢牢守住十八亿亩耕地红线，确保中国人的饭碗被牢牢端在自己手中。这一重要指示充分表明中央对我国国情、农情、粮情的深刻把握，也充分展示了中央确保国家粮食安全的坚定决心。

实践篇

第五章　民族地区巩固、拓展脱贫攻坚成果，与乡村振兴有效衔接

2018年9月，中共中央、国务院印发了《乡村振兴战略规划（2018—2022年）》，这是进入新时代党中央对我国"三农"问题做出的正确决策部署。农业、农村、农民问题是关系国计、民生的根本性问题。实施乡村振兴战略，最终目标就是逐步建立、健全农业现代化生产和服务体系，提高农民在产业发展中的主体地位和农业劳动生产率，彻底解决农村产业发展和农民就业增收问题，确保广大乡村群众安居乐业。然而，由于受自然条件、发展基础、社会发育程度、市场环境等多种因素制约，民族地区经济发展较为缓慢，社会发展较为滞后[①]，发展面临着许多特殊困难和问题，民族地区贫困面大、贫困人口多、贫困程度深、致贫原因复杂、脱贫难度大等问题尤为突出，虽然成功打赢了脱贫攻坚战役，但过程非常艰难。

一、民族地区的脱贫攻坚战役

2015年，《中共中央国务院关于打赢脱贫攻坚战的决定》开始实施；2018年又发布了《中共中央国务院关于打赢脱贫攻坚战三年行动的指导意见》；2019年，国务院扶贫开发领导小组印发了《关于解决"两不愁三保障"突出问题的指导意见》。这些政策的出台表明了党中央对脱贫攻坚

[①] 杨帆，庄天慧，阚杰，曾维忠.四川藏区县域经济社会发展评价研究[J].贵州民族研究，2015（9）.

的高度重视、对"全面建成小康社会，一个都不能少"的坚定决心，以及上下协同一致以实际行动将攻坚克难落到实处。党的十八大以来，全国贫困人口总数大幅减少，每年保持减贫1200万人以上。[①] 但是，民族地区自然环境恶劣，生存发展条件差，劳动产出率低，市场竞争力弱，自我发展能力十分薄弱，很多贫困户致贫因素复杂、多样且动态变化，脱贫难度极大。因此，就全国范围来讲，实施乡村振兴战略具有地域差异性和任务时序性。对民族地区来讲，一方面，党和国家通过各项精准扶贫措施帮助贫困群众提升能力、摆脱贫困，另一方面，贫困群众要克服被动等待的思想，调动增收致富的积极性，向幸福的小康生活迈进。

（一）对贫困问题的认识

期初的"贫困"指家庭日常生活中没有足够的经济收入来满足基本生活必需品的状况（Seebohm Rowntree, 1901）[②]。20世纪70年代，Strobel提出了"社会排斥"的概念，作为对"绝对贫困"和"相对贫困"的补充和完善。Strobel认为，社会排斥体现了个体与社会整体间的断裂，强调了个体被社会群体排挤，享受不到人应该享有的权利的一种状态[③]。1997年，联合国开发计划署在《人类发展报告》中提出了"人文贫困"（Human Poverty）的概念。该报告指出，贫困不仅仅指收入低微、经济贫困，更深层次的问题是人们在寿命、健康、居住、知识、参与、个人安全、环境等方面得不到满足[④]。Amartya Sen则于1999年提出，家庭贫困的主要原因是能力的缺乏，是能力被剥夺造成的。他认为，工作经验、知识、可获得的机会和健康状况的不同导致个体获得收入的技能和能力存在差距，收入贫困只是能力贫困的外在表现[⑤]。20世纪90年代末期，国外理论界又提

[①] 徐惠喜.中国减贫成就举世瞩目——国际社会点赞中国扶贫工作[N].经济日报，2019-10-17.

[②] Seebohm Rowntree B. Poverty: A Study of Town Life [M].London: Macmillion and Co.Press, 1902.

[③] Strobel P.From Poverty to Exclusion: A Wage-earning Society or A Society of Human Rights[J].International Social Science Journal, 1996 (48).

[④] UNDP.Human Development Report[M].Oxford: Oxford University Press, 1997.

[⑤] Amartya Sen.Development as Freedom[M].Oxford: Oxford University Press, 1999.

出了"权利贫困"的概念。权利贫困指个体在政治、文化、经济、社会等方面存在权利缺乏导致的贫困，这一概念进一步拓展了收入贫困的内涵。2016年，联合国开发计划署在《人类发展报告》中提出了人类发展的三项主要能力，即功能性能力、可行性能力、话语权和自主权。报告指出，在人类发展方面，人们关注的是生活的富足，而不仅仅是经济上的富裕。综观贫困问题的研究，可以看出，贫困状态的表现具有层次性和多维度性，它包含了收入贫困、健康贫困、知识贫困、环境贫困、权利贫困等多个方面，究其根源，是人们因自身能力缺失而导致获取经济收入、身心健康、教育水平、生活环境等需要的不足。

当前我国实施的乡村振兴战略正是基于对乡村群体全面发展的关注，乡村振兴战略20字方针的深层次内涵正是关注人的发展，不仅仅强调农民经济上的宽裕，更强调农村生态环境，农民的精神文化、民主权利、教育、医疗等各方面生活条件的全面提升，体现了对扶贫工作满足了乡村贫困人口的基本生活需要，却忽视了村民其他层面的需求进行了积极的拓展。在乡村振兴战略背景下，精准扶贫不仅包含了促进农民经济上增收、产业上发展等硬指标，还从更广泛的角度关注乡村社会、文化、生态、公共服务等软环境的全面提升。一个有能力的个体可以通过自身能力来获得收入，从而摆脱暂时贫困，甚至长期贫困状态（Amartya Sen，1999）。因此，民族地区实现脱贫攻坚首先要以帮扶贫困群众摆脱能力贫困为根本抓手，在此基础上，由解决物质贫困上升到摆脱多维度贫困，由消除绝对贫困向逐步脱离相对贫困转化，做到"脱真贫、真脱贫"，最终实现全方位脱贫的目标。

（二）民族地区总体经济发展状况

长期以来，受历史、空间、地理等因素的影响，民族地区经济发展相对滞后。进入新时期以来，尤其是党的十八大以来，民族地区经济发展获得了高速持续增长。据统计，2000年民族自治地方、地区生产总值为7486亿元，占全国的7.47%；到2020年，民族自治地方、地区生产总值达到86925亿元，占全国的8.56%。从增长上看，2001—2020年，除去物价上涨因素，民族自治地方、地区生产总值年均增长10.30%，远高于同期全国8.68%的平均水平。

从人均地区生产总值来看，2000年民族自治地方人均地区生产总值为4451元，相当于全国平均水平的56.65%，到2020年，民族自治地方人均地区生产总值达到47531元，相当于全国平均水平的66.02%，与2000年相比提高了9.37百分点，与全国平均水平的相对差距明显缩小。（见图1、图2）

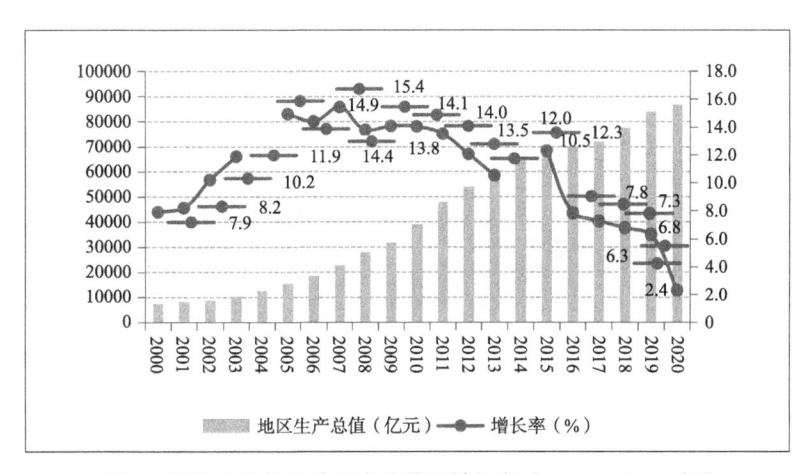

图1 民族自治地方的经济总量及增长率（2000—2020年）

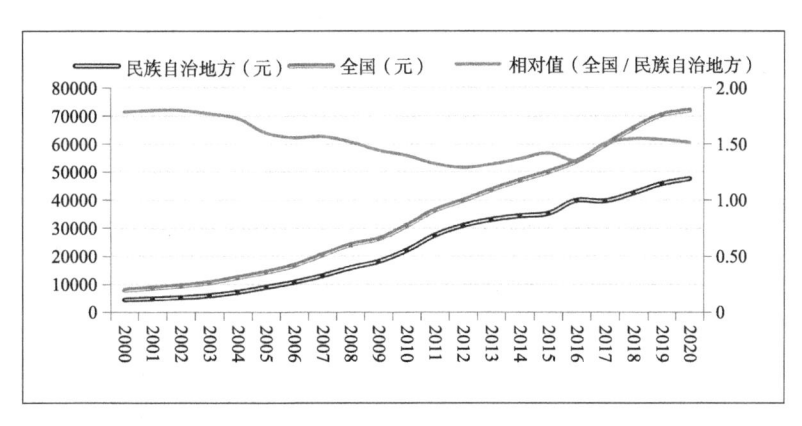

图2 民族自治地方人均地区生产总值及与全国比较（2000—2020年）
资料来源：中国统计年鉴

(三)民族地区脱贫攻坚取得决定性胜利

从脱贫攻坚情况来看,党的十八大以前,民族地区贫困人口相对集中,民族八省区年贫困人口总量为3121万人,约占全国人口的三分之一,其中贫困发生率超过20%的有西藏、甘肃、贵州、新疆、云南和青海6个少数民族比例较高的省(区)。[①](见图3)

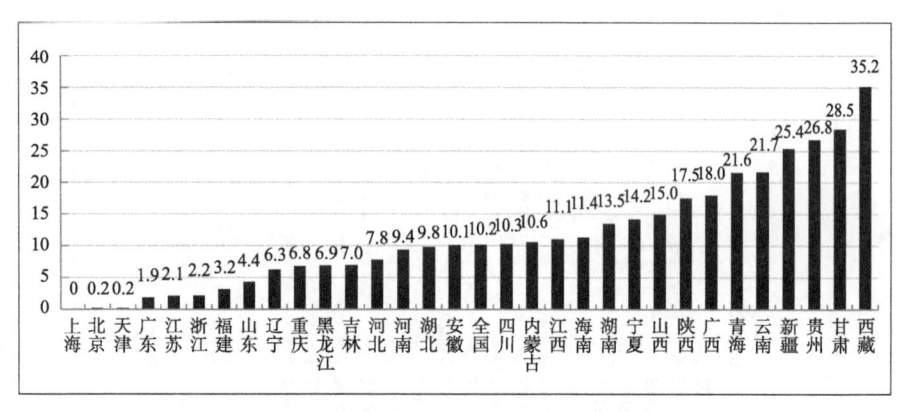

图3 2012年全国各省、市、自治区的贫困发生率
资料来源:国家统计局住户收支与生活状况调查

少数民族和民族地区致贫因素多元叠加、成因复杂、表现特殊,一直是打赢脱贫攻坚战最难啃的"硬骨头"。2011年,中共中央、国务院印发的《中国农村扶贫开发纲要(2011—2020年)》明确指出,扶贫工作的主要对象为在扶贫标准以下的具备劳动能力的农村人口。该纲要划定六盘山区、秦巴山区、武陵山区、乌蒙山区、滇桂黔石漠化区、滇西边境山区、大兴安岭南麓山区、燕山—太行山区、吕梁山区、大别山区、罗霄山区、西藏、四省藏区、新疆南疆三地州14个区域为连片特困地区,并明确了对西藏、四省藏区、新疆南疆三地州实施特殊的扶持政策。作为"十三五"期间扶贫攻坚的主战场,该纲要中的扶贫对象范围囊括全国14个集中连片特困区的679个贫困县,民族八省区中,内蒙古有8个,广西

---

① 刘永富:到2012年底贫困人口仍有近1亿人[EB/OL].https://www.chinanews.com.cn/gn/2013/12-25/5664032.shtml.

有29个，贵州有65个，云南有85个，西藏有74个，青海有40个，宁夏有7个，新疆有24个，占集中连片特困区贫困县总数的48.9%。2014年，全国832个贫困县名单公布，涉及22个省（区、市）。其中，民族自治地方县有421个，占51.0%，贫困县覆盖率最高的是西藏，全区74个县都是贫困县。2016年，国务院扶贫开发领导小组发布了《国家扶贫开发工作重点县名单》，确定全国有592个贫困县，其中，中部省份有217个，西部省份有375个。民族八省区贫困县有232个，占全国的39.2%。2017年6月，中共中央办公厅、国务院办公厅印发了《关于支持深度贫困地区脱贫攻坚的实施意见》（简称《意见》），对深度贫困地区脱贫攻坚工作做出了部署。《意见》指出："西藏、四省藏区、南疆四地州和四川凉山州、云南怒江州、甘肃临夏州（以下简称'三区三州'），以及贫困发生率超过18.0%的贫困县和贫困发生率超过20.0%的贫困村，自然条件差，经济基础弱，贫困程度深，是脱贫攻坚中的硬骨头"。全国贫困人口的三分之一、14个集中连片特困地区中的11个，以及深度贫困的"三区三州"都在民族地区，打赢脱贫攻坚战的关键是补齐这些区域的短板。（见表2）

表2　2017年全国14个集中连片特困地区贫困情况

片区名称	县数（个）	乡村人口（万人）	贫困人口（万人）	贫困发生率（%）	农民人均可支配收入（元）
滇桂黔石漠化区	80	2630.95	221	8.4	9109
乌蒙山区	38	2010.10	199	9.9	8776
武陵山区	64	2937.50	188	6.4	9384
大别山区	36	3264.15	173	5.3	10776
秦巴山区	75	2819.67	172	6.1	9721
六盘山区	61	1727.27	152	8.8	7593
滇西边境	56	1236.56	115	9.3	8629
燕山—太行山区	33	898.73	71	7.9	8593
南疆三地州	33	755.16	64	8.4	9845

续表

片区名称	县数（个）	乡村人口（万人）	贫困人口（万人）	贫困发生率（%）	农民人均可支配收入（元）
四省藏区	77	536.84	51	9.5	8018
罗霄山区	23	980.00	49	5.0	9598
大兴安岭南麓	19	530.30	35	6.6	9346
吕梁山区	20	345.24	29	8.4	7782
西藏	74	253.16	20	7.9	10330
总计	689	20925.63	1539	平均水平：7.7	平均水平：9107

如表2所示，2017年，属于14个集中连片特困区的贫困县共有689个，贫困县中乡村人口共计20925.63万，其中贫困人口有1539.00万。从地域上来看，贫困人口主要集中于西南和西北地区的滇桂黔石漠化区、乌蒙山区、武陵山区、大别山区、秦巴山区、六盘山区、滇西边境山区，占贫困人口总数的79.3%。西藏、四省藏区、南疆三地州由于地理位置具有特殊性，虽然贫困人数总量没有其他地区高，但贫困程度较其他地区深。在14个连片特困地区中，少数民族地区有11个，占78.6%。据统计，全国国家扶贫开发重点县和片区贫困县共有839个，其中少数民族地区有428个，占51.0%。少数民族贫困县市的贫困程度远高于其他贫困地区，例如甘肃的临夏回族自治州、甘南藏族自治州和武威市天祝藏族自治县，共有17个县市，全部位于国家集中连片特困地区。2016年共有建档立卡贫困人口38.6万，占全省的15.18%，贫困发生率为15.20%。2015年新疆17个边境贫困县建档立卡贫困人口有50.1万，贫困发生率达25.20%，比新疆全区平均水平高9百分点。

西部民族地区环境恶劣，生存发展条件差，劳动产出率低，市场竞争力弱，自我发展能力十分薄弱，造成贫困户致贫因素复杂、多样且动态变化。2016年民族地区农村居民人均纯收入0.93万元，与2010年相比增长了1.38倍，但2016年民族地区农村居民人均收入水平仅为全国平均水平的75.00%。"三区三州"主要位于西藏、新疆、甘肃、四川和云南，是国家层面的深度贫困地区，共有24个市州、209个县，人口占全国总人口的

1.90%，贫困人口占全国贫困总人口的9.04%。2016年"三区三州"贫困发生率为18.36%，2017年为14.60%，分别是全国平均水平的4.1倍、4.7倍。"三区"当中，贫困发生率最高的是西藏，为17.99%；24个市州当中，贫困发生率最高的是怒江州，为41.82%；209个县中，贫困发生率最高的是怒江的福贡，为53.56%。分别为全国平均水平的4.0倍、9.3倍和11.9倍。据统计，到2016年底，全国包括"三区三州"，共有229个贫困县贫困发生率在18.00%以上，贫困率是全国平均水平的4倍，还有近3万个村的贫困发生率超过20.00%。"三区三州"居住于危房的群众有230万户，存在饮水不安全问题的群众约有1100万人。还有很大一部分群众因上学、市场波动、自然灾害等致贫。脱贫农户返贫现象也十分严重，一些贫困户脱贫后由于种种原因再度陷入贫困。其中，因灾、因病是返贫的重要原因，市场因素也是造成农户返贫的主要原因。此外，民族地区大多数青壮年劳动力外出务工，甚至有部分农户整户外迁，只有老、弱、病、残者留守，造成大量土地撂荒，以及留守儿童、空巢老人陷于贫困生活状态，也引发了一系列社会问题。

党的十八大以来，党中央高度重视民族地区的脱贫和发展问题。习近平总书记多次赴民族地区考察、调研，并多次强调，全面建成小康社会，一个民族都不能少。党中央以前所未有的力度统筹推进脱贫攻坚战略的实施，中央和地方密集出台支持贫困地区，特别是深度贫困地区脱贫攻坚的各项过硬的政策和措施，聚焦短板，精准发力，历史性地解决了困扰少数民族和民族地区千百年的绝对贫困和整体贫困问题。

民族地区各族人民经过8年艰苦的脱贫攻坚战役，脱贫攻坚取得了重大进步，为全面建成小康社会做出了重大贡献。2017年，民族八省区贫困人口数量为1032万，占全国贫困人口的33.90%，贫困发生率平均为6.60%。其中，新疆的贫困发生率为9.90%，民族地区贫困发生率普遍高于3.10%的全国贫困发生率。2018年，民族地区贫困发生率降至4.00%，虽然高于1.70%的全国贫困发生率，但与2017年相比降低了2.6百分点，贫困人口减少了430万。2019年，民族地区的脱贫攻坚进入最后冲刺阶段，与全国贫困发生率的差距仅有0.19百分点。2020年2月，我国的脱贫攻坚战取得了全面胜利,现行标准下9899万农村贫困人口全部脱贫,832个贫困县全部"摘帽",12.8万个贫困村全部出列,区域性整体贫困得到解决,完成了消除绝对贫困的艰巨任务,创造了彪炳史册的人间奇迹。在2021年2月25日举行的全国脱贫攻坚总结表彰大会上,习近平总书记庄严宣告我国的脱贫攻坚战取得了全面胜利。

(四)民族地区巩固、拓展脱贫攻坚成果任务艰巨

作为脱贫攻坚的"硬骨头",民族地区如期完成了新时代脱贫攻坚的目标任务,但仍存在脱贫基础不稳固,发展不平衡、不充分,内生动力不足等问题。相较于全国其他地区,民族地区在共享发展成果方面仍存在较大差距。(见图4、图5、表3)

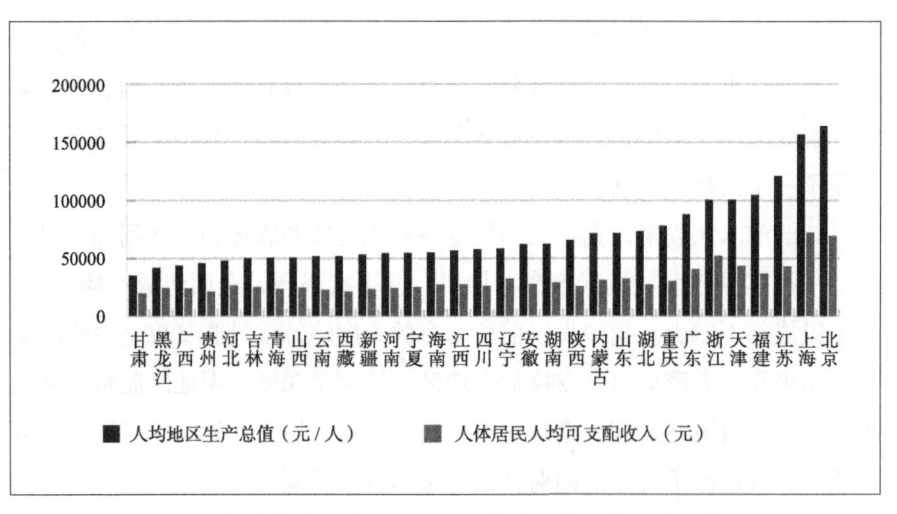

图4 2020年各省、市、自治区人均GDP和人均可支配收入

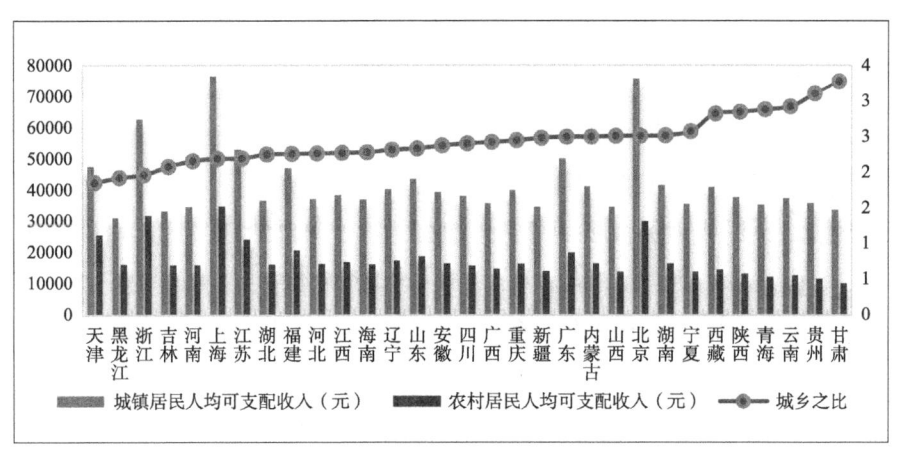

图5 2021年各省、市、自治区城乡人均可支配收入与城乡之比

第一，从民族地区城镇居民人均可支配收入、农村居民人均可支配收入与全国的比较来看，无论是城镇还是农村，与全国平均水平比较，收入差距的相对值在缩小，但绝对值仍在扩大。

表3 2013—2020年全国与民族八省区居民人均可支配收入（单位：元）

地区	2013年	2014年	2015年	2016年	2017年	2018年	2019年	2020年	2021年
全国	20167.1	20167.1	21966.2	23821.0	25973.8	28228.0	30732.8	32188.8	35128.1
内蒙古	20559.3	20559.3	22310.1	24126.6	26212.2	28375.7	30555.0	31497.3	34108.4
广西	15557.1	15557.1	16873.4	18305.1	19904.8	21485.0	23328.2	24562.3	26726.7
贵州	12371.1	12371.1	13696.6	15121.0	16703.6	18430.2	20397.4	21795.4	23996.2
云南	13772.2	13772.2	15222.6	16719.9	18348.3	20084.2	22082.4	23294.9	25666.2
西藏	10730.2	10730.2	12254.3	13639.2	15457.3	17286.1	19501.3	21744.1	24949.9
青海	14374.0	14374.0	15812.7	17301.8	19001.0	20757.3	22617.7	24037.4	25919.5
宁夏	15906.8	15906.8	17329.1	18832.3	20561.7	22400.4	24411.9	25734.9	27904.5
新疆	15096.6	15096.6	16859.1	18354.7	19975.1	21500.2	23103.4	23844.7	26075.0

资料来源：中国统计年鉴（2022年、2015年）

用城镇居民人均可支配收入与农村居民人均可支配收入的比值测度城

乡收入差距，西部大开发以来民族八省区城乡居民收入差距有所缩小，但总体上还高于全国水平。民族八省区存在明显的城乡差距。2021年，甘肃、贵州、云南、青海和西藏的城镇人均可支配收入均是农村人均可支配收入的2.5倍还多，区域内部存在明显的收入差距问题。

第二，民族地区发展不平衡。2021年，5个自治区中，人均GDP最高的是内蒙古，达到了85422元，高于全国平均水平，最低的是广西，不到全国的61.0%；30个民族自治州中除了海西、昌吉、巴音郭楞和博尔塔拉4个州，其余26个州人均GDP均低于全国水平，最低的是临夏，不到全国的20.0%；120个民族自治县（旗）发展水平差距也很明显，县（旗）人均GDP最高的是最低的15倍，且113个县（旗）人均GDP均低于全国平均值。

第三，民族地区城乡发展不平衡。农村地区的绝对贫困解决后，相对贫困问题仍然十分突出并将长期存在，巩固、拓展脱贫攻坚成果任重道远，城乡融合发展面临重重困难。特别是有的民族地区还存在"一市独大"的现象，省会城市的虹吸效应使各类资源都向它集中，省会城市发展异常突出，缺少副中心城市和卫星城市，辐射带动作用发挥不足。比如2019年宁夏银川、青海西宁、西藏拉萨的GDP在全省区GDP的占比分别达到了50.6%、44.9%和36.4%。

第四，民族地区巩固、拓展脱贫攻坚成果的底子薄弱。长期以来，民族地区是贫困人口的聚居地，贫困发生率远高于全国平均水平。在精准扶贫开展伊始，西藏、甘肃、贵州、新疆、云南和青海6个少数民族集中的省（自治区）的贫困发生率位居全国前列，贫困发生率依次为28.8%、23.8%、21.3%、19.8%、17.8%和16.4%，均高于全国平均水平8.5%。从脱贫时间来看，许多少数民族区县脱贫难度大，脱贫速度慢，其中云南的会泽县，甘肃的东乡族自治县、临夏县，广西的融水苗族自治县、三江侗族自治县、都安瑶族自治县、罗城仫佬族自治县、大化瑶族自治县、乐业县、那坡县、隆林各族自治县，四川的越西县、喜德县，新疆的墨玉县等均是2020年11月才脱贫"摘帽"的。确保民族地区和少数民族群众在巩固、拓展脱贫攻坚成果的过程中不掉队，在共同富裕之路上跑出好成绩，依然是一个艰巨的任务。

第五，一些地区存在较大的返贫风险。由于地理位置的特殊性，一些地区土壤贫瘠，旱涝问题突出，滑坡、泥石流等地质灾害频繁，容易造成严重的减产、减量，农牧民收入变化幅度较大，发生区域性规模返贫。例如近年来云南、四川、新疆等省区内发生的地震灾害，致使一些刚刚摆脱贫困的群众极易在其影响下返贫。虽然全国全面实现了脱贫，但一些地方的群众致富求发展的内生动力不足，大多数青壮年劳动力外出务工，甚至有部分农户整户外迁，造成大量土地撂荒，以及"留守儿童""空巢老人"陷入贫困的生活状态。同时，现有劳动力受教育程度低，缺乏劳动技能，也极易出现规模性的返贫。一些民族地区地处偏远，交通不便，现代通信及网络技术相对落后，使得这些地区长期维持自给自足的经济，与中心城镇的联结相对弱，难以形成规模性农产品市场，农户抗市场风险的能力较弱。若不能对其发展提供一定的社会资源保障，极易造成联动性返贫。[1]

二、巩固、拓展脱贫攻坚成果与乡村振兴有效衔接

2022年的中央一号文件《中共中央国务院关于做好2022年全面推进乡村振兴重点工作的意见》指出：推动脱贫地区更多依靠发展来巩固、拓展脱贫攻坚成果，让脱贫群众的生活更上一层楼。在此背景下，如何在巩固、拓展脱贫攻坚成果的基础上将工作重心转到实施乡村振兴战略上来，加快改善乡村整体面貌，推动乡村全面振兴，成为后脱贫时代民族地区可持续发展的重点。

国家乡村振兴局副局长夏更生指出，在巩固、拓展脱贫攻坚新的征程中，要继续把民族地区作为巩固、拓展的重点区域，把少数民族群众作为巩固、拓展的重点对象。一要将针对所有脱贫地区的帮扶政策在民族地区落实好，坚决守住不发生规模性返贫的底线。二要继续强化对民族地区的

---

[1] 刘潜润，曾雪婷.巩固脱贫成果与推进乡村振兴面临的挑战[J].人民论坛，2020（31）.

政策倾斜，从财政、金融、土地、人才、基础设施建设、公共服务等方面给予集中的支持，加快补齐短板，增强区域的发展能力。三要进一步加大财政的投入力度，在过渡期内保持财政的资金规模总体稳定，调整、优化支出结构。

这就要求包括民族地区在内的所有地区坚持发展为了人民、发展依靠人民、发展的成果由人民共享。民族地区需要制定脱贫攻坚与乡村振兴有效衔接的政策，既要确保巩固脱贫攻坚成果，防止返贫，又要使现有政策有所延续，全面推动乡村振兴战略的持续实施，在党中央划定的5年过渡期内实现脱贫攻坚同乡村振兴有效衔接，逐步走上实现乡村产业兴旺、生态宜居、乡风文明、治理有效、生活富裕的振兴之路。

（一）加强产业政策引导，夯实乡村振兴的经济和物质基础

习近平总书记指出："产业扶贫是稳定脱贫的根本之策，但现在大部分地区产业扶贫措施比较重视短、平、快，考虑长期效益，稳定增收不够，很难做到长期有效。如何巩固脱贫成效，实现脱贫效果的可持续性，是打好脱贫攻坚战必须正视和解决好的重要问题。"产业扶贫是促进贫困地区发展、增加贫困农户收入的有效途径，是扶贫开发的战略重点和主要任务。为了脱贫攻坚能顺利收官，各地推行了相应的产业扶贫模式，制定了科学的扶持政策，在发展成本低、收益快的扶贫项目的同时，大力建构并完善项目的利益联结机制，基本实现了贫困户至少有1个以上扶贫项目的全覆盖。不仅取得了明显的减贫成效，也为贫困地区的产业振兴奠定了良好基础。但是，很多民族地区交通不便，地理位置相对偏僻，基础设施不发达，虽然实现了脱贫攻坚，但是产业基础依然薄弱，尚未建立起现代乡村产业体系。因此，要实现脱贫攻坚与乡村振兴的统筹衔接，就需通过产业扶贫来引领产业振兴。为此，需因地制宜地、科学地选择扶贫项目。因地制宜，才能充分利用当地农村的人力、生态和社会资源；科学选择，不仅要注重扶贫项目的短期收益，还要考虑该项目能否使群众"长期有盼头"。扶贫项目一旦能长期产生效益，就会形成聚集效应，进而实现产业振兴。

民族地区政府应该继续坚持产业政策的整体稳定性，以发展为要义，

结合当地的资源禀赋和产业发展实际，加快促进经济发展方式的转变。在保持产业政策的发展方向稳定的基础上，应该在具体发展模式和举措方面坚持创新发展理念，不断推陈出新，以推动民族地区经济发展和提高人民生活水平为政策的出发点和目的。

民族地区政府应该积极创新产业政策，综合考虑将产业扶贫项目向特色产业发展项目转移，实现产业扶贫向产业兴旺转变。例如，应该通过政策引导促进民族地区的民俗文化和旅游产业与乡村振兴的发展规划融合，培育出具有乡土特色的文化品牌。同时，政府应该引导并促进本地特色优势产业与互联网电商平台融合，将产业链做深、做通，将产业做大、做强，促进三大产业的协同发展。

（二）保持教育政策的整体稳定性，强化人才振兴队伍建设

乡村振兴能否按时实现各阶段的目标，关键在"人"。人气旺、人才兴，则脱贫成、乡村兴。脱贫攻坚战中，帮扶干部的无私奉献和"传、帮、带"固然重要，但能否脱贫且不返贫，还得靠贫困群众自己。"授人以鱼，不如授之以渔。授人以鱼只救一时之急，授人以渔则可解一生之需。"要实现乡村全面振兴，离不开人力资源这一核心要素，所以在实行产业扶贫的同时，还需开展教育扶贫。而教育扶贫的落脚点在于提升贫困农民及其家庭成员的文化素质和职业技能，进而促进乡村的人才振兴。

西部民族地区经济发展相对滞后，教育观念也相对落后，同时基础设施较为薄弱，很多适龄的农民子女早早辍学，外出务工。加之语言方面的因素等，当地群众整体受教育水平和知识、文化水平不高，本土受过高等教育之人才缺乏，这成为制约民族地区发展和实现乡村振兴的一大短板。尽管近年来民族地区各级政府已开展各类扶贫与扶智、扶志结合的思想教育工作，但贫困人群受教育水平偏低和环境封闭的影响，一部分市场竞争意识淡漠，依然存在"等、靠、要"思想，还有一部分在获得政府转移性收入后容易满足于现状，没有利用当前的好形势、好机遇增加劳动收入。还有些深度贫困地区还存在攀比消费、礼仪消费多等不良现象，思想观念和思维方式与当今社会的发展有很大的差距，这些深层次问题无法在短时间内得到解决。此外，贫困地区教育资源匮乏、师资水平低、教育质量不高、学生的学习意识不强等问题尤为明显。这不仅造成在阻断代际贫困方面起的作用有限,更在技能培训上难有质的突破。随着社会的发展和技术的进步,社会对劳动力素质的要求越来越高,增收致富的工作难度也随之增加。

民族地区政府应该保持教育政策的整体稳定。首先,要积极提供国家通用语言文字培训、通用技能培训等基础公共服务,深刻落实国务院颁布的《推普脱贫攻坚行动计划(2018—2020年)》,"确保各民族中学毕业生具有较好的国家通用语言文字应用能力,能够熟练使用普通话进行沟通、交流"。其次,要推动教育的均衡发展,提升教育和社会发展需求的衔接度。要积极推动教育结构的优化,将高等教育与职业教育融合,加大职业教育的发展力度,同时完善相关政策,以及法律、法规,提升职业教育人员的社会认同,从而使民族地区的学生更好地走向社会、融入社会。针对中小学教育,要积极补短板、强弱项、兜住底,加强标准化学校和寄宿制学校的建设,保障学校数量和教学质量,提高学生入学率,为延续高等教育提供基础保障,真正让民族地区的小学、中学、大学教育协调发展,使教育与社会紧密衔接。再次,要积极推动"送技下乡",提升农民的脱贫致富能力。动员、组织农业科技服务协会、职业院校、农广校等机构,使他们在农闲时下乡,对贫困农户中的主要劳动力进行知识和技能培训,使之成为"土专家""田秀才"。这样不仅可以破解贫困农民的素质贫困难题,还能为乡村振兴提供丰富的人力资源。例如云南省镇沅县创新成立的深度贫困人口培训中心采取"理论知识+实践操作+转变观念+考核发证"的教学方式,因材施教,使许多贫困农民学到了就业的新技能、致富的新门路,从而彻底摆脱了贫困。最后,要加强自信、自强、自爱精神的教育和宣传,调动贫困农民发家致富的主观能动性,使他们自觉摒弃"等、要"的不良思想,从被动等待者转变为振兴乡村的奋发有为者。

(三)保护、传承并发展传统乡土文化,促进文明乡风健康发展

习近平总书记指出:"乡村振兴,既要塑形,也要铸魂。"不断挖掘并振兴乡村优秀文化资源,对全面推进乡村振兴具有重要的价值引领和精神促进作用。当前,在市场经济大潮下,乡村中代代相传的传统文化、价值观念因受各种外来文化及价值观念的强力冲击而日渐式微，文化振兴因此成为乡村振兴中无法绕过的一环。中共中央、国务院印发的《乡村振兴战略规划（2018—2022年）》指出："乡村振兴，乡风文明是保障。实施乡村振兴战略，深入挖掘农耕文化蕴含的优秀思想观念、人文精神、道德规范，结合时代要求在保护、传承的基础上创造性转化、创新性发展，有利于在新时代焕发出乡风文明的新气象，进一步丰富和传承中华优秀传统文化。"我国少数民族众多，党中央历来重视并尊重少数民族文化传统和风俗习惯，脱贫攻坚期间也积极制定政策挖掘民族文化内涵，助力文化遗产的开发和发展。当下民族地区政府要立足少数民族众多、民族文化鲜明的特性，积极开发当地文化资源，提升当地文化软实力，提高当地民众的主观能动性和积极性，为乡村振兴增添活力。

首先，要制定适应乡村振兴战略的乡规、民约、政策和法规，剔除文化糟粕，以社会主义核心价值观为核心，开展铸牢中华民族共同体意识主题教育，促进精神扶贫与乡村文化振兴有效衔接。其次，要提升乡村公共文化服务水平，整合民族地区乡村文化资源，扎实推进文化惠民工程，开展民族群众文化活动，实现民族地区文化与生产、生活协调互动。再次，要传承、发扬少数民族优秀传统文化，激发各民族的文化创新活力，提升传统文化活动在各民族群众中的影响力、吸引力、感召力。最后，要充分挖掘少数民族文化的内涵和资源，加强对少数民族传统文化和非物质文化遗产的保护和传承，加大力度保护村落，发现新的精神文明内涵，使优秀民族文化在与现代文明的融合中不断发扬光大，实现乡村文化振兴。

（四）坚持绿色发展理念，实现环境经济、社会效益统一

民族地区大多地处偏远，地形以高原、丘陵、山地等为主，可耕种土地的面积相对少，生产方式较为粗放。在过去，毁林开荒、破草开田等现象屡见不鲜，对生态环境造成了很大的破坏，生态问题较为突出。民族地区要继续坚持绿色发展的理念，把生态环境优势转化为经济发展优势，变资源为资本，变资本为资金，着力推进绿色生产方式，实现经济效益、社会效益和生态效益统一协调发展。

首先，要健全民族地区农村环境保护机制，制定政策加强环境综合治理，将环保理念转化为具体行动，保护绿水青山。牢记"绿水青山就是金山银山"的原则，在保护生态环境的前提下加强政策引导，调动社会各界的力量积极开发绿水青山，发掘自然禀赋资源，发展绿色农业、旅游业等符合民族特色的优势产业，实现生态保护和经济发展的双重目标。其次，脱贫攻坚取得胜利后，民族地区应该在乡村振兴阶段提出更高的环境保护要求，加强推进退耕还林、沙漠化治理、水态治理等工程建设，为当地民族群众的后续发展创造有利的环境和条件，建设美丽乡村家园。再次，民族地区要加大生态补偿的政策扶持和资金补贴力度，加大对过去建档立卡贫困户参与生态保护项目的政策倾斜度，合理补偿过去的生态建设主体的投入成本，促进生态文明建设和乡村振兴更好地实现良性循环。最后，要高度重视草原等生态功能区环境承载消耗的能力，适度确定牛、羊等牲畜的养殖规模，引导畜牧业生产向环境容量大的地区转移，科学、合理地划定禁养区，适度减少牲畜养殖总量，在民族地区建立低碳、低耗、循环、高效的农畜产品加工流通体系和区域农业循环利用机制，实现粮、经、饲统筹，种、养结合，农、林、牧、渔融合、循环发展。

（五）加强基层党组织建设，推动民族地区社会治理有效、有序

有效推进脱贫攻坚和乡村振兴，农村基层党组织的"主心骨""战斗堡垒"的作用是不可或缺的。农村基层党组织身处一线，与人民群众关系最为紧密，是我党各项路线、方针的直接执行者，担负着乡村振兴战略实施"最后一公里"的重要职责，并发挥着与此相关的各项功能。脱贫攻坚以来，中央统筹，省负总责，市、县抓落实的工作机制，以及五级书记抓扶贫工作的治理机制，为脱贫攻坚取得胜利提供了有效的组织保障。民族地区社会、经济发展落后，从脱贫攻坚到实现乡村振兴面临着更大的压力，需要更强有力的领导力量和组织保证，才能完成顺利衔接。因此要保持治理政策的持续稳定性，进一步加强民族地区基层党组织和政府治理建设。

首先，继续传承五级书记抓脱贫攻坚的成功治理模式，强化基层党组织建设，发挥党员干部的优良作风和组织优势，巩固过去的成果，推动乡村振兴不断发展。其次，制定更加符合民族地区实际情况的人才帮扶和人

才振兴政策。针对少数民族的多样性特点，积极吸纳、培养当地少数民族优秀干部，使他们充分发挥主观能动性，参与基层治理，增强组织活力。针对干部老龄化等问题，选派优秀干部担任第一书记，组建联合工作队驻村开展乡村振兴工作。最后，要创新并健全治理工作机制，通过科学的制度设计，建立符合发展规律的利益共享机制、民主协商机制、责任共担机制等，调动民族地区民众的力量参与乡村治理，集民众之智，造福民族地区人民群众。同时，也要充分调动社会资本、企业、组织、个人等多元社会主体参与到乡村振兴建设当中，不断提升治理能力和水平，促进民族地区乡村振兴。

总之，民族地区要根据本地的实际情况，因地制宜，坚持以产业发展，项目建设，扶志、扶智和扶技，乡村治理等扶贫内容为主要抓手，做好劳动力、土地、资本等基本生产要素的统筹协调和精准调配，让民族地区群众同全国一道共同走上富裕之路，为民族地区实现有效衔接乡村振兴奠定基础。

第六章　民族地区乡村发展的基层调查

"脱贫摘帽"不是终点，而是新生活、新奋斗的起点。2021年春节前夕，习近平总书记在赴贵州看望、慰问各族干部和群众时殷殷嘱托："脱贫之后，要接续推进乡村振兴，加快推进农业、农村现代化。"新发展阶段下，民族地区要适应新形势，做好过渡期内有效衔接，进一步促进农牧业发展、农牧民增收，把"三农"工作的重点转向实现乡村产业兴旺、生态宜居、乡风文明、治理有效、生活富裕，全面推进乡村振兴发展。

一、民族地区乡村发展的情况

2021年，我国出台的《中华人民共和国乡村振兴促进法》提出，乡村是城市建成区以外具有自然、社会、经济特征，以及生产、生活、生态、文化等多重功能的地域综合体，包括乡镇、村庄等。从人口结构上来看，民族地区乡村包含一定比例的少数民族人口，这也使民族地区乡村具有一定的特色。我国民族地区地域辽阔，地理环境复杂、多样，分布于平原、山区、高原等不同地形地区，因此，乡村振兴在产业发展、生态建设、文化发展、社区治理、农牧民增收致富等方面的内容和重点呈现出不同的特点。

（一）乡村产业发展

民族地区所处的地理位置和自然环境使它们在风能、水能、矿产、森林、旅游、文化等方面有着得天独厚的资源禀赋。例如，民族地区森林资源蓄积量占全国的47%，草原面积占全国的75%，水力资源蕴藏量占全国的66%，矿藏资源也大多集中在民族地区。民族地区乡村所处的地理环境，拥有、开发当地自然资源的状况，依赖传统产业的特点对民族乡村的经济发展模式产生重要的影响。与沿海发达地区集约化发展工业和商贸经济不同，民族地区经济发展多呈现出小型化、分散化、多样化的特点。

平原地区地势平坦，土壤肥沃，灌溉系统相对发达。灌溉农业是主要农业类型，人们大多从事传统种植业，辅之以家庭养殖。例如，作为全国三个特大型灌区之一的河套灌区，截至2021年1月有可耕地面积960多万亩，已开垦500多万亩，盛产小麦、玉米、高粱、大豆、糜麻、葵花、甜菜、酒花、瓜果、大白菜等作物。2020年河套灌区粮食总产量为31.35亿公斤，农民人均纯收入14476元。

在山区，人们在保持传统农业耕作方式的基础上，林果业，以及药材、种养殖、林下经济等特色产业有了一定规模的发展。为了实现脱贫攻坚顺利收官，一些贫困村在发展成本低、收益快的扶贫项目的同时大力建构并完善项目的利益联结机制，基本实现了贫困户至少有1个以上扶贫项目的全覆盖，不仅取得了明显的减贫成效，也为贫困地区的产业振兴奠定了良好的基础。例如，贵州省森林资源丰富，通过大力发展林下经济，贵州省实现了种植面积、产业效益和助农增收的"三增长"。截至2020年底，贵州省林下经济利用林地面积达2203万亩，产值400亿元，同比增长21.2%。发展林下经济的企业、专业合作社等实体达1.7万个，带动了285万群众增收。

在高原地区，海拔高、气温低制约着农业的发展，农业类型主要为河谷农业和畜牧业，如青藏高原地区农业主要分布在雅鲁藏布江谷地和湟水谷地。高原地区因地势高、气候寒冷、风力大，不适合农作物生长，只能发展畜牧业。与东部及其他平原地区相比，高原地区经济社会发展相对缓慢，发展方式落后。党的十八大以来，在党和国家扶贫政策的支持下，高原地区将扶贫产业变成了脱贫致富的加力棒。例如，青海省建立了"三级六有"特色扶贫产业体系：在县一级按照每县不低于1500万元的标准投资扶贫产业园，辐射带动15.8万贫困人口就业；在村一级按照贫困村100万元、非贫困村50万元的标准安排村集体经济扶持资金，帮助贫困村发展集体经济；在户一级按照农区5400元／人、牧区6400元／人的标准保障全省有劳动能力的贫困人口发展到户扶贫产业。最终实现了贫困乡村户户有产业和明白人，村村有集体经济和致富带头人，县县有扶贫产业园和主导扶贫产业。

在牧区，畜牧业仍然是牧民的特有产业，但现今定居、半定居的生产、生活方式逐渐改变了人们发展生产的方式。过去牧民的经济形式单一，多数牧民沿袭逐水草而居的游牧生产、生活方式；现今牧区大力发展现代畜牧业，实现了定居兴牧，牧民的生产、生活条件得到了明显改善。例如，新疆围绕现代畜牧业改革和创新形成了畜群、畜种结构合理，第一、第二、第三产业融合，生态环境良好的现代畜牧业发展新格局。阿勒泰地区福海县阔克阿尕什乡也斯克库木村通过发展牛羊圈养实现了集约化养殖，并且通过发展养殖合作社实现了产、养、销一条龙，不仅在增产方面有突出表现，在品种质量方面也有明显改善。

民族地区风光秀美、奇特，人文景观多姿多彩，是现代都市人观光、旅游的首选之地。很多民族地区乡村不失时机地抓住机遇发展乡村旅游业，使乡村旅游成为很多少数民族村寨的支柱产业。如广西龙胜各族自治县平安村的平安壮寨、贵州黔东南侗族地区的肇兴侗寨、四川阿坝州茂县凤仪镇的坪头羌寨等，都以发展乡村特色旅游而声名远扬。

（二）乡村建设

民族地区地广人稀，村庄分布相对分散。山区人口规模小，耕地分布零散。北方山区的村庄人口规模相对大一些；而南方山区村寨的人口规模相对小，往往几十户人家聚在一起，就形成了一个村寨。在牧区，随着牧民由游牧向定居生活转变，农牧民的生产、生活环境有了极大的改变，牧区新村建设成果显著。如青海省在广大牧区开展的游牧民定居工程为定居牧民修建了太阳能暖房，既具有民族特色，又温暖、舒适，不仅改善了牧民的居住条件，还为有条件的牧民进城从事第二、第三产业搭建了平台；人畜饮水设施的建设也将清洁的自来水接到了牧民家中。很多牧民将自家楼房办成了富有特色的"牧家乐"，通过发展特色旅游业增收致富。

从乡村建设的内容上来看，少数民族乡村建设最突出的特点是保留了各民族传统的民居特色，如苗族的吊脚木楼、傣族的竹楼、藏族的碉楼、蒙古族和哈萨克族的毡房、侗族的风雨楼和鼓楼等都极具民族特色。少数民族村寨的传统建筑是重要的文化遗产，承载了大量的历史文化，同时也具有极大的旅游开发价值。近年来旅游热广泛兴起，少数民族村寨传统建筑的保护、修复和管理问题越来越为人们所重视，一些地区修复了之前被遗弃、破坏或拆除的少数民族村寨，很多乡村还修建了民俗博物馆，吸引越来越多的游客前往旅游、观光。例如，贵州省自2016年以来共投入专项资金2.1亿元，整合资金150多亿元，集中用于特色村镇建设，成功培育了一批民族村镇品牌，如西江千户苗寨、肇兴侗寨等，213个少数民族村寨入选"中国少数民族特色村寨"名录，数量位居全国第一。少数民族村寨在贵州旅游业中占有重要的一席之地。甘肃陇南市康县的美丽乡村建设则实现了从改善人居环境、建设美丽乡村到打造全域生态旅游大景区的发展"三级跳"，成为深度贫困地区建设美丽乡村的新样板。

（三）文化建设

民族地区乡村居住着比例不等的少数民族人口，因而乡村文化建设各具特色。极具地域性特点的图腾、色彩、音乐、服饰等深刻体现了各民族的特质。少数民族同胞大多能歌善舞，在歌圩、庙会、婚宴、节日、丰收等喜庆场合，必载歌载舞进行庆祝。少数民族文化活动具有参与普遍、自娱自乐的特点，壮族的竹竿舞、藏族的锅庄舞、土家族的毛古斯舞、苗族的鼓舞、侗族的琵琶歌等都极具观赏性和参与性，人们往往在田间地头、农场、打谷场、休憩地等处即兴表演。非物质文化遗产是少数民族文化的一种重要体现，藏戏，新疆的木卡姆艺术，蒙古族的长调、呼麦，柯尔克孜族的玛纳斯，纳西族的东巴画、土家族的织锦、苗族的银饰锻制技艺、侗族大歌等具有民族风情的非物质文化极大地丰富了中华文化。很多地区积极挖掘少数民族非物质文化，通过申报非物质文化遗产名录进行文化挖掘和保护。

进入新时代，民族地区乡村文化建设在社会主义核心价值观的引领下继续传承、保护并发展各民族优秀传统文化。民族地区乡村普遍建立了科技文化活动室、图书室、棋牌室等，很多地方修建了文化广场，为各族群众开展文化活动、丰富文化生活提供了条件。很多地区还组织成立了民间艺术团体，开展地区间的文化交流、表演、比赛等，促进了少数民族文化的活化、创新和发展。

（四）乡村治理

与其他区域相比，民族地区乡村存在宗教信仰复杂、各民族发展不平衡等现实问题，使得民族地区乡村的全面治理存在一定的挑战性。2019年中共中央办公厅、国务院办公厅印发了《关于加强和改进乡村治理的指导意见》，为民族地区乡村治理进一步指明了方向。各地区在提升农村基层党组织领导力、群众凝聚力、创新发展力等方面下大气力，强化农村基层党组织的领导核心作用。通过优化农村发展环境推进乡村治理法治机制。例如，村级事务阳光工程依托村民代表会、村民议事会、村民理事会、村民监事会等建立多层次、多参与主体的基层协商机制，形成了"村长 — 乡村治理理事会 — 村规和民约 — 议事活动场所"的乡村治理模式。通过培育与社会主义核心价值观契合的优良家风、文明乡风和村庄文化提高农牧民群众的思想觉悟、道德水准、文明素养，提高乡村社会的文明程度。

（五）农牧民增收致富

2020年民族地区同全国一道实现了全面脱贫、建成小康社会，各地区抓住实施乡村振兴的战略机遇，围绕促进农牧业增效、农牧民增收的目标大力发展特色农牧产业、合作社经济、乡村旅游经济等，农牧业经济社会稳步发展，农牧民致富之路更宽，乡村变得更美丽。例如，云南省文山壮族苗族自治州富宁县大力发展高原特色农业，把食用菌作为农民增收致富的新兴产业进行培育，带动当地1500余人就业，逐步形成以企业、合作社为龙头带动发展食用菌的格局。又如，内蒙古巴彦陶来苏木按照"党支部+合作社+农牧民"的致富模式，嘎查、合作社、农牧民共同致力于乡村旅游业发展，对接旅游企业发展季节性家庭宾馆，"胡杨节"期间每天住宿游客达500多人，户均旅游产业收入7500元以上。乡村旅游大幅提高了农牧民收入，让各族群众得到了真真切切的实惠。再如，西藏自治区通过推进农牧民"实体化"和"组织化"转移就业，实现农牧民转移就业

60万人，实现劳务收入42亿元。农牧民群众通过参与种养殖业和农畜产品加工业掌握一项或多项谋生技能，可以不离乡、不离土，就近、就便实现增收，靠自己的双手劳动致富。

二、民族地区乡村发展面临的难点和困境

民族地区多为地广人稀、居住分散的欠发达地区，由于自然条件、地理位置、交通运输等条件的制约，乡村发展较为缓慢。为了深入了解民族地区乡村振兴和乡村全面发展情况，我们对当前民族地区乡村振兴工作的推动情况，以及存在的难点和突出问题开展了一次调研。调研对象为来自内蒙古自治区、广西壮族自治区、贵州省、云南省、西藏自治区、甘肃省、青海省、宁夏回族自治区、新疆维吾尔自治区的干部，这些干部大多在县乡基层工作，很多是前期参与过扶贫工作的驻村干部，曾在田间地头和农牧民家中做过群众工作，对农牧民家庭情况和村落发展情况较为熟悉。综合调研材料来看，民族地区推进乡村发展存在许多有利因素，如很多地区自然资源丰富，地区经济社会的发展和进步为支持乡村发展提供了有利条件，国家在巩固、拓展脱贫攻坚成果同乡村振兴有效衔接方面给予了政策支持，"西部大开发"和"兴边富民"行动为民族地区乡村发展带来了良好机遇，等等，使民族地区农业、农村的发展取得了巨大成就，农业生产力水平、农牧民收入和生活水平不断显著提高，一些民族地区的乡村振兴走在了全国前列，许多相关的成功经验值得其他地区学习、借鉴，但民族地区很多乡村的发展仍然面临着很多困难。（见表4）

表4　民族地区乡村发展调查

调研问题	受访人的观点、看法
乡村振兴面临的突出困难和问题	（1）产业结构单一，产业同质性强，农产品附加值低 （2）资金短缺 （3）缺乏技术 （4）集体经济薄弱 （5）缺少好项目 （6）人才缺乏，缺少致富带头人 （7）交通等基础设施落后 （8）土地流转不畅、土地撂荒 （9）三次产业融合度低 （10）村民存在"等、靠、要"的思想 （11）农牧民外出务工，村落空心化，劳动力缺乏 （12）村干部治理能力不足，缺乏创新能力 （13）村民文化素质低 （14）乡村振兴缺乏系统性规划 （15）实施乡村振兴的相关体制机制不完善，推动力度不足 （16）乡村建设存在"一刀切"现象 （17）对农村政策的宣传不到位 （18）农业保险对农产品风险的保障不足 （19）缺少专业合作社 （20）乡村旅游同质化 （21）农牧民增收渠道单一 （22）人均占有的耕地少 （23）乡村存在一些不良社会风气
乡村振兴要解决的关键问题	（1）培育新型产业，发展乡村特色经济 （2）优化乡村居住环境 （3）提高村民综合素质 （4）村干部发挥带头作用 （5）引进农业专业技术人才 （6）改善通信、交通、互联网等基础设施条件 （7）发展乡村社会服务组织
乡村振兴的主要依靠力量	（1）国家相关政策和项目资金的支持 （2）农牧民自身的努力 （3）通过集体经济拓宽农户收入渠道 （4）招商引资 （5）国家政策的引导 （6）东西部地区的协作支持 （7）国有大型企业的项目支持
村干部在乡村振兴中发挥作用的情况	（1）发展乡村经济的意愿强烈，推动乡村振兴工作取得初步成果 （2）对未来发展有想法，缺办法 （3）受制于本村的资源禀赋，有"巧妇难为无米之炊"的窘迫之感 （4）自身专业技能和能力素质有限 （5）未能真正站在村民的立场上谋划增收致富

从表4中可以看出，民族地区实现乡村振兴与乡村全面发展面临的突出困难和问题主要集中于基础设施、产业、资金、人才、思想观念、体制机制等方面。

（一）乡村基础设施落后

据受访干部反映，一些民族地区乡村与外界联系的道路不通畅，村与村、组与组之间也有不少"断头路""瓶颈路"，"最后一公里"没有完全打通。"重建轻管"问题普遍存在，道路量化维护不到位，早期修建的"村村通"路狭窄且破损严重，一些乡村的道路仍存在"晴通雨阻"现象。很多乡村是产粮区，但高标准农田不多，整治缺口较大。一些地方农田水利设施超年限运行，水渠淤积严重，部分堤坝抗灾能力弱，维修经费紧张。受地方财力的制约，边境地区乡村的基础设施建设滞后，无法满足群众对水、电、路、通信、网络等基础设施建设的需求。

（二）乡村产业发展滞后

"产业兴旺"是乡村振兴的重点和基石。实施乡村振兴战略的突破口和支撑点就在产业振兴上。但民族地区乡村产业发展进度不一，"产业结构单一，产业同质性强，农产品附加值低"是受访干部较为一致的看法，事实上也是乡村振兴中农牧民面临的突出问题。据参训干部反映，目前，民族地区乡村种植、养殖等传统产业所占比重普遍较大，现代农业占比较少，服务、文化产业占比更少。受传统习惯影响，一些乡村普遍以养殖黄牛、山羊、鸡鸭等为主要产业，缺少相应的环保设施，牛、羊等的排泄物及屠宰产生的废弃物较多，影响人居环境，制约产业发展。乡村产业价值链短，农产品多为初级产品，缺乏产品精深加工，产品附加值低。第一、第二、第三产业的融合度较小，没有产生产业协同效应，以家庭为主的生产经营模式难以形成规模效应。产业同质化严重，特色产业总量规模小，发展缓慢，导致农产品竞争力不强，生产者、经营者和管理者缺乏品牌意识。缺乏龙头企业的支持和带动，农产品加工企业分散且规模小。一些招商引资企业只顾企业经济利益，忽视村民利益，不能带动周边村民致富。信息不畅，导致一些农产品缺乏销路……这些情况表明，民族地区乡村产业发展面临较大的压力。

(三）资金匮乏

对乡村发展给予资金支持，主要是地方政府的责任，但民族地区地方政府的财政收入有限，乡村振兴发展需要高标准地建设广袤的乡村，这离不开大量资金的持续投入。据受访干部反映，资金缺乏是乡村发展面临的一个较大困境。由于资金不足，很多地方只能采取"撒胡椒面"式的方式开展乡村建设，每个乡村都少量投入，乡村建设出现均等、同质化的状况，乡村没有特色，没有亮点。一些乡村的基础设施和公共服务设施建设不足，短板突出，城乡差距较大。如新疆南疆三地州基础设施建设成本远高于全国和全疆平均水平，基础设施建设投入巨大，但仍不能满足当地经济社会发展的需要，妇幼保健机构、社区卫生服务机构、农牧区医疗卫生机构、村卫生室、医疗服务站等公共基础设施薄弱。一些乡村的集体经济薄弱，乡村建设和产业发展都缺乏资金支持。金融机构对乡村发展的支持力度不够，缺乏专项贷款服务和管理。民间借贷的高额利息增加了农户的生产成本和经济压力……这些情况表明，民族地区乡村发展所需资金不足不仅使乡村建设面临较大的压力，农牧民发展生产也受到资金短缺的制约。

(四）人才不足

人才是乡村发展的第一要素。但在城乡收入差距较大、人口城乡迁移趋势未变的情况下，乡村人才匮乏是乡村发展的一个较大的瓶颈。受访干部反映，乡村人才匮乏主要表现在以下几个方面：一是劳动力转移。大量青壮年劳动力离开乡村，进城务工，留守村民呈现出老龄化、女性化、低龄化等特征，现有劳动力整体素质相对低，土地撂荒情况严重。二是缺乏各种能人和带头人。一些民间传统手工艺、民族手工艺和民间艺术后继无人，面临失传的危险。三是农技人员缺乏。乡村新的耕种技术、新品种农作物及经济作物的耕种需要农技人员及时给予专业指导，相关技术指导的缺乏使农户的生产陷入困境，在增产、增收方面面临压力。四是农业专业合作社不足。农户的生产活动较为分散，缺乏统一管理，且常常在一些生产环节上面临困境。

(五)思想观念滞后

思想决定行为,思路决定出路。与东部沿海地区相比,民族地区乡村发展观念相对保守,缺乏创新意识。受访干部认为,这主要表现在两个方面:从基层干部主体来看,一是基层干部的思想、观念保守,不能与时俱进谋划乡村建设和发展,因而不能在乡村经济发展和社会稳定中发挥中流砥柱作用;二是一些基层干部视野不够开阔,做事瞻前顾后,不能学习、借鉴其他乡村发展的成功经验;三是一些基层干部存在得过且过的思想,不敢尝试创新。从农牧民主体来看,一是一些农牧民自我发展的意愿不强,满足于现状,对未来发展存在"等、靠、要"的思想;二是一些农牧民对依靠种养殖和乡村集体产业增收没有信心,宁愿外出打工挣钱;三是部分农牧民对土地流转等一些农村政策认识、理解得不够,导致乡村土地资源利用率低;四是部分农牧民对加入合作社积极性不够。

(六)村干部"领头雁"作用发挥不足

农村基层组织是带领乡亲们致富奔小康的"领头雁",他们的治理能力和带头作用在很大程度上影响着当地乡村发展的程度和速度。受访干部认为:很多村干部对发展乡村经济意愿强烈,有闯劲儿,敢担当,能够在推动乡村振兴的实际工作中取得初步成果;一些村干部对未来发展有想法,缺办法,工作进展不明显;一些村干部受制于本村的资源禀赋,有"巧妇难为无米之炊"的窘迫之感;一些村干部自身专业技能和能力素质有限,带动村民致富的作用不明显;一些村干部在承包地流转、集体收益分配等方面未能真正站在村民的立场上维护村民的利益。

(七)相关体制机制不健全

乡村发展离不开有效的体制机制保障。当前,城乡融合发展体制机制还不够健全,还存在一些明显的制度短板。受访干部认为:一是城乡要素流动仍然存在障碍,城乡二元的户籍壁垒没有被根本消除,城乡金融资源配置失衡,乡村发展缺乏要素支撑;二是现代农业产业体系尚不健全,特别是乡村社会化服务组织尚未得到建立、健全,支农体系仍然相对薄弱;三是农村土地"三权分置"制度尚未被完全落实,集体建设用地使用缺乏灵活性,零星、分散的存量建设用地未能充分发挥作用,农业设施、休闲旅游设施等建设受用地指标的限制；四是农户闲置宅基地和闲置农房政策未完全得到落地、落实，农户财产性收入未能得到充分保障；五是乡村振兴工作体制机制不顺畅，党委农办、农业农村部门、乡村振兴部门三部门的分工和协作，以及与其他相关部门合作运行机制尚不健全，乡村振兴责任体系尚未被完全建立；六是鼓励社会各界投身乡村建设的有效激励机制尚未被建立。

三、民族地区乡村发展的对策建议

乡村振兴的目标归根结底要落到群众生活富足上来。民族地区脱贫攻坚的目标方向与乡村振兴的目标一致，乡村振兴为民族地区的稳步脱贫提供了良好的机遇和发展载体，民族地区应紧紧抓住时机，为脱贫群众创造各种有利条件，提高群众自身的"造血"功能，支持并帮扶群众实现农业产业化经营发展，促进群众稳步增收致富，最终实现民族地区农业、农村优先发展，城乡融合发展，以及农业、农村现代化，助力我国建成社会主义现代化强国，在巩固脱贫攻坚成果的基础上扎扎实实地推进乡村振兴。

（一）因地制宜培育特色产业，促进乡村经济发展

实施乡村振兴首先要立足本地实际，规划好行动蓝图，循序渐进，不能急于求成。在产业项目培育上要遵循因地制宜、科学选择项目的原则。因地制宜，才能充分利用当地乡村的人力、生态和社会资源；科学选择项目指不仅要注重项目的短期收益，还要考虑该项目能否使群众"长期有盼头"。民族地区乡村要结合本地资源禀赋的特点，以特色产业发展为主线，找准本村产业定位，精准发力，培育、壮大特色产业，着力打造具有地方特色的支柱性产业和品牌农产品，如民族特色村寨产业、民族医药大健康产业、清真食品产业、生态农业产业、文创产业、少数民族手工艺产业、特色乡村文化旅游产业、林下经济产业等。例如，广西壮族自治区桂林市全州县毛竹山村立足当地资源，发展葡萄产业促进农民增收，村容、村貌焕然一新，人居环境大幅改善，成功实现了巩固、拓展脱贫攻坚成果与乡村振兴有效衔接。

（二）关切农牧民利益，拓宽创业就业增收渠道

实施乡村振兴必须以尊重农牧民的意志和利益为前提。一要保障农牧民合法的土地（牧场）权益。当下农牧民土地、牧场权益流失主要源于土地制度的内在缺陷，以及地方政府土地管理行为的失范。二要把在乡村产业融合发展中增加农民收入作为拓宽农牧民增收渠道的主攻方向。乡村产业融合发展有利于培育新产业和新业态，有助于延长农业产业链、提升价值链，有助于农牧民分享到第二、第三产业带来的利润及增值收益。三要通过乡村集体产权制度改革赋予农牧民更多的财产权利，发展多种形式的股份合作制企业，通过投资入股为农户带来更多的财产性收益，从而让农民共享农村改革的红利。

（三）改善乡村人居环境，完善公共基础设施条件

改善乡村人居环境，建设生态宜居乡村是实施乡村振兴的重要组成部分。出于历史和管理主体薄弱的原因，西部民族地区乡村人居环境状况总体上不容乐观，特别是脱贫攻坚时期深度贫困地区基本上是生态环境最为脆弱或破坏最为严重的区域，脏乱差、环境污染等问题在一些地区较为突出，交通运输、生产和生活、污水和垃圾处理等基础设施建设相对滞后，与生态、宜居、美丽乡村的建设有较大差距。民族地区要健全农村环境保护机制，制定政策加强环境综合治理，将环保理念转化为具体行动，保护绿水青山。一要建立绿色发展理念，在对乡村的生态环境进行保护和治理的基础上，科学地利用"青山绿水"资源来发展生态产业；二，不仅要依托生态建设项目实现生态环境改善，更要规划建立生态资源的持续开发和多维利用体系，发展绿色农业、旅游业等具有复合特色的优势产业，实现生态保护和经济发展的双重目标；三要补足短板，完善乡村基础设施建设机制，推进城乡基础设施互联、互通、共建、共享，在乡村道路建设、群众安全饮水、文化教育、医疗卫生建设、通信、互联网建设等方面给予更多的支持；四要推进开展乡村人居环境整治提升行动，控制面源污染，搞好乡村垃圾和污水处理、厕所改造，注重保护传统村落，在遵循乡村自身发展规律的基础上保留乡村风貌和乡土气息；五是加大对少数民族特色村镇建设的支持力度，把少数民族特色村镇打造成民居特色鲜明、人居环境优美、产业支撑有力、民族文化浓郁、民族关系和谐的美丽特色村镇。

（四）提升乡村人力资源素质，推动乡村文化振兴

探寻民族地区一些乡村和少数农牧民长期贫困的真正原因，文化贫困等主观因素亦不容忽视。振兴乡村文化不仅能"富口袋"，还可以向群众传播先进的文化知识和科学的价值观，从而团结、凝聚各族群众。一要通过动员、组织农业科技服务协会、职业院校、农业广播电视学校等机构，为各族农户提供种植和养殖技能，以及自主创业、法律和法规、国家通用语言文字、网络电商等方面的教育培训，提升农牧民及其家庭成员的文化素质和职业技能，提高农民自主发展生产的能力。例如云南省镇沅县创新成立的"深度贫困人口培训中心"采取"理论知识+实践操作+转变观念+考核发证"的教学方式，使许多贫困农民学到了就业的新技能、致富的新门路，从而彻底摆脱了贫困。二要对民族地区乡村客观存在的特色文化资源进行加工，按照产业发展的规律进行挖掘和开发，赋予特色文化资源产品形态和商品价值，在促进民族地区乡村经济发展的同时，推动其文化振兴。三要在乡村广泛宣传并弘扬自信、自强、自爱精神，唤醒农户发家致富的能动性，使一些存在"等、靠、要"的思想的农牧民转变为振兴乡村的能人。四要借鉴发达国家的经验，全面建立职业农民制度，实施新型职业农民培育工程，加强农村专业人才队伍建设。

（五）培育乡村振兴"领头雁"，提升基层治理能力

乡村全面振兴实行得好与不好，在很大程度上取决于村"两委"班子整体素质的高低、能力的强弱，因此要加快培育乡村振兴的"领头雁"，把乡村干部队伍建设作为乡村振兴的支撑点。一要在"选"的环节注意发现并提拔一批有文化、有一技之长、能带头致富的优秀分子进入村领导班子。二要在"育"的方面、在提升能力上下功夫，通过加强教育培训和实践锻炼不断提升乡村发展带头人适应新形势、应对新挑战、解决新问题的能力。三要在"管"的环节实行村"两委"干部目标考核、述职和述廉等制度，督促村干部廉洁履职，从而推动乡村治理现代化。

（六）推进体制机制创新，加强乡村振兴的制度性供给

制度创新是推动乡村经济社会发展的内生动力。要深化农村制度改革，推进体制机制创新，以改革创新不断激发乡村发展活力。一要维护进城落户农民的土地承包权、宅基地使用权、集体收益分配权，在保障宅基地集体所有权、宅基地农户资格权和农民房屋财产权的前提下适度放活宅基地和农民房屋使用权。二要加快推进农村集体经营性资产股份合作制改革和集体产权制度改革，探索集体经济新的实现形式和运行机制。三要构建支持、引导社会各方面人才参与乡村振兴的政策体系，打开促进人才向农村、向基层一线流动的通道，支持企业家、党政干部、专家、学者、医生、教师、规划师、建筑师、律师、技能人才等投身于乡村振兴事业。四要健全符合农业、农村特点的农村金融体系，把更多的金融资源配置到乡村经济社会发展的重点领域和薄弱环节，更好地满足乡村振兴的多样化金融需求。五要推广一事一议、以奖代补等方式，鼓励农牧民对直接受益的乡村基础设施建设投工、投劳，让农牧民更多地参与乡村（牧场）的建设和管护。六要加强国家产业政策引导，促进西部民族地区农业产业结构调整，支持乡村特色产业发展。七要继续支持扶贫协作机制，促进东西部合作及东部地区对西部民族地区的技术和项目支持，发挥国有大中型企业的项目带动和支持作用。

第七章　新时代民族地区乡村发展的政策框架与现实依据

消除贫困，实现共同富裕是社会主义的本质要求，也是人民群众的共同期盼，2020年我国已经完成全面建成小康社会和消除绝对贫困的目标，中国特色社会主义进入新阶段。党的二十大报告提出，从现在起，中国共产党的中心任务就是团结、带领全国各族人民全面建成社会主义现代化强国，实现第二个百年奋斗目标，以中国式现代化全面推进中华民族伟大复兴。党中央着眼于实现第二个百年奋斗目标、顺应亿万农民对美好生活的向往，提出坚持农业、农村优先发展，巩固、拓展脱贫攻坚成果，加快建设农业强国。全面推进乡村振兴是新时代做好"三农"工作的总抓手，是实现中华民族伟大复兴的重大任务之一。农业强不强、农村美不美、农民富不富决定了社会主义现代化的质量。因此，高质量推进乡村振兴发展，促进共同富裕目标实现是中国特色社会主义进入新阶段的新使命和新责任。

一、民族地区乡村发展的外部环境

乡村振兴战略的实施效果影响着我国共同富裕目标的实现、社会主义现代化建设的推进和中华民族伟大复兴的进程。我国现有乡村人口近5.1亿，民族地区乡村常住人口超过1亿，乡村发展的问题不解决，建设社会主义现代化强国的目标就无法顺利实现。当前，国家密集出台的相关政策体系为民族地区乡村发展提供了体制机制和制度保障。长期向好的经济发展趋势、国内大市场、我国经济发展的韧性等外部环境为民族地区乡村的持续发展提供了良好的条件和机遇。

（一）乡村振兴战略的制度框架和政策体系

党的十八大以来，中央政府密集出台了一系列支农、惠农政策，一些财政能力较强的地方政府也出台了配套措施，"三农"状况发生了极大的改变，农民利益得到了保护，广大农民的生产积极性也被极大地调动起来，城乡关系发生了重大的改变，国家对农业的支持和保护体系基本形成。例如，2013年1月31日《中共中央国务院关于加快发展现代农业进一步增强农村发展活力的若干意见》提出："不断强化农业补贴政策，完善主产区利益补偿、耕地保护补偿、生态补偿办法，加快让农业获得合理利润，让主产区财力逐步达到全国或全省平均水平。继续增加农业补贴资金规模，新增补贴向主产区和优势产区集中，向专业大户、家庭农场、农村合作社等新型生产经营主体倾斜。落实好对种粮农民直接补贴、良种补贴政策，扩大农机具购置补贴规模，推进农机具以旧换新试点。完善农资综合补贴动态调整机制，逐步扩大种粮大户补贴试点范围。"2013年3月1日，农业部和财政部联合印发的《2013年农产品产地初加工补助项目实施指导意见》提出："中央财政将继续安排转移支付资金，采取以奖代补方式扶持农户和专业合作社建设农产品产地初加工设施。"2014年1月19日，中共中央、国务院印发的《关于全面深化农村改革加快推进农业现代化的若干意见》提出：完善财政支农政策，增加"三农"支出。公共财政要坚持把"三农"作为支出重点，中央基建投资继续向"三农"倾斜，优先保证"三农"投入稳定增长。继续实行种粮农民直接补贴、良种补贴、农资综合补贴等政策，新增补贴向粮食等重要农产品、新型农业经营主体、主产区倾斜。在有条件的地方开展按实际粮食播种面积或产量对生产者补贴试点，提高补贴精准性、指向性。加大农机具购置补贴力度，完善补贴办法，继续推进农机具报废更新补贴试点。强化农业防灾、减灾，稳产、增产关键技术补助。继续实施畜牧良种补贴政策。2015年5月22日，由财政部和农业部联合颁布的《关于调整完善农业三项补贴政策的指导意见》提出：将80%的农资综合补贴存量资金、种粮农民直接补贴和农作物良种补贴资金用于耕地地力保护。20%的农资综合补贴存量资金，加上种粮大户补贴试点资金和农业"三项补贴"增量资金，按照全国统一调整完善政策的要求支持粮食适度规模经营。2016年6月23日，由财政部和农业部制定的《农业支持保护补贴资金管理办法》提出：农业支持保护补贴用于耕地地力保护的资金，补贴对象原则上为拥有耕地承包权的种地农民。农业支持保护补贴以绿色、生态为导向。鼓励采取多种措施，创新方式、方法，提高农作物秸秆综合利用水平，引导农民综合采取秸秆还田，深松整地，减少化肥、农药用量，施用有机肥等措施，切实加强农业生态资源保护，自觉提升耕地地力。

总体来看，经过这一时期的努力，中国农业的支持、保护体系基本形成，已经初步建立了以保障粮食安全、促进农民增收和农业可持续发展为主要目标，由农民直接补贴、生产支持、价格支持、流通储备、灾害救济、基础设施、资源与环境保护、政府间转移支付等各类支出组成，涵盖了农业产前、产中、产后各个环节和主要利益主体的农民支持、保护政策体系。[①]

党的十九大提出乡村振兴战略后，为了贯彻落实乡村振兴战略，推进城乡融合发展，中央政府及有关部门陆续出台了一系列相关政策和文件，如2017年12月召开的中央农村工作会议重点部署了近期和长期的乡村振兴工作，2018年的中央一号文件即全面部署实施乡村振兴战略，该年也成为乡村振兴的实施元年，由此，农业、农村迎来了各种扶持政策密集出台的新发展时期。这些政策性文件为乡村振兴战略的全面实施提供了坚实的政策保障。在此，本书梳理并汇总了党的十九大召开之后有关乡村振兴的主要配套政策（见表5）。

---

① 汤敏.中国农业补贴政策调整优化问题研究[J].农业经济问题，2017（12）.

第七章 新时代民族地区乡村发展的政策框架与现实依据

表5 实施乡村振兴战略相关政策文件

时间	发布主体	文件名称	内容概要
2018年1月	中共中央、国务院	关于实施乡村振兴战略的意见	确定了实施乡村振兴战略的目标任务,到2050年,农业强、农村美、农民富将全面实现
2018年2月	中共中央办公厅、国务院办公厅	农村人居环境整治三年行动方案	旨在加快推进农村人居环境整治,进一步提升农村人居环境水平
2018年2月	农业部	农业部关于大力实施乡村振兴战略加快推进农业转型升级的意见	要求各级农业部门全面贯彻落实党的十九大精神,坚持用习近平新时代中国特色社会主义思想指导新时代"三农"工作
2018年2月	农业部、财政部	2018—2020年农机购置补贴实施指导意见	明确中央财政农机购置补贴资金主要用于支持购置先进适用农业机械,以及开展农机报废更新补贴试点、新产品试点等方面,鼓励有条件的省份采取融资租赁、贴息贷款等形式,支持购置大型农业机械
2018年3月	中共中央	深化党和国家机构改革方案	明确组建农业农村部,4月3日,农业农村部正式挂牌。明确农业农村部统筹研究并组织实施"三农"工作战略、规划和政策,形成推进乡村全面振兴的强大合力
2018年3月	国务院办公厅	跨省域补充耕地国家统筹管理办法	根据各地资源环境承载状况、耕地后备资源条件、土地整治、高标准农田建设新增耕地潜力等分类实施补充耕地国家统筹
2018年3月	国务院办公厅	关于城乡建设用地增减挂钩结余指标跨省域调剂管理办法	规范开展深度贫困地区城乡建设用地增减挂钩节余指标跨省域调剂
2018年4月	农业农村部、财政部	2018年财政重点强农惠农政策	包括设立农民直接补贴、支持新型农业经营主体发展、支持农业结构调整、支持农村产业融合发展、支持绿色高效技术推广服务、支持农业资源生态保护及面源污染防治、支持农业防灾和救灾、大县奖励政策等多项强农、惠农政策
2018年5月	农业农村部、财政部	关于做好2018年畜禽粪污资源化利用项目实施工作的通知	2018年中央财政继续支持畜禽粪污资源化利用工作,通过以奖代补的方式对畜牧大县畜禽粪污资源化利用工作予以支持

续表

时间	发布主体	文件名称	内容概要
2018年6月	农业农村部	关于加快推进品牌强农的意见	当前农业发展进入了新阶段,要增强品牌意识,提升品牌建设水平,要把农业品牌建设放在突出位置,增强农业品牌的国际竞争力,在未来打造超过500个农业品牌
2018年7月	农业农村部	农业绿色发展技术导则(2018—2030年)	大力推进生态文明建设,有力支撑农业绿色发展,农业、农村现代化
2018年8月	中共中央、国务院	关于打赢脱贫攻坚战三年行动的指导意见	明确了今后三年脱贫攻坚各项工作的时间表和路线图。提出未来三年,3000万左右的农村贫困人口需要脱贫,平均每年需要减贫1000万人以上
2018年9月	中共中央、国务院	乡村振兴战略规划(2018—2022年)	按照"到2020年实现全面建成小康社会"和"分两个阶段实现第二个百年奋斗目标"的战略部署,2018—2022这5年间,既要在农村实现全面小康,又要为基本实现农业、农村现代化开好局、起好步、打好基础
2018年9月	财政部	贯彻落实实施乡村振兴战略的意见	要着力创新一批关键核心技术,集成应用一批先进、实用的科技成果,示范并推广一批农业可持续发展模式,打造一批科技引领示范村(镇),培育、壮大一批新型农业生产、经营主体,建立、健全科技支撑乡村振兴的制度政策。另外,实施方案还提出将打造1000个乡村振兴科技引领示范村(镇)
2018年9月	农业农村部	乡村振兴科技支撑行动实施方案	集聚科技、产业、金融、资本等各类创新要素,着力开展关键技术创新,生态循环模式创建,典型示范引领,新型生产、经营主体培育和体制机制创新,显著提升科技在农业质量、效益方面的竞争力和对农村生态环境改善的支撑水平
2018年10月	国家发展改革委	促进乡村旅游发展提质升级行动方案(2018—2020年)	加快推进乡村旅游提质、扩容,进一步发挥乡村旅游对促进消费、改善民生、推动高质量发展的重要带动作用
2018年11月	最高人民法院	关于为实施乡村振兴战略提供司法服务和保障的意见	坚持把开展涉"三农"司法审判、服务和保障实施乡村振兴战略作为人民法院工作的重中之重,坚持农业、农村优先发展,增加乡村地区司法资源供给

续表

时间	发布主体	文件名称	内容概要
2018年12月	农业农村部、国家发展改革委、财政部等6部门	关于开展土地经营权入股发展农业产业化经营试点的指导意见	合理确定土地经营权入股的形式,培育一批土地经营权出资发展农业产业化经营的公司、农民专业合作社
2018年12月	农业农村部、国家发展改革委、科技部等9部门	关于进一步促进奶业振兴的若干意见	要以实现奶业全面振兴为目标,优化奶业生产布局,创新奶业发展方式,建立并完善以奶农规模化养殖为基础的生产、经营体系,密切联结产业链各环节利益,提振乳制品消费信心,力争到2025年全国奶类产量达到4500万吨,提升我国奶业发展质量、效益和竞争力
2018年12月	第十三届全国人大常委会第七次会议	关于修改农村土地承包法的决定	新修改的农村土地承包法既落实了"三权分置"和长久不变的政策要求,也加强了对农民权益的保护
2019年1月	中共中央	中国共产党农村基层组织工作条例	对坚持、加强党对农村工作的全面领导,打赢脱贫攻坚战,深入实施乡村振兴战略,推动全面从严治党向基层延伸,提高党的农村基层组织建设质量,巩固党在农村的执政基础具有十分重要的意义
2019年1月	中央农办、农业农村部、自然资源部、国家发展改革委、财政部	关于统筹推进村庄规划工作的意见	明确把加强村庄规划作为实施乡村振兴战略的基础性工作。力争到2019年底,基本明确集聚提升类、城郊融合类、特色保护类等村庄分类;到2020年底,结合国土空间规划编制在县域层面基本完成村庄布局工作,持之以恒推动乡村振兴战略落实、落地
2019年1月	人民银行、银保监会、证监会、财政部、农业农村部	关于金融服务乡村振兴的指导意见	对标实施乡村振兴战略的三个阶段性目标,明确了相应阶段内金融服务乡村振兴的目标
2019年2月	农业农村部、国家发展改革委、科技部、财政部、商务部、国家市场监督管理总局、国家粮食和物资储备局	国家质量兴农战略规划(2018—2022年)	分阶段制定了到2022年和到2035年的质量兴农发展目标,提出了包括加快农业绿色发展、推进农业全程标准化、促进农业全产业链融合、培育并提升农业品牌等七个方面的重点任务

续表

时间	发布主体	文件名称	内容概要
2019年2月	国务院办公厅	关于有效发挥政府性融资担保基金作用切实支持小微企业和"三农"发展的指导意见	规范政府性融资担保基金运作,坚守政府性融资担保机构的准公共定位,弥补市场不足,降低担保服务门槛,着力缓解小微企业、"三农"等普惠领域融资难、融资贵,支持发展战略性新兴产业,促进大众创业、万众创新
2019年2月	中共中央、国务院	关于坚持农业农村优先发展做好"三农"工作的若干意见	必须坚持把解决好"三农"问题作为全党工作重中之重不动摇,进一步统一思想、坚定信心、落实工作,巩固、发展农业、农村好形势,发挥"三农"的压舱石作用,为有效应对各种风险、挑战赢得主动,为确保经济持续健康发展和社会大局稳定、如期实现第一个百年奋斗目标奠定基础
2019年2月	中央办公厅、国务院办公厅	关于促进小农户和现代农业发展有机衔接的意见	扶持小农户,提升小农户发展现代农业的能力,加快推进农业、农村现代化,夯实实施乡村振兴战略的基础,就促进小农户与现代农业发展有机衔接提出意见
2019年2月	国家发展改革委等12部门	关于进一步推动进城农村贫困人口优先享有基本公共服务并有序实现市民化的实施意见	确保在城镇工作、生活1年以上的农村贫困人口优先享有基本公共服务,并促进有能力在城镇稳定就业、生活的农村贫困人口有序实现市民化
2019年3月	中央农办、农业农村部、国家发展改革委	关于深入学习浙江"千村示范、万村整治"工程经验扎实推进农村人居环境整治工作的报告	始终坚持绿色发展和"绿水青山就是金山银山"的理念,并真正转化为引领、推动农村人居环境综合治理的具体实践
2019年3月	中国银保监会办公厅、自然资源部办公厅	关于延长农村集体经营性建设用地使用权抵押贷款工作试点期限的通知	延长农村集体经营性建设用地使用权抵押贷款工作试点的期限
2019年4月	中共中央、国务院	中共中央国务院关于建立健全城乡融合发展体制机制和政策体系的意见	促进城乡要素自由流动、平等交换和公共资源合理配置,加快形成工农互促、城乡互补、全面融合、共同繁荣的新型工农城乡关系,加快推进农业、农村现代化
2019年4月	中共中央、国务院	关于建立健全城乡融合发展体制机制和政策体系的意见	贯彻落实党的十九大精神的重大决策部署,根本目的是重塑新型城乡关系,走城乡融合发展之路,促进乡村振兴和农业、农村现代化。这意味着当前在我国推动城乡融合发展既有现实而深刻的时代背景,又有重要而深远的意义

续表

时间	发布主体	文件名称	内容概要
2019年5月	中共中央办公厅、国务院办公厅	数字乡村发展战略纲要	明确指出到2020年，全国行政村4G覆盖率超过98%，农村互联网普及率明显提升。建成一批特色乡村文化数字资源库，网络扶贫行动向纵深发展，信息化在美丽、宜居乡村建设中的作用更加显著
2019年5月	农业农村部办公厅	关于进一步加强农业投资管理的通知	规范项目资金管理，着力加强重大投资政策创设、重大建设规划编制、重大工程项目实施，创新农业、农村投融资体制机制，推动建立、健全多元化投融资格局
2019年5月	农业农村部	农作物种质资源保护与利用三年行动方案、畜禽遗传资源保护与利用三年行动方案	进一步加强农作物种质资源和畜禽遗传资源（统称"农业种质遗传资源"）保护和利用，强化种遗传资源对发展现代种业、推进农业高质量发展的基础性支撑作用
2019年6月	农业农村部办公厅、教育部办公厅	关于做好高职扩招培养高素质农民有关工作的通知	培养100万名接受学历职业教育，具备市场开拓意识，能推动农业、农村发展，带领农民增收致富的高素质农民，形成一支留得住、用得上、干得好、带得动的"永久牌"乡村振兴带头人队伍
2019年6月	中共中央办公厅、国务院办公厅	关于加强和改进乡村治理的指导意见	对今后一段时间内我国乡村治理提出了明确的奋斗目标、指导原则和方法
2019年6月	国务院	关于促进乡村产业振兴的指导意见	在以往政策的基础上进行了集成、延伸、拓展、细化和实化，乡村产业定位更加准确，乡村产业振兴的路径更加清晰，促进乡村产业振兴的要求更加具体
2019年7月	中国银保监会、财政部、中国人民银行、国务院扶贫办	关于进一步规范和完善扶贫小额信贷管理的通知	充分满足建档立卡贫困户的扶贫小额信贷资金需求
2019年7月	农业农村部办公厅、财政部办公厅	关于支持做好新型农业经营主体培育的通知	加大对农民合作社、家庭农场等新型农业经营主体的支持

续表

时间	发布主体	文件名称	内容概要
2019年7月	中央农办、农业农村部、生态环境部等9部门	关于推进农村生活污水治理的指导意见	到2020年，东部地区、中西部城市近郊区等有基础、有条件的地区，农村生活污水治理率明显提高，村庄内污水横流、乱排、乱放情况基本消除，运维管护机制基本建立；中西部有较好基础、基本具备条件的地区，农村生活污水乱排乱放现象得到有效管控，治理初见成效；地处偏远、经济欠发达等地区农村生活污水乱排、乱放现象明显减少
2019年7月	农业农村部办公厅	关于全面推进信息进村入户工程的通知	到2020年底，益农信息社覆盖全国80%以上的行政村，公益服务、便民服务、电子商务、培训体验服务等服务内容基本满足农民生产、生活需求
2019年7月	农业农村部办公厅、财政部办公厅	关于进一步做好农业生产社会化服务工作的通知	组织推进小农户通过合作和联合实现耕地集中连片，统一开展农业生产托管，统一接受耕、种、防、收等生产服务，发展服务规模经营
2019年8月	中共中央	中国共产党农村工作条例	提出党的农村工作必须遵循坚持党对农村工作的全面领导等6项原则，是结合党管农村工作的长期实践经验、把握新时代农村工作规律而确定的。把党管农村工作的总体要求细化成具体的规定，实现了有章可循、有法可依，从制度机制上把加强党的领导落实到了"三农"的各个方面、各个环节
2019年9月	中央农办、农业农村部等11部门	关于开展农民合作社规范提升行动的若干意见	对开展农民合作社规范提升行动做出总体部署
2019年9月	第十三届全国人大常委员会第十二次会议	中华人民共和国土地管理法	提出坚持土地公有制不动摇，坚持农民利益不受损，坚持最严格的耕地保护制度和最严格的节约、集约用地制度，在充分总结农村土地制度改革试点成功经验的基础上做出了多项重大突破；破除集体经营性建设用地进入市场的法律障碍，改革土地征收制度，完善农村宅基地制度；等等
2019年9月	国务院办公厅	关于稳定生猪生产促进转型升级的意见	从稳定当前生猪生产、加快构建现代养殖体系、完善动物疫病防控体系、健全现代生猪流通体系等方面提出具体措施

续表

时间	发布主体	文件名称	内容概要
2019年9月	财政部、农业农村部等4部门	关于加快农业保险高质量发展的指导意见	是在新的历史时期推动我国农业保险改革发展的重要举措、今后一个时期开展农业保险工作的根本遵循
2019年9月	中央农办、中央组织部、中央宣传部、农业农村部等11部门	关于进一步推进移风易俗建设文明乡风的指导意见	对当前和今后一个时期的文明乡风建设工作做出了全面的部署和安排
2019年9月	各省、自治区、直辖市人民政府，国务院各部委、各直属机构	关于实施家庭农场培育计划的指导意见	加快培育出一大批规模适度、生产集约、管理先进、效益明显的家庭农场，为促进乡村全面振兴，实现农业、农村现代化夯实基础
2019年10月	国务院新闻办	《中国的粮食安全》白皮书	重点阐述了1996年，特别是党的十八大以来我国在保障粮食安全方面实施的一系列方针、政策和举措，介绍了中国粮食对外开放、国际合作的原则和立场，并提出了未来中国粮食问题的政策主张
2019年11月	中共中央、国务院	关于保持土地承包关系稳定并长久不变的意见	提出要从稳定土地承包关系，第二轮土地承包到期后再延长30年，健全农村土地承包相关法律和政策，继续提倡"增人不增地，减人不减地"，以及建立、健全土地承包权依法自愿有偿转让机制等方面着手，稳妥推进土地承包关系长久不变地实施
2019年11月	国务院办公厅	关于切实加强高标准农田建设提升国家粮食安全保障能力的意见	指出要坚持夯实基础、确保产能，因地制宜、综合治理，依法严管、良田粮用，政府主导、多元参与等原则，切实加强高标准农田建设。确保到2022年全国建成10亿亩高标准农田，以此稳定、保障1万亿斤以上粮食产能
2020年2月	农业农村部办公厅	2020年乡村产业工作要点	做好乡村产业工作，在目标任务上要力求取得"三个进展"：一是在延伸产业链上取得新进展，二是在促进融合发展上取得新进展，三是在拓展农业功能上取得新进展。发掘农业多种功能和乡村多重价值，催生新产业、新业态，搭建新平台、新载体，"拓"出农业新业态，"展"出乡村新空间

续表

时间	发布主体	文件名称	内容概要
2020年4月	农业农村部办公厅	社会资本投资农业农村指引	鼓励发展乡村特色文化产业，推动农、商、文、旅、体融合发展。挖掘并利用农耕文化遗产资源，打造特色优秀农耕文化产业集群
2020年9月	中共中央办公厅、国务院办公厅	关于调整完善土地出让收入使用范围优先支持乡村振兴的意见	调整土地出让收益城乡分配格局，稳步提高土地出让收入用于农业、农村的比例，集中支持乡村振兴重点任务，加快补上"三农"发展短板，为实施乡村振兴战略提供有力支撑
2021年1月	中共中央、国务院	关于全面推进乡村振兴加快农业现代化的意见	解决好发展不平衡、不充分问题，重点、难点在"三农"，迫切需要补齐农业、农村的短板和弱项，推动城乡协调发展。构建新发展格局，潜力和后劲儿在"三农"，迫切需要扩大农村需求，使城乡经济循环畅通；应对国内外各种风险和挑战，基础支撑在"三农"，迫切需要稳住农业基本盘，守好"三农"基础
2021年4月	第十三届全国人大常委员会第二十八次会议	中华人民共和国乡村振兴促进法	促进乡村振兴应当按照产业兴旺、生态宜居、乡风文明、治理有效、生活富裕的总要求统筹推进农村经济建设、政治建设、文化建设、社会建设、生态文明建设和党的建设，充分发挥乡村在保障农产品供给和粮食安全、保护生态环境、传承并发展中华民族优秀传统文化等方面的特有功能
2021年5月	交通运输部	关于巩固拓展交通运输脱贫攻坚成果全面推进乡村振兴的实施意见	以深化供给侧结构性改革为主线，以改革创新为根本动力，凝聚中央和地方、政府和市场、行业和社会等多方合力，有效巩固、拓展交通运输脱贫攻坚成果，一体推进全国交通运输服务支撑乡村振兴战略，夯实交通强国建设基础，为实现城乡经济循环畅通，促进农业高质、高效，乡村宜居、宜业，农民富裕、富足，加快农业、农村现代化提供有力支撑

续表

时间	发布主体	文件名称	内容概要
2021年11月	国家发展改革委等部门	"十四五"支持革命老区巩固拓展脱贫攻坚成果衔接推进乡村振兴实施方案	提出"十四五"时期聚焦重点区域、重点领域、重点人群,支持革命老区全面巩固、拓展脱贫攻坚成果衔接推进乡村振兴,有利于把革命老区建设得更好,让老区人民过上更好的生活,逐步实现共同富裕目标等。要健全革命老区脱贫地区长效帮扶机制,推动革命老区城乡融合发展,支持革命老区特色产业发展,完善政策体系和组织保障
2021年11月	农业农村部	农业农村部关于拓展农业多种功能促进乡村产业高质量发展的指导意见	在确保粮食安全和保障重要农产品有效供给的基础上,以生态农业为基、田园风光为韵、村落民宅为形、农耕文化为魂,贯通产、加、销,融合农、文、旅,促进食品保障功能坚实而稳固、生态涵养功能加快转化、休闲体验功能高端拓展、文化传承功能有形延伸,打造美丽、宜人、业兴、人和的社会主义新乡村
2021年12月	教育部、国家乡村振兴局、国家语委	国家通用语言文字普及提升工程和推普助力乡村振兴计划实施方案	全面推行国家通用语言文字教育、教学,实现巩固、拓展推普脱贫攻坚成果同乡村振兴有效衔接,全面提高国家通用语言文字普及程度和质量,推动国家语言文字事业高质量发展
2021年12月	能源局、农业农村部、国家乡村振兴局	加快农村能源转型发展助力乡村振兴的实施意见	将能源绿色、低碳发展作为乡村振兴的重要基础和动力,统筹发展和安全,推动构建清洁、低碳、多能融合的现代农村能源体系,全面提升农村用能质量,实现农村能源用得上、用得起、用得好,为巩固、拓展脱贫攻坚成果,全面推进乡村振兴提供坚强支撑
2022年1月	中共中央、国务院	关于做好2022年全面推进乡村振兴重点工作的意见	要全力抓好粮食生产和重要农产品供给,强化现代农业基础支撑,坚持守住不发生规模性返贫底线,聚焦产业促进农村发展,扎实、稳妥推进乡村建设,突出实效改进乡村治理,加大政策保障和体制机制创新力度,坚持、加强党对"三农"工作的全面指导八个方面

续表

时间	发布主体	文件名称	内容概要
2022年4月	文化和旅游部、教育部、自然资源部、农业农村部、国家乡村振兴局、国家开发银行	关于推动文化产业赋能乡村振兴的意见	优秀传统乡土文化得到有效激活；乡村文化业态丰富发展；乡村人文资源和自然资源得到有效保护和利用；乡村第一、第二、第三产业有机融合；文化产业对乡村经济社会发展的综合带动作用更加显著，对乡村文化振兴的支撑作用更加突出
2022年5月	国家乡村振兴局、民政部	社会组织助力乡村振兴专项行动方案	组织、动员部分重点社会组织对160个国家乡村振兴重点帮扶县进行对接帮扶，做好巩固、拓展脱贫攻坚成果同乡村振兴有效衔接工作。动员社会组织积极参与乡村振兴，围绕乡村发展、乡村建设、乡村治理等重点工作，打造社会组织助力乡村振兴公益品牌。针对乡村振兴重点区域和重点领域开展社会组织乡村行活动，搭建项目对接平台，促进帮扶项目落地实施。树立一批社会组织参与乡村振兴的先进典型，强化示范带动作用，推动形成社会组织助力乡村全面振兴的良好局面

由表5可见，党的十九大以来，随着乡村振兴战略的不断推进，相关的配套政策文件陆续出台。这些政策文件提出的各项措施基本涵盖了乡村振兴战略的每个方面，贯串乡村生产、生活的各个层面，力图解决乡村振兴战略实施过程中人、地、钱、法、技等要素约束的难题，构成了一个多目标、多维度的乡村振兴政策体系。

从时间脉络和文件内容来看，在整个政策体系中，2018年1月发布的《关于实施乡村振兴战略的意见》和2018年9月发布的《乡村振兴战略规划（2018—2022年）》是两个具有纲领性、引领性的政策文件，对乡村振兴战略的全面实施起着提纲挈领的作用。2018年1月出台的《关于实施乡村振兴战略的意见》是为了全面实施乡村振兴战略而制定的第一个纲领性文件，该政策文件阐述了实施乡村振兴战略的重大意义，明确了乡村振兴的指导思想、目标任务和基本原则，并从提升农业发展质量、推进乡村绿色发展、促进农村文化繁荣和兴盛、构建乡村治理新体系、提高农村民生保障水平、打好精准脱贫攻坚战、强化乡村振兴制度性供给、强化乡村振兴人才支撑、强化乡村振兴投入保障、坚持并完善党对"三农"工作的领导等方面对实施乡村振兴战略进行了全面部署。2018年9月出台的《乡村振兴战略规划（2018—2022年）》体现为对实施乡村振兴战略第一个五年工作做出具体的安排和部署，是指导各地区各部门分类、有序推进乡村振兴的重要依据。该文件基于乡村振兴的现实基础和发展态势，提出了五年发展目标和远景谋划，明确了阶段性重点任务，部署了一系列重大工程、重大计划、重大行动，绘就了2018—2022年乡村振兴的宏伟蓝图，这是我国出台的第一个全面推进乡村振兴战略的五年规划。

2019年2月由中共中央、国务院印发的《关于坚持农业农村优先发展做好"三农"工作的若干意见》在乡村振兴政策体系中也具有十分重要的地位和作用。该文件是我国进入20世纪以来第十六个指导"三农"工作的中央一号文件，具有很强的指导性、针对性和前瞻性。以《关于实施乡村振兴战略的意见》《乡村振兴战略规划（2018—2022年）》两个重要文件为核心，从国家层面制定并出台了一系列乡村振兴配套政策文件，为新时代乡村振兴战略的推进提供了全方位的制度性保障。在乡村振兴的具体实践中，伴随着新问题、新矛盾的出现，一些有针对性的配套文件也必将陆续出台，从而不断完善并优化乡村振兴的政策体系。

综合来看，乡村振兴政策体系涵盖了乡村政治、经济、社会、文化、生态等多个维度，各政策文件相互独立又互为补充，是一个有科学指导思想的、逻辑严密的政策系统，为我国全面推进乡村振兴、建设农业强国提供了坚实的制度保障。

（二）乡村振兴进入新阶段

习近平总书记指出，发展是解决民族地区各种问题的总钥匙。当前，我国社会的主要矛盾已经转化为人民日益增长的美好生活需要与不平衡、不充分的发展的矛盾。基于此，民族地区乡村群众的发展必将面临着物质与精神追求的统一，群众不仅期盼在物质上实现收入的增加，在居住、养老、教育、文化、生态环境、民主、法治等方面也提出了更高的要求，而乡村振兴战略正是在对我国乡村社会主要矛盾及发展状况进行科学研判的基础上提出的乡村发展战略。

当前我国已经彻底消除了绝对贫困，在下一段征程中，乡村振兴将是未来15年中国经济社会发展战略的重中之重。从发达国家的发展经验来看，国家现代化实现的根本看点就是乡村发展状况，因此乡村振兴是体现国家现代化质量和"成色"最重要的标准之一。不容忽视的是，我国农业还存在基础不稳固、城乡区域发展和收入分配差距较大、生态环保任重道远等问题。因此，脱贫攻坚战取得胜利后，巩固、拓展脱贫攻坚成果，开启乡村振兴新征程，加快农业、农村现代化是新阶段"三农"工作的中心任务。新发展阶段，党中央对乡村振兴提出了新的更高的要求，相应的政策保障和制度体系的重心也向更高阶段跃升。《乡村振兴战略规划（2018—2022年）》《中国共产党农村工作条例》《中华人民共和国乡村振兴促进法》等一系列政策法规为新阶段乡村振兴高质量实施起到了保驾护航的作用。

2020年10月26日至29日，中国共产党第十九届中央委员会第五次全体会议在北京召开。会议审议通过了《中共中央关于制定国民经济和社会发展第十四个五年规划和二〇三五年远景目标的建议》，这份文件不仅谋划了未来5年的发展，还勾画了未来15年的蓝图。这次会议提出，当前和今后一个时期，我国的发展仍然处于重要战略机遇期。我国已进入高质量发展阶段，制度优势显著，治理效能提升，经济长期向好，物质基础雄厚，人力资源丰富，市场空间广阔，发展韧性强劲，社会大局稳定，在继续发展方面具有多方面优势和条件。要以推动高质量发展为主题，以深化供给侧结构性改革为主线，以改革创新为根本动力，以满足人民日益增长的美好生活需要为根本目的。根据"十四五"时期我国经济社会发展指导方针和主要目标，会议将"四个全面"中的第一个"全面"确定为"全面建设社会主义现代化国家"。会议提出，要优先发展农业和农村，全面推进乡村振兴。要坚持把解决好"三农"问题作为全党工作的重中之重，走中国特色社会主义乡村振兴道路，全面实施乡村振兴战略，加快推进农业、农村现代化。具体的核心政策包括健全防止返贫监测和帮扶机制，做好易地扶贫搬迁后续帮扶工作，加强扶贫项目资金、资产管理和监督，推动特色产业可持续发展。健全农村社会保障和救助制度。在西部地区脱贫县中集中支持一批乡村振兴重点帮扶县，巩固脱贫成果，增强其内生发展能力。坚持、完善东西部协作和对口支援、社会力量参与帮扶等机制。

为了巩固、拓展脱贫攻坚成果，2021年3月，中共中央、国务院颁布了《关于实现巩固拓展脱贫攻坚成果同乡村振兴有效衔接》，文件提出设置五年过渡期，支持脱贫地区乡村特色产业发展、壮大，促进脱贫人口稳定就业，持续改善脱贫地区基础设施条件，进一步提升脱贫地区公共服务水平。

为了有效组织并实施乡村振兴战略，2022年1月4日，中共中央、国务院印发了《关于做好2022年全面推进乡村振兴重点工作的意见》，提出坚持并加强党对"三农"工作的全面领导，牢牢守住保障国家粮食安全和不发生规模性返贫两条底线，充分发挥农村基层党组织的领导作用，扎实、有序地做好乡村发展、乡村建设、乡村治理的重点工作，推动乡村振兴取得新进展，农业、农村现代化迈出新步伐。

2021年2月25日，国家乡村振兴局成立，其目的在于在乡村振兴的政策制定、部门协调、执行监督等多方面发挥职能作用，统筹推动乡村地区的发展。2021年4月29日，《中华人民共和国乡村振兴促进法》出台。其中提出，以乡村优势特色资源为依托，支持促进农村第一、第二、第三产业融合发展，休闲农业、乡村手工业、红色旅游、乡村旅游和康养发展，以及休闲农业和乡村旅游重点村镇建设。在文化繁荣方面保护农业文化遗产和非物质文化遗产，传承并发展优秀传统文化。

2021年8月，中央民族工作会议召开，习近平总书记在会上强调，要准确把握、全面贯彻我们党关于加强、改进民族工作的重要思想，以铸牢中华民族共同体意识为主线，坚定不移地走中国特色解决民族问题的正确道路，构筑中华民族共有的精神家园，促进各民族交往、交流、交融，推动民族地区加快现代化建设步伐，提升民族事务治理法治化水平，防范并化解民族领域的风险和隐患，推动新时代党的民族工作高质量发展，动员全党和全国各族人民为实现全面建成社会主义现代化强国的第二个百年奋斗目标而团结奋斗。会议指出，必须把推动各民族为全面建设社会主义现代化国家共同奋斗作为新时代党的民族工作的重要任务，促进各民族紧跟时代步伐，共同团结奋斗，共同繁荣发展。强调推动中华民族共同体建设、铸牢中华民族共同体意识必须注重民族地区发展的充分性和持续性，增强贫困地区和贫困人口的自我发展能力和可持续发展能力，让各地区各民族共享国家发展的机遇。中央民族工作会议的召开从民族工作领域把缩小区域发展差距、完善差别化的区域政策作为政策导向，加快缩小区域发展差距，将"一个地区都不能落下"付诸实际。

2021年12月8日至10日，中央经济工作会议在北京举行。2022年经济工作的总体要求是坚持稳中求进的工作总基调，完整、准确、全面贯彻新发展理念，加快构建新发展格局，全面、深化改革开放，坚持创新驱动发展，推动高质量发展，坚持以供给侧结构性改革为主线，统筹疫情防控和经济社会发展，统筹发展和安全，继续做好"六稳""六保"工作，持续改善民生，着力稳住宏观经济大盘，保持经济在合理区间运行，保持社会大局稳定，迎接党的二十大胜利召开。会议提出，要全面推进乡村振兴，提升新型城镇化建设质量；正确认识并把握初级产品供给保障；把提高农业综合生产能力放在更加突出的位置，持续推进高标准农田建设；深入实施种业振兴行动，提高农机装备水平，保障种粮农民的合理收益，实现"中国人的饭碗任何时候都要牢牢端在自己手中"。要正确认识并把握实现共同富裕的战略目标和实践途径。在我国社会主义制度下，既要不断解放、发展社会生产力，不断创造、积累社会财富，又要防止两极分化。

实现共同富裕的目标，首先要通过全国人民共同奋斗把"蛋糕"做大、做好，然后通过合理的制度安排把"蛋糕"切好、分好。这是一个长期的历史过程，要朝着这个目标稳步迈进。2021年6月，中央中央、国务院印发了《关于支持浙江高质量发展建设共同富裕示范区的意见》，指出，要缩小城乡区域发展差距，实现公共服务优质共享。2021年8月17日，中央财经委员会第十次会议研究共同富裕问题，提出要提高城乡居民收入水平，实现物质生活和精神生活双富裕，扎实推进公共服务基本化。

在新发展阶段，全面乡村振兴实施得好不好影响着我国共同富裕目标的实现、社会主义现代化建设的推进和中华民族伟大复兴的进程。我国现有近5.1亿乡村人口，其中民族地区乡村常住人口超过1亿。只有乡村全面振兴得到很好的发展，建成社会主义现代化强国的目标才能顺利实现。在我国现有的政策体系为民族地区乡村发展提供了制度保障的基础上，当前的社会环境也为民族地区乡村发展带来了机遇，国内经济长期向好的趋势、国内大市场及我国经济发展韧性强等发展环境为西部民族地区乡村可持续发展提供了条件和机遇。

二、民族地区乡村发展的现实依据

（一）发展的内涵

"发展"的含义随着社会和时代的变化而变化。法国哲学家、社会学创始人奥古斯特·孔德（Isidore Marie Auguste François Xavier Comte，1798—1857）认为，进步就是发展，发展体现为事物向更高级、更复杂、更完善的状态进化的过程。美国社会学家、结构功能主义代表人物帕森斯（Talcott Parsons，1902—1979）认为，发展是从传统社会向现代社会的变迁过程。因此，从社会学意义上讲，发展体现为传统农业社会向现代工业化和信息化社会的转变，即现代化的过程。诺贝尔经济学奖获得者阿玛蒂亚·森（Amartya Sen）认为，发展可以被看作扩展人们享有的真实自由的一个过程。联合国开发计划署在《2007—2008人类发展报告》中对"发展"的阐述是："所有的发展的最终目的都在于扩展人类的潜能、扩大人类的自由。发展在于拓展人们的能力，使他们有能力做出选择，过上一种为他们所看重的生活。"[1] 笔者认为，这个阐述将社会的发展与人类的发展协调起来，体现了"以人为本"的发展理念，不失为一种比较全面、合理的阐述。20世纪很长一段时间，人们对发展存在一种偏颇的认识，将发展等同于经济增长，片面地追求经济增长，结果，不少国家付出了惨痛的代价。联合国开发计划署发布的《1996人类发展报告》指出："当世界即将进入21世纪时，人类需要更多而不是更少的发展。但人类要更加关

---

[1] Fighting Climate Change: Human Solidarity in A Divided World//UNDP.Human Development Report（2007–2008）[EB/OL]. http://hdr.undp.org/en/reports/global/hdr2007-2008/.

注经济增长的结构和质量，以便经济增长能够用来支持人类发展、减少贫困、保护环境、保障可持续发展等。"① 美国政治学家阿尔蒙德（Gabriel A.Almond，1911—2002）指出："发展包含四个变量，即两个政治变量——政府能力、人民参政情况。两个经济变量——经济的增长和分配，或者是财富和福利"② 从这些学者对发展目标的阐述可以看出，发展应该具有多重目标，体现在政治、经济、文化、社会等各个方面。人类的发展只有把始终服务于增进人类幸福、促进人类自由而全面的发展作为目标，才是正确而可持续的。

（二）民族地区乡村发展的方向

党的二十大报告提出"必须坚持在发展中保障和改善民生，鼓励共同奋斗创造美好生活，不断实现人民对美好生活的向往"。当前我国实施的乡村振兴战略正是基于对乡村群体全面发展的关注，乡村振兴战略20字方针的深层次内涵表达的正是对人的发展的关注，不仅在物质方面强调农民生活的宽裕，更强调农村生态环境、精神文化、民主权力、教育、医疗等各方面条件的全面提升。乡村的发展不应该仅仅表现为收入的增加，比收入更重要的是保障人权、促进人的发展、改善生活质量，它包括物质和精神两个层面。③ 在乡村振兴战略背景下，民族地区的乡村发展不仅包含了促进农民经济上增收、产业上发展等硬指标，还从更广泛的角度关注乡村社会、文化、生态、公共服务等软环境的全面提升，最终在物质和精神上实现共同富裕的目标。

我国实施乡村振兴战略是解决人民日益增长的美好生活需要与发展不平衡、不充分的矛盾，实现我国城乡融合发展的必然之举。国家制定的乡村振兴战略政策体系始终贯串着坚持"农业、农村优先"和"以人民为中心"的发展理念。坚持农业、农村优先发展，就要在要素配置上优先满

---

① Economic Growth and Human Development//UNDP. Human Development Report（1996）[EB/OL]. http：//hdr.undp.org/en/reports/global/hdr1996/.

② 孟宪忠.社会发展理论和实践进步述评[J].哲学动态，1995（2）.

③ 保母武彦，萧淑贞.日本乡村振兴的历史、经验及教训[J].山西农业大学学报（社会科学版），2021（1）.

足,在资金投入上优先保障,在公共服务上优先安排,加快补齐农业、农村短板。坚持以人民为中心,就要坚持农民的主体地位,充分尊重农民的意愿,切实发挥农民在乡村振兴中的主体作用,把维护农民群众的根本利益、促进农民共同富裕作为出发点和落脚点。同时,我国也在客观层面上提出了乡村振兴战略推进过程中存在的诸多制约因素,并提出了有针对性的政策和措施。因此,民族地区的乡村发展有着明确的方向和目标,就是紧扣"产业兴旺、生态宜居、乡风文明、治理有效、生活富裕"的总要求,走以人民为中心的中国特色社会主义乡村振兴道路。

(三)民族地区乡村的资源禀赋

资源禀赋又称"要素禀赋",指一国拥有的各种生产要素,包括劳动力、资本、土地、技术、管理等方面。一个地区的资源禀赋可以分为自然资源和社会资源两大类。自然资源包括阳光、空气、水、土地、森林、草原、动物、矿藏、山川等;社会资源包括人力、物力、信息、文化,以及人类在社会和经济活动中经济活动创造的各种资源,等等。资源禀赋作为一个地区经济社会发展的基础和重要支撑,决定了该地区经济社会发展的战略选择、方向和具体途径。各个地区只有结合自身情况,充分挖掘、发挥、利用其资源优势,才能获得竞争优势和持续发展。

1. 民族地区的基本特点

据2020年第七次全国人口普查统计,我国55个少数民族总人口超过1.25亿,占全国总人口的8.89%。与2010年第六次全国人口普查相比,少数民族人口增加1167多万人,增长了10.26%。人口超过千万的少数民族有壮族、回族、满族、维吾尔族4个民族;人口在千万以下、百万以上的少数民族有苗族、彝族、土家族、藏族、蒙古族、侗族、布依族、瑶族、白族、朝鲜族、哈尼族、黎族、哈萨克族、傣族14个民族;人口在30万以下的少数民族有土族、仫佬族、锡伯族、柯尔克孜族、景颇族、达斡尔族、撒拉族、布朗族、毛南族、塔吉克族、普米族、阿昌族、怒族、鄂温克族、京族、基诺族、德昂族、保安族、俄罗斯族、裕固族、乌孜别克族、门巴族、鄂伦春族、独龙族、赫哲族、高山族、珞巴族、塔塔尔族28个民族,这28个民族也被称为"人口较少民族"。

我国各民族分布呈现出大散居、小聚居的特点，汉族主要分布在内地和东部沿海各省市，少数民族主要分布在西部和边疆地区。内蒙古、新疆、广西、宁夏、西藏5个自治区和贵州、云南、青海3个少数民族人口较多的省（合称"民族八省区"）位于西部地区。我国近60%的少数民族人口居住在边疆省区，我国约2.2万千米的陆地边界线中有约1.9万千米在民族地区。

2.民族地区的资源禀赋

自然、地理、气候等方面的条件决定了民族地区是我国资源富集区、水系源头区、生态屏障区、文化特色区、边疆地区。

民族地区的地理条件不仅造就了不同的自然景观，同时也使民族地区在风能、水能、矿产、旅游、文化等方面有着得天独厚的资源禀赋。在自然资源方面，民族地区森林资源蓄积量占全国总量的47.0%，草原面积占全国的75.0%；在能源资源方面，民族地区的水力资源蕴藏量占全国总量的66.0%，石油基础储量占全国总量的20.5%，天然气基础储量占全国的总量的41.0%，煤炭基础储量占全国总量的36.0%；在矿产资源方面，民族地区的铬矿基础储量占全国总量的73.8%，铅矿、锌矿、铝土矿的基础储量都超过全国总储量的一半；我国盐湖资源的90.0%以上集中在民族地区，其中，青海省的盐湖资源最为丰富，钾盐储量占全国总量的97.0%。

民族地区多处在大江、大河的源头和上游气候区，是国家重要的生态屏障。长江、黄河等较大的河流，以及澜沧江、怒江、雅鲁藏布江等国际河流均发源于民族地区。国务院于2010年发布的《全国主体功能区规划》部署了25个国家重点生态功能区，其中16个位于或部分位于民族八省区，23个在民族地区。

民族地区位于我国的西部和边疆，地域辽阔。民族自治地方占国土面积的64%，新疆若羌一个县的面积就相当于江苏、浙江两个省面积的总和。

与东部地区相比，民族地区有着较大的发展差距，但也拥有自己独特的优势：一是地大物博，自然资源，尤其是能源资源丰富，开发潜力巨大。诸如朝鲜族聚居的长白山一带，维吾尔、塔吉克等族生活的天山和昆仑山一带，四川的阿坝州、甘孜州和凉山州，云南的迪庆、西双版纳等八州，西藏自治区全区，以及广西、贵州、海南均有丰富的林木资源。二是大多与我国周边国家接壤，具有对外开放的有利条件，区位优势明显。三是各民族都有非常悠久的历史、丰富多彩的文化和各具特色的风俗习惯，在中华文明的历史长河中经过不断的民族交往、交流和文化融合，形成了深厚的文化底蕴；同时，少数地区还具有浓郁的地域文化。四是地理景观独特而多样，生态旅游资源丰富。五是随着西部大开发形成新格局，民族地区拥有巨大的政策优势和后发优势，迎来了新一轮的发展机遇。

重点保护、发展人口较少民族国家级非物质文化遗产与代表性项目
（1）高山族：拉手舞 （2）景颇族：目瑙斋瓦、目瑙纵歌 （3）柯尔克孜族：玛纳斯、约隆、库姆孜艺术、刺绣、驯鹰习俗、服饰 （4）土族：拉仁布与吉门索、祁家延西、丹麻土族花儿会、於菟、安昭、轮子秋、盘绣、纳顿节、热贡六月会、婚俗、服饰 （5）达斡尔族：民歌、鲁日格勒舞、乌钦、传统曲棍球竞技、沃其贝、婚俗、服饰 （6）仫佬族：依饭节 （7）布朗族：弹唱、蜂桶鼓舞 （8）撒拉族：骆驼泉传说、民歌、篱笆楼营造技艺、婚俗、服饰 （9）毛南族：打猴鼓舞、花竹帽编织技艺、肥套 （10）锡伯族：民间故事、民歌、贝伦舞、刺绣、满文和锡伯文书法、弓箭制作技艺、西迁节、传统婚俗 （11）阿昌族：遮帕麻和遮咪麻、户撒刀锻制技艺 （12）普米族：搓蹉 （13）塔吉克族：民歌、鹰舞、马球、引水节、播种节、诺茹孜节、婚俗、服饰 （14）怒族：达比亚舞、仙女节 （15）乌孜别克族：埃希来、叶来、诺茹孜节 （16）俄罗斯族：民居营造技艺、巴斯克节 （17）鄂温克族：叙事民歌、萨满舞、抢枢、桦树皮制作技艺、驯鹿习俗、瑟宾节、服饰 （18）德昂族：达古达楞格莱标、浇花节 （19）保安族：腰刀锻制技艺 （20）裕固族：民歌、服饰、婚俗 （21）京族：独弦琴艺术、哈节 （22）塔塔尔族：撒班节、诺茹孜节

续表

重点保护、发展人口较少民族国家级非物质文化遗产与代表性项目
（23）独龙族：卡雀哇节
（24）鄂伦春族：赞达仁、摩苏昆、桦树皮制作技艺、桦树皮船制作技艺、狍皮制作技艺、古伦木沓节
（25）赫哲族：伊玛堪、鱼皮制作技艺、婚俗
（26）门巴族：拔羌姆、山南门巴戏
（27）珞巴族：始祖传说、服饰
（28）基诺族：基诺大鼓舞

中央民族工作会议上，习近平总书记强调，民族地区要立足资源禀赋、发展条件、比较优势等实际，找准把握新发展阶段、贯彻新发展理念、融入新发展格局、实现高质量发展、促进共同富裕的切入点和发力点。民族地区必须充分认识自身的资源禀赋和优势条件，明确自身发展的立足点，因地制宜谋划发展。从乡村发展的角度来看，民族地区乡村要以具有的比较优势路径来实现持续发展，从而实现共同富裕和农业、农村现代化。具体来讲，民族地区乡村要以创新、协调、绿色、开放、共享的发展理念为指导，依托自身优势，实现政治、经济、社会、文化、生态文明的全面可持续发展，最终实现乡村的全面振兴和居民的全面发展。

3.民族地区乡村发展可利用的资源

习近平总书记在指导民族地区发展时强调，要立足特色资源，坚持科技兴农，因地制宜发展乡村旅游、休闲农业等新产业、新业态。民族地区自然资源丰富，生态环境独特，文化底蕴深厚，民族风情多姿多彩，在实施乡村发展的过程中应充分利用这些资源发展特色产业和特色经济。表6列出了部分少数民族相对集中的乡村、其资源禀赋，以及适合发展的特色经济。

表6 民族地区乡村可利用的资源

乡村	资源禀赋	特色经济
珞巴族乡村	野生动物、生态资源、民俗文化、农林经济作物、药材	生态旅游业、特色农业、经济林业、生物产业
高山族乡村	生态资源、民俗文化	生态旅游业

续表

乡村	资源禀赋	特色经济
赫哲族乡村	林业、水资源、土地、渔业资源和文化、鱼皮工艺品	特色农业、经济林业、生态渔业、旅游业、鱼皮手工业
塔塔尔族乡村	草场、民俗文化	畜牧业、旅游业、传统商业
独龙族乡村	水电资源、珍稀动植物、民俗文化	生态产业、旅游业和生物产业
鄂伦春族乡村	民俗文化、森林、动植物	旅游业、驯鹿养殖业
门巴族乡村	野生动植物、民俗生态资源、农林经济作物	特色农林业、旅游业、生物产业
俄罗斯族乡村	民俗文化、人力资源	旅游业、传统食品加工业
保安族乡村	民俗文化、工艺品	传统商业、民族工艺、旅游业
德昂族乡村	森林、热带经济林果、民俗文化	经济林业、绿色产业、旅游业
基诺族乡村	民俗文化、森林、野生动物	旅游业、绿色产业
京族乡村	海产品、亚热带经济林果、民俗文化	渔业、经济林果、旅游业
鄂温克族乡村	草场、民俗文化、森林、动植物	旅游业、畜牧业、生物产业
普米族乡村	森林、牲畜、民俗文化	畜牧业、旅游业
阿昌族乡村	野生动植物、民俗文化	传统种养业、旅游业
塔吉克族乡村	草场、水资源、地热、民俗文化	畜牧业、旅游业
布朗族乡村	野生动植物、水资源、经济林果、民俗文化	生态农业、旅游业
撒拉族乡村	草地、水资源、森林、药材	畜牧业、水电产业、生物产业、旅游业

以湖南省花垣县双龙镇十八洞村为例，村干部和群众坚持"把种什么、养什么、从哪里增收想明白"，因地制宜发展乡村产业，形成了乡村游、黄桃、猕猴桃、苗绣、劳务输出、山泉水等产业体系，人均年纯收入由2013年的1668元增长至2020年的18369元，村集体经济年收入从0到突破200万元。2021年，十八洞村在全国脱贫攻坚表彰大会上被授予"全国脱贫攻坚楷模"荣誉。近年来，广西壮族自治区百色市田林县着力激发内生潜力，大力发展特色产业，建设了46个标准化示范苗圃和5个30万亩产业基地，打造了两个自治区级示范区和100个村级产业园，多方位培

育村民合作社、林业专业合作社、家庭农场、种养大户等市场主体，示范带动群众发展杉树、油茶、糖料蔗、芒果等种植产业，自我发展能力不断提升。

党的十八大以来，随着精准扶贫和乡村振兴的推进，民族地区乡镇、村交通基础设施建设取得了显著进展，交通基础设施的普惠性和包容性有了较大的提升，这也为民族地区乡村发展奠定了坚实的基础。根据全国农业普查数据，2006年底，通公路的村的比重全国为95.5%，民族八省区中内蒙古为86.6%，广西为95.7%，贵州为94.0%，云南为99.0%，西藏为64.5%，青海为83.8%，宁夏为94.0%，新疆为87.6%。到2016年底第三次全国农业普查时，各地区乡镇、村的交通基础设施数量和质量都有了大幅度提高。乡镇、村的交通基础设施有了很明显的提高和改进，提升了民族地区乡村禀赋结构和资源的价值，为激励乡村旅游业、民族文化产业及康养产业的发展，为边远山区各族人民走上共同富裕之路提供了必要的基础条件。

（四）民族地区乡村价值的挖掘

民族地区的自然、地理、历史、人文条件决定了民族地区乡村具有的资源禀赋，决定了乡村具有的多种价值。民族地区在乡村建设过程中应关注村落空间、村落建筑、村落景观、公共空间、文化遗产、特色产业等关键要素，挖掘要素中蕴含的价值，在乡村建设中因地制宜进行规划，从而实现乡村特色发展。表7列出了代表乡村内在价值的要素、乡村价值挖掘及乡村建设要点。

表7 民族地区乡村价值挖掘

序号	要素	乡村价值挖掘	乡村建设要点
（1）	村落空间	村落格局与功能	村落发展要尊重生态格局，保护并延续传统空间 乡村建设要依山傍水，既尊重土地集约利用，又强调空间多变，与自然环境协调 村落功能布局要合理，既满足旅游需要，又兼顾生产、生活，合理规划景观印象区、公共活动区、休闲游憩区、生活居住区、农业生产区等

续表

序号	要素	乡村价值挖掘	乡村建设要点
（2）	村落建筑	民居院落风貌	要保护并修缮村内传统院落、寺庙、祠堂等历史文化建筑 新建建筑的风格、高度、色彩等要与村落整体建筑风格协调
（3）	村落景观	生态环境	要保护村落周边的水系、湿地、山体、林地等生态资源，形成良好的乡村生态系统
		文化景观	要保护村落内古井、古树、牌坊、戏台等文化遗产景观，充分利用乡土元素和材料，创造多元化的乡村文化景观
		乡村绿化	要大量种植并保护乡土植物，讲求自然性、地域性和可亲近性，兼顾景观性和功能性
		田园景观	要保护农耕梯田等农业景观，营造花田、茶园、果园、麦田等田间景观，使农业实施景观化
（4）	公共空间	公共文化、公共活动、休闲体验	要保护并修复戏台、祠堂、寺庙等公共文化空间 要创建乡村博物馆、乡村书坊、手工艺作坊等文化展示和体验空间 要开发亲子乐园、休闲农庄、露营地、垂钓园等多元化乡村休闲项目
（5）	文化遗产	非物质文化遗产	要注重乡村非物质文化遗产的保护、展示和旅游利用
（6）	传统和主题活动	传统节日、节庆活动、特色主题活动	要将少数民族的节日庆典与旅游结合 要策划丰富多彩的乡村活动，如赏花节、采摘节等节庆活动，摄影、写生等主题活动，打造乡村旅游品牌，展示乡村文化
（7）	特色产业	特色产业业态、体系、主体	要注重特色农产品的精深加工，打造品牌 要注重电商平台的搭建，发展数字乡村，拓宽农产品网络销售渠道 要以旅游为中心延伸产业链，涵盖餐饮、住宿、购物、采摘、康养、科普、运动等，推动旅游与农业、林业、渔业、畜牧业、文化创意产业的耦合发展 要注重村民、合作社、外来企业、返乡创业人员等乡村发展主体的多元化发展

（五）民族地区乡村发展的决定因素

除了生产、生活功能，民族地区的乡村发展是由乡村具有的多种综合功能决定的。

1. 民族地区乡村发展由乡村具有的资源禀赋、发展条件和比较优势特点决定

民族地区乡村相对封闭的地理环境及多样性的生态条件形成并保存了各自特色鲜明的传统民族文化，成为民族地区乡村发展拥有的重要财富和比较优势，例如京族聚居的京族三岛地区，布朗族居住的西双版纳地区，赫哲族聚居的黑龙江、乌苏里江、松花江地区，门巴族、珞巴族居住的青藏高原地区，怒族居住的怒江地区，等等。这些少数民族聚居地区拥有丰富的自然资源和文化资源。将自然资源与民俗文化融合发展当地的特色旅游业，不仅可以让人们饱览自然美景，感受人文风俗的魅力，同时，旅游业也必将成为推动当地经济增长的重要动力。例如哈萨克族、维吾尔族、塔吉克族等与中东国家民俗文化相通，可以发掘"一带一路"中涉及历史与民族文化的融合点，将文化传承与旅游开发结合，文化保护与文化传播结合，实现文化资源的互通和互联。

2. 民族地区乡村发展由乡村具有的综合功能决定

民族地区乡村发展路径是由乡村具有的综合功能决定的，包括促进各民族交往、交流、交融的功能，经济功能，文化功能，生态功能等。

以民族地区乡村发展旅游业为例，首先，民族地区乡村在发展旅游业的过程中促进了各民族的交往、交流、交融。旅游流动不仅包括旅游者个体的空间流动，同时伴随着经济、文化、资本、信息、科技等要素的流动，是不同地区进行资源禀赋调节、经济和社会协调、文化交流和融合、民族互动和往来的重要途径。流动的规模越大、频率越高，越能体现出乡村旅游在铸牢中华民族共同体意识主线下对乡村特色发展的推动作用。同时，旅游发展带来的商贸交往、文化互鉴、情感沟通等有助于各民族共享改革发展成果，深化"中华民族一家亲，同心共筑中国梦"的价值共识，巩固、发展平等、团结、互助、和谐的社会主义民族关系，增强中华民族的凝聚力。例如，广西每年组织开展的"壮族三月三·八桂嘉年华"文化旅游消费品牌活动已成为广西一个重要的文化符号，弘扬了民族文化，推动了经济发展，提高了民族自信，促进了民族团结，成为各民族实现交往、交流、交融的精神纽带。云南省南部的石屏县是一个集山区、民族为一体的典型农业县,这里气候宜人,山清水秀,物产丰富,人杰地灵,是远近闻名的"豆腐之乡""杨梅之乡""中国原生态歌舞之乡"。石屏县立足独特的少数民族文化资源优势,尤其是海菜腔、烟盒舞、花腰歌舞等非物质文化遗产资源,通过"旅游+"的模式促进文化与旅游深度融合发展,以文旅融合发展促进各民族交往、交流、交融。

其次,以旅游业为龙头,使之成为民族地区乡村发展的支柱产业和动力产业,会逐步形成以经济功能为主的多种功能并进的良性发展格局。旅游业是促进民生改善、推动乡村振兴的重要产业,在巩固脱贫攻坚成果,拓展增收、就业渠道,转变生产、生活方式等方面发挥着重要的作用,在为经济社会发展提供动能的同时,促使各族群众共享旅游发展红利。旅游业是劳动密集型产业,就业门槛低、容量大,可以带动导游、非遗传承人、餐饮从业人员等各族群众共同参与旅游服务业,树立市场竞争意识、开拓创新意识、团结协作意识,不断加深各民族的相互了解,使他们在交流、合作中增进共识。旅游业还是社会进步、文化繁荣、民族团结、人心凝聚、稳疆固边的支柱产业。特别是在边疆民族地区,随着旅游富民、旅游兴业等项目的实施,各族群众在旅游活动中增进了交流、理解、欣赏、尊重和包容。

最后,发展旅游业会促进文化和生态功能的发挥。旅游业的发展与文化和环境密切相关,会促进环境的改善,以及文化的传承和保护。保护环境、挖掘文化成为旅游发展的内在动力,并由此形成了深层次的利益联结,最终为民族地区乡村特色发展的可持续性奠定基础、创造条件。石屏县就充分利用了异龙湖生态资源规划并打造了丰富的环湖旅游景点,这些景点包括传统村落、村史和民俗、农耕文化、彝族文化(海菜腔、烟盒舞)、特色水果(杨梅、蓝莓、猕猴桃)等元素,吃、住、行方便,带给人们满满的乡愁和回忆。石屏县的环湖旅游景点充分发挥了地方特色优势,是借助乡村振兴推进产业发展的典型代表,外地游客可感受到原汁原味的风土人情,充分体验到接地气的少数民族文化的魅力。

3.旅游实现乡村多种综合功能的一个案例

新疆阿勒泰地区布尔津县禾木喀纳斯蒙古族乡(以下简称"禾木乡")

成功发展了乡村旅游，成为深度贫困地区实现旅游促发展的新样板。禾木乡地处新疆西北部阿尔泰山脉南麓的布尔津县境内，靠近蒙古、俄罗斯边境，是中国西部最北端的乡。禾木乡是保持着最完整的民族传统的蒙古族图瓦人集中生活、居住地，是著名的图瓦人村庄之一，也是仅存的3个图瓦人村落（禾木村、喀纳斯村和白哈巴村）中最远、最大的村庄，总面积3040平方公里。全乡现有1800余人，其中蒙古族图瓦人有1400多人，以图瓦人和哈萨克族为主，是图瓦人世代聚居的古老村落。这里距著名景区喀纳斯湖大约70公里，群山环抱，生长着丰茂的白桦林，是一个美丽的北疆山村。禾木乡的蒙古族图瓦人在宗教信仰、生活习俗等各方面都保留着许多古突厥时期的文化特征。图瓦人穿蒙古袍，游牧时住蒙古包，大部分信仰藏传佛教。图瓦语与哈萨克语相近，因此图瓦人均会讲哈萨克语，现在，当地的学校里普及蒙语和汉语。他们的喜庆日包括敖包节、祖拉节（也叫"点灯节"）、春节（也叫"查干萨日"）、元宵节等，还有哈萨克等族的肉孜节、古尔邦节，都很有民族特色。禾木乡居民的经济形式以放牧和参与旅游经营为主，畜牧业是基础产业，并结合了黑加仑等特色种植业及黑蜂养殖业，2021年人均年收入达19062元。

禾木乡具有优良的自然生态资源和旅游资源。禾木乡距布尔津县城170公里，地处森林与山地草甸草原带的交汇区，海拔1124—2300米，地形复杂。山地阴坡森林茂密、苍翠，有云杉、落叶松、白桦等，马鹿、旱獭、雪鸡等栖于林间；而阳坡绿草满地，繁花似锦。该地区年降水量达600毫米，水热条件好，植被以禾木科和杂草类为主，生长期为5—9个月，高度为20—50厘米，植被覆盖率达90%以上。禾木草原是消夏避暑、休养身心的绝佳场所。这里的房子都是用原木搭建而成的，充满了原始的味道，呈现出典型的原始自然生态风光。禾木乡最出名的是万山红遍的醉人秋色，炊烟在秋色中冉冉升起，形成一条条梦幻般的烟雾带，胜似仙境。牧归时分，白桦树在夕阳的余晖下闪耀着金色的光芒，仿佛一幅幅优美、恬静、色彩斑斓的具有俄罗斯乡村风情的油画。禾木乡素有"摄影家天堂"之称，每年春、秋两季，摄影家蜂拥而至，就是冬季，也有摄影家专门雇马拉爬犁来禾木搞摄影创作。每年7—8月，禾木草原上都会举行那达慕大会。最初的那达慕只进行摔跤、赛马和射箭中的某一项；中华人民共和国成立后，那达慕大会的内容和形式都得到了丰富和发展，在传统的摔跤、赛马和射箭的基础上增加了马术、武术、射击、打布鲁等比赛，同时，还进行文艺演出和物资交流等。每当草原上举行那达慕大会时，近者方圆50公里、远者上百公里以外的牧民都赶来参加挂红、挂彩的长距离赛马。禾木乡所在的草原水资源丰富，年降水量达600毫米，远高于阿尔泰山其他沿山地带。该地区拥有中国最优越的冰雪资源，山区雪期自10月初直至次年5月中旬，长达220天，有效积雪期长达7个月，最大积雪厚度可达3—5米。冬季无风，体感舒适，非常适宜开展冬季冰雪运动。

禾木乡充分利用特色文化资源和自然生态资源发展旅游业。随着自治区政府对旅游资源的整体开发和推进，禾木乡依托喀纳斯景区的带动，旅游也得到了快速发展。2000年以前，这里还较为封闭，牧民年人均纯收入不足千元，是自治区级贫困乡。随着2005年贾登峪—禾木喀纳斯蒙古族乡旅游公路的开通，旅游业开始发展起来，这里的人们才迎来新的生活。从2010年起，旅游人次整体保持了持续快速增长，年均增幅为22百分点，2012年，全乡旅游收入突破1000万元，乡村集体经济收入达250万元，农牧民年人均纯收入达11900元。此后，旅游收入保持年均20.0%以上的增幅。2012—2019年，禾木乡旅游人次增长了18.6倍，年均增长率达到39.2%，全乡50.0%以上的劳动力从事与旅游相关的工作。每年7—9月旅游旺季来临时，景区附近的公路上大量的旅行团及自驾游车辆排队等待进入，景区内的宾馆、民宿及周边的民宿入住率基本达到了100.0%。

在禾木乡，除了观赏原生态的自然风光、品尝特色美食，游客还可以骑马、漂流，享受到图瓦人家做客的独特经历，欣赏图瓦人的长调表演和蒙古族舞蹈表演。禾木村（禾木喀纳斯蒙古乡政府所在地）也因其独具特色的乡村生态美景，被农业部推荐为2010年中国最有魅力休闲乡村。2012年，中国生态文化协会授予禾木村"全国生态文化村"称号。2013年8月，禾木村被列入第二批中国传统村落名录。2015年7月，禾木村入选第三批全国特色景观旅游名镇、名村示范名单。2019年，禾木村入选首批全国乡村旅游重点村名单。越来越多的游客前往禾木乡旅游、观光。禾木乡实现了从建设美丽乡村到打造全时、全域生态旅游景区的发展，成为深度贫困地区实现旅游促发展的新样板。

禾木乡的旅游业对各民族的交往、交流、交融产生了积极影响。通过参与旅游相关的行业，当地的农牧民都能够听懂汉语，并且基本能用汉语交流，汉语水平普遍得到了提升。通过从事旅游业，当地农牧民、旅游从业者对汉族及其文化的认识也有了普遍的提升。外地来此旅游、经商等的人员对本地少数民族及其风俗、习惯的认识和接受程度也有了很大的提升。游客们对图瓦人文化中的"能歌善舞、淳朴而热情、崇尚礼仪"，哈萨克族文化中的"孝敬老人、热情好客、待人真诚"产生了深刻的印象，可见旅游业的发展促进了文化相知，也促进了人们的社会交往和互动。不同民族的人们在同一个旅游景区和企业工作，在交往过程中，他们的联系逐渐加强，形成了合作关系，甚至朋友关系。通过从事旅游业，每个人与其他民族的人们交往、合作的机会增多，认识、熟悉的朋友的数量也增加了很多。来此游玩的游客在参加各种旅游互动活动的同时，与当地的少数民族形成了融洽的关系。如游客来图瓦人家做客时，图瓦人不仅邀请游客品尝特色食品、饮品，表演长调、呼麦、舞蹈等，还会主动教授游客学习蒙古族舞蹈。虽然只是短暂的交往和交流，但人们在心理上能够彼此尊重、接纳对方，这对于形成平等、团结、互助、和谐的民族关系是非常重要的。

旅游是满足人民对美好生活的需要，促进各民族交往、交流、交融的重要载体。旅游业的高质量发展对于推动各民族在空间、文化、经济、社会、心理等方面全方位嵌入，铸牢中华民族共同体意识，加强中华民族共同体建设具有重要的作用。

第八章 乡村发展的实践经验

随着工业化和城市化的发展，乡村呈现出凋敝之景象似乎成为一种不可抗拒的趋势。综观英国、法国、美国、日本等发达国家的现代化进程，都经历了乡村由衰退走向复兴的演化过程。那么，这些国家在工业文明达到一定的高度后是如何重振乡村，又是如何实现乡村的全面复兴的？他国的成功经验对我国今天的乡村发展有哪些启示意义？在这一章，我们将深入探讨乡村复兴的国际经验及启示。同时，立足我国的基本国情和农情，科学总结国内乡村发展的典型模式和发展趋势，这对于探寻民族地区乡村的发展道路具有重要的启发和借鉴价值。

一、乡村发展的国际经验

（一）英国的乡村发展之路

英国被称为世界上"最肥沃的田地、最美丽的园林"之一，然而，英国的乡村文明也经历过衰弱和振兴的曲折历程。英国工业化源于15世纪初的"圈地运动"。"圈地运动"使大量的农民丧失了土地，造成乡村出现大量的剩余劳动力，被迫转向工业，英国的工业化和城市化进程从此开始。英国的城市兴起与工业发展水平密切相关，在以纺织业为代表的轻工业化带动下，能源矿业、基础设施、服务业等产业也迅猛发展，由此吸引大量的农村劳动力向非农产业和城市部门转移。此后，经过15—17世纪及18世纪下半叶的劳动力大转移，至1851年，英国城市人口比重首次超过了50%，成为世界上最早的城市人口超过农业人口的国家。1905年，英国的城市化水平进一步上升到79%，到2005年已经高达90%[①]。

伴随着工业化的快速发展，大规模的农村人口开始向工业部门、城市部门集中，大量农村劳动力的迁移也不可避免地使一些村庄走向衰败。一方面，乡村人口空心化使乡村社会陷入整体性衰落和凋敝；另一方面，城市化和工业化对土地需求的扩张造成了乡村耕地的减少和自然生态的破坏。经历了早期城市化带来的城乡失衡、生态环境恶化等教训后，英国政府开始探索乡村复兴、城乡统筹发展的道路。1932年和1947年，英国政府先后颁布了《城市和乡村规划法案》和《城乡规划法》，将乡村规划纳入城乡统筹规划体系，并严格管制乡村地区的开发建设，防止乡村无序发展。通过实行这些城乡统筹的政策和措施，英国走上一条城乡协调发展的城市化道路。

从历史来看，英国在工业化和城市化进程中较为成功地实现了农业与工业、农村与城市的协调发展，形成了城乡的共生和互动关系，较好地实现了城市化和乡村发展的同步推进。英国乡村之所以能在1945年后快速实现复兴的一个重要原因是政府在法律和政策上给予了支持、保护和鼓励。1947年，英国实施了第一个农业法，此后又分别在1957年、1960年、1964年、1967年、1970年、1971年、1973年、1974年、1976年等多次颁布农业法令，采取了鼓励农业市场化、规模化、机械化发展的一系列政策和措施，有力地促进了农业、农村经济发展和农民增收，为英国乡村的全面振兴奠定了坚实的物质基础。现在英国的城市化水平已达95%以上，很多地方城市和乡村已融为一体，很难严格地将城市与乡村区分开来。

（二）法国的乡村发展之路

法国的城市化进程始于1840年，此后进入缓慢的城市化发展历史阶段。第二次世界大战结束后，法国进入了经济快速发展的"光辉30年"。随着工业化快速发展和劳动力加快转移，其城市化进程进入快速发展时期，城市化率从1945年的53.2%增至1975年的72.9%。之后，法国的城市化开始进入相对稳定的增长阶段，1982年为73.4%，2007年为77.5%。

[①] 周彦珍，李杨.英国、法国、德国城镇化发展模式[J].世界农业，2013（12）.

随着工业化、城市化的进一步推进及农业机械化的普及，农业从业人口迅速减少，大量的农村人口向城市转移，致使法国乡村逐渐走向衰弱。乡村人口老龄化、乡村文化边缘化、乡村地区发展不平衡等矛盾的出现，标志着法国乡村进入了衰败阶段。然而，进入20世纪70年代后，人们开始反思城市与乡村的关系，法国政府也开始重新审视乡村的发展，出台了一系列促进农业、农村现代化和乡村振兴的公共政策。在随后的半个世纪里，法国乡村经历了功能角色、空间形态、人口构成、文化价值等方面的一系列转变，逐步摆脱困境，走向复兴[1]。今天法国的乡村已经成为与城市互补的功能多元、文化凸显的区域。

法国作为经济高度发达的资本主义国家，既是一个工业强国，又是一个农业富国。法国政府实施了积极的政策和措施，有效地推进农业改革，促进农业现代化建设，所以法国只用了20多年时间就实现了农业、农村现代化。在这些政策中，值得我们关注的政策有下列几项：一是发展适度集中的规模经营，开展领土整治，支持中型家庭农场发展；二是拓展乡村地区的经济功能，推动以农业为导向、以工业和服务业为主导的多元产业发展；三是注重绿色农业、生态农业的发展，出台一系列生态农业政策、法规和支持措施，兼顾生产者利益、消费者需求及环境保护要求；四是实施差别化扶持政策，对划定的农村薄弱地区提供政策和资金支持[2]。1995年，法国把农村分为郊区农村、新型农村和落后农村，针对发展程度和各自特点实行差别化的扶持政策[3]，此举促进了农村的均衡发展。

法国农村改革主要侧重两方面内容：发展一体化农业和开展领土整治。实行一体化农业能够使农业与其余相关部门集合，通过其他部门和机构提供资金和技术指导带动农业建设，实现对农业的支持和反哺。在发展一体化农业的同时开展领土整治，通过国家相关法律、法规帮助并支持经济欠发达地区的乡村，实现农村社会资源的优化配置，以此加快乡村社会

---

[1] 李明烨,王红扬.论不同类型法国乡村的复兴路径与策略[J].乡村规划建设,2017（1）.

[2] 汤爽爽,冯建喜.法国快速城市化时期的乡村政策演变与乡村功能拓展[J].国际城市规划,2017（4）.

[3] 刘健.基于城乡统筹的法国乡村开发建设及其规划管理[J].国际城市规划,2010（2）.

的现代化建设。

法国政府还大力培训、推广农机化新技术，采取补贴、资助等方式鼓励农民使用现代化农业机械，并建立了集体购买、共同使用农业机械的合作社"居马"，积极推进农业生产专业化，实现科技兴农。同时，法国政府规定，农民必须接受职业教育，取得合格证书，才能享受国家补贴和优惠贷款，取得经营农业的资格。1970年，法国基本实现了农业机械化，20世纪80年代就已进入现代化。

（三）美国的乡村发展之路

美国是一个拥有丰富的农业资源的国家，耕地面积超过28亿亩，占全球耕地总面积的13%。其中，70%以上的耕地是连绵分布的大平原和内陆平原，便于大规模的机械化作业。拥有广阔的国土面积和农业带，美国能最大限度地发挥自然条件优势，形成规模效应，并通过大规模的机械化生产、标准化生产和专业化生产大幅度地提高农业生产效率。凭借只占全国人口总数不到2%的600万农民，美国一跃成为全球第一大农作物出口国。然而，与英、法等国一样，在工业化和城市化发展过程中，美国乡村也曾经历过从衰弱到复兴的艰难历程。19世纪后期，美国的农业和乡村开始了现代化进程。经过100多年的发展，在农业经济、农民的生活水平、乡村建设等方面，美国的现代化水平都很高。美国农业融合第一、第二、第三产业，形成了从上游到下游的高度整合的农业产业链条，形成了十分成熟、发达的农业产业化体系。美国的高科技在农业机械化、农业生物技术、农业信息化等方面得到了充分的体现和运用。然而随着工业化和城市化的迅速推进，美国也经历了乡村人口的大量外流，以及由此带来的乡村人口数量急剧下降。到20世纪20年代，美国城市人口首次超过农村人口。根据美国人口调查局公布的数据，截至2016年12月，美国人口接近3.25亿，其中，农村人口不到2%。

20世纪30年代，席卷整个资本主义世界的经济大萧条波及美国乡村地区。大萧条导致美国农业衰退，而金融的大崩溃又促使农业衰退进一步恶化。为应对经济大萧条对农业乃至国民经济的冲击，1936年，美国颁布了《农村电气化法》，为农村电气化设施建设提供低息贷款，以支持农业发展。第二次世界大战后，农业生产过剩的危机及国内农产品市场竞争的加剧促使美国政府、大农场主和垄断企业将现代工业生产和科学技术应用到农业生产中，提高了农业的产业化水平和集约化程度，美国农业也因此步入现代化发展的最重要阶段。20世纪80年代以后，随着美国城市化的迅猛发展和大都市的崛起，乡村失业率居高不下，人口空心化和老龄化问题也日益突出。在此背景下，美国各级政府致力于振兴乡村经济，针对农业、农村的发展出台了一系列优惠扶持政策，为乡村地区经济社会及生态的全面复兴提供强有力的制度保障。

美国农业、农村政策的演变经历了三个时间上继起、空间上并行的阶段[①]。从20世纪30年代开始，实施了以支持农村基础设施建设为主的农村电气化政策；从20世纪70年代开始，农村发展政策向独立化、多元化转变，美国政府出台了《农村发展法》《农业与食品法》《食品、农业、水土保持和贸易法》《农村发展政策法》等多部法律，以解决农村人口大量外流而导致的城乡结构失衡问题；从20世纪90年代开始，为了应对经济大萧条，加速农村基础设施建设，美国政府对农村发展政策和农业支持政策进行整合，形成农村发展政策与农业支持政策的良性互补、互动关系，同时，通过多次修改《农场法》，形成了美国当前农业、农村政策框架的基础。在乡村建设方面，美国先后出台并多次修订、完善了以《农村发展法》《农场法》《农业调整法》《农业法》《农业安全与农村投资法案》等为代表的百余部法律和法规，通过立法保障了农业的基础性地位，明确了乡村振兴的目标和方向，有力地支持了农业、农村的现代化建设。

美国是世界上城市化水平最高的国家，在乡村治理的过程中十分推崇通过小城镇建设来实现农村社会的发展。20世纪初，美国城市人口不断增加，城市中心过度拥挤，导致很多中产阶级向城市郊区迁移，极大地推动了小城镇的发展。美国小城镇的发展与政府推行的小城镇建设政策也有着密不可分的关系。1960年，美国推行的"示范城市"试验计划的实质就是通过对大城市进行人口分流来推进中小城镇的发展。在小城镇的建设

---

① 芦千文，姜长云.乡村振兴的他山之石：美国农业农村政策的演变历程和趋势[J].农村经济，2018（9）．

上，美国政府强调个性化功能的打造，结合区位优势和地区特色，注重生活环境和休闲旅游的多重目标。由于美国城乡一体化已经基本形成，美国小城镇建设能够很好地带动乡村的发展。

（四）日本的乡村发展之路

日本的近代工业化始于明治维新时期。工业化和城市化为日本农村劳动力转移创造了大量的就业机会；同时，农业技术进步和农业机械化率的提高也迫使农业劳动力向城市、工业部门转移并集中，这不可避免地使乡村逐渐趋于衰败。第二次世界大战后，日本政府为了提高经济发展速度，实行了一系列侧重于工业和城市发展的政策。在这些政策的引导下，日本城乡发展不均衡的现象加剧，造成农村发展滞后。从20世纪50年代开始，为了打破工业化和城市化造成的城乡贫富差距扩大、乡村劳动力老龄化和兼业化严重、乡村生态环境恶化、农业综合生产能力下降等困境，日本开始了农村振兴运动，集中体现为以城乡融合发展推动现代化进程[1]。

日本推动城乡融合发展的政策演变主要经历了三个时期。[2] 在国家主导的外生式城乡融合发展时期（1961—1978年），日本施行了《农业基本法》《全国综合开发计划》《山村振兴法》《农村地区工业等导入促进法》等一系列农村振兴的相关法规，通过提高农业生产率、增加农业从业人员收入、加大公共资源向乡村倾斜的力度、引导工商企业向农村地区转移等措施来缩小城乡差距，实现城乡协调发展。同时，日本通过转移支付、推动乡村产业发展等方式引导农村人口和乡村产业就地发展，这种做法对促进日本城乡融合发展发挥了重要作用[3]。在基于农村需求的内生式城乡融合发展时期（1979—1998年），日本的城市化水平显著提升，但与此同时，城乡发展差距也日益扩大。20世纪70年代末，日本政府引导乡村立足本地资源禀赋，自主、积极地推动本地经济发展。80年代初，"一村

---

[1] 刘震.城乡统筹视角下的乡村振兴路径分析——基于日本乡村建设的实践及其经验[J].人民论坛·学术前沿，2018（12）.

[2] 张季风.乡村振兴视阈下的城乡融合发展：日本的实践与启示[J].中国农村经济，2022（12）.

[3] 张季风.日本国土综合开发论[M].北京：中国社会科学出版社，2013.

一品"运动得到迅速推广。"一村一品"运动是以村、町和较小规模的市为单位，立足当地条件发展特色农产品，并通过集聚效应提高农民收入。"一村一品"运动在日本得到了广泛推广，此后被逐渐传播到韩国、泰国等国家，我国的"美丽乡村"建设的核心也基本上是围绕"一村一品"展开的。在城乡全面融合发展时期（1999年至今），日本大量乡村企业破产或转移到中国和东南亚地区，导致乡村就业机会减少，农村地区产业空心化问题日益突出。与此同时，日本城市化水平持续提升，城乡发展不均衡问题日益突出。在此背景下，日本政府重新定位城乡关系。1999年，日本施行了《食物、农业、农村基本法》，赋予农业、农村发展四项基本任务，即确保粮食安全、发挥农村多样性功能、推动农业可持续发展和推动乡村振兴。该法将推动乡村振兴提升至国家战略层面，要求全体公民承担起城乡建设、维护、保护和治理的责任。

通过上述产业振兴和造村运动政策的实施，日本的农业、农村发生了巨大的变化，农产品的国际竞争力不断提高，农民的福利水平得到提升，城乡发展差距逐渐消除。当然，在日本人口少子化、步入老龄化社会的宏观背景下，乡村人口外流趋势依然存在。但尽管如此，其政策和措施从总体上看还是取得了显著成效。

（五）韩国的乡村发展之路

第二次世界大战后的韩国是世界上较为落后的贫困国家之一。20世纪60年代，韩国完成了重化工业的调整，依托外向型经济发展战略发展出口加工业，实现了经济腾飞。随着工业化的迅速发展，韩国进入人口城市化快速发展时期。1960年，韩国城市化率仅为28%；至2013年达到了91%，实现了高度城市化，绝大部分农民从传统的小农生产者转型为现代都市市民。然而在工业化的快速推进中，城镇迅猛发展与农村停滞不前形成了强烈的反差。20世纪70年代，韩国250万农民当中只有20%家里已通电，80%住的是茅草屋，5万个自然村中只有60%可以通汽车，可以说发展相当落后。城乡发展水平和生活质量差距的日益拉大，使得农村青年纷纷离开农村，寻求城市的职业和生活，农村发展举步维艰，陷入凋敝的困境。为了补齐农业和农村发展短板，促进城乡平衡发展，韩国政府在

1970年着手开展了以城乡居民为参与主体，以精神启蒙和增加收入为主要目标，覆盖全地域、全社会的"新农村运动"[①]。

"新农村运动"对韩国乡村振兴产生了巨大的影响。其成效主要体现在以下几点：一是使得韩国乡村氛围焕然一新，充满自信和发展的欲望，精神启蒙效果明显。通过共同劳动，传统农业生产活动中的共同体秩序得以重新建立，人们的共同体意识和共存思维得到强化，乡村共同体得到进一步的巩固。二是农业经营结构得到明显改善，生产条件得到大幅改进，农业增收对农户收入的增加具有显著的拉动作用。三是乡村文化设施和公共福利设施得到大量扩充，乡村文化提升，很多传统文化得到了恢复和发展，乡村居民的文化活动也极大地丰富了。进入20世纪80年代，韩国的乡村振兴又开始面临一些新的挑战。城乡收入差距持续扩大，食品消费结构发生变化，农产品进口受到自由化政策冲击，韩国农业受到了前所未有的压力。在此背景下，韩国政府实施了提高乡村收入和优化农业结构的乡村振兴政策，大力扶持、培育大农场，试图以此来获得适应全球化的竞争力。20世纪90年代，韩国政府施行了《农业农村基本法》（1999年），但实际效果不十分明显，仍然未能抵挡住全球化浪潮的冲击，无法有效提升农业、农村的竞争力。进入21世纪，针对乡村出现的农户收入水平低且负债严重、乡村过疏化等问题，韩国乡村振兴政策开始做出重大转变，施行了《农业农村综合对策》（2004年），"归农归村""企业型新农村建设"等政策。2010年后，韩国乡村振兴又面临新的形势，如农业科技水平的提高使得农业生产过剩成为常态、食品产业与农业发展形成更加紧密的循环链、乡村旅游消费对农户收入的影响更大。基于此，韩国政府在2013年颁布了《农业农村及食品产业基本法》，开启了将食品、消费者纳入"三农"范围的新航向。"新农村运动"中以人为本、提高农户收入和增加福祉是政府施政的主要方向，将乡村居民定义为"健康价值、美食价值、生态环境价值的创造者和供给者"，反映出韩国乡村振兴政策从产业政策

---

① 沈权平.韩国乡村振兴社会政策的起源、演进及政策路向[J].中国农业大学学报（社会科学版），2021（5）.

优先到社会政策优先的重大转变①。

韩国新农村运动以"勤勉、自助、协同"为基本精神，通过政府强有力的领导和居民的积极参与，经过五个阶段的新农村运动②，韩国农村发生了翻天覆地的变化，实现了粮食的自给自足，提高了农民的收入水平，实现了农业、农村的全面发展。尽管当下的韩国农村仍未完全摆脱萧条、凋敝的面貌，但回顾其新村运动和新村精神，仍然具有重要的参考价值。

（六）国际乡村复兴与发展的启示

他山之石，可以攻玉。尽管不同国家在历史文化背景、发展道路、资源禀赋、制度机制等方面存在较大的差异，但是英、法、美、日、韩等发达国家在工业化和城市化进程中推动乡村从凋敝走向复兴都取得了较好的实践效果，他们的一些共同经验值得我们学习并借鉴。当前我国地区、城乡之间的发展差距依然较大，城乡发展不平衡较为突出，与实现农业强国还有很大的距离。我们应立足基本国情和农情，探索中国特色社会主义乡村振兴道路。

1. 注重城乡融合发展的顶层规划和设计

伴随一个国家工业化和城市化的发展，乡村走向衰弱成为必然趋势，尤其是在城市化快速推进阶段，农村劳动力向城市工商业领域大规模迁移，资源要素迅速向城镇集聚，城乡收入差距不断扩大，导致乡村社会出现空心化、边缘化现象。为了实现乡村复兴，国家顶层规划促进城乡协调发展尤为重要而必要。例如，英国在"二战"后为了保障粮食安全，着重强调农业生产，鼓励农场兼并，对乡村实施"零建设"政策，这些因素造成农村人口大量流失，使得乡村无法健康地发展，乡村经济和农民人均收入远远落后于城市地区。1973年英国加入欧洲经济共同体后，对乡村和农业发展政策做出了重大调整，改变了以往以"农业聚焦"、保证粮食安全为目标的"农业生产主义"的乡村发展模式和农业政策，英国乡村出现了由生产型向多样化发展的转变。此后英国政府制定了一系列以城乡协

---

① 沈权平. 韩国乡村振兴社会政策的起源、演进及政策路向[J]. 中国农业大学学报（社会科学版），2021（5）.

② 罗馨茹. 韩国新村运动对我国乡村振兴战略的借鉴[J]. 南方农机，2022（2）.

调、促进资源和生产要素向乡村转移、实现城乡一体化发展为目标的发展政策和战略,取得了积极的效果。韩国的新村运动,不管是物质上的发展还是精神上的凝聚,都是在顶层规划、政府主导下发展起来的,使得韩国的农村面貌有了非常大的改观,不仅村村通了公路,而且原有的茅草房也消失殆尽。韩国的新村运动说明政府顶层设计和相关政策对推动乡村振兴、缩小城乡差距有着极大的影响力。其他一些国家也是在城市化进入稳定发展阶段就开始在政策导向上调整城乡关系的,从制度层面避免城乡"过度"分化的趋向。如法国、美国、日本等国都结合各自的国情,从顶层加以规划和设计,提供有效的政策和制度,通过实施"以工补农,以城带乡"的政策,有效遏止了乡村进一步走向凋敝和衰败。在城市化发展进入后期阶段时,这些国家凭借国家现代化释放出的巨大红利,实现了乡村复兴和城乡融合发展。

2.注重相关法律、法规建设

综观乡村发展较好的这些国家,可以发现,其涉农法律、法规体系都比较健全。为了适应乡村复兴的客观需要,这些国家都高度重视农业和乡村法治建设,先后出台了多项法律和法规,以法律为依据推动相关制度机制的改革和创新,从而促进乡村经济社会的全面复兴。立法先行、依法推行是这些国家实现乡村复兴的共同特征。如美国基本上每五年修改一次农业法,并且由政府主导制定长远而系统的发展规划,以此来推动农村区域规划和发展工作。"二战"后英国乡村之所以快速实现了复兴,一个重要原因是政府在法律和政策上给予了坚定的支持,制定并通过了《农业法》《城乡规划法》《国家公园与乡村通达法》等多项法律和法规,从法律上强化了对农业用地和农业生产的保护,在促进生产力和其他要素由城市向乡村转移的过程中,英国政府发挥了推动和引导作用,有力地促进了农业、农村经济发展和农民增收。日本根据不同阶段农业、农村的发展需要,先后采取完善立法、体制、机制和政策工具的办法,出台了《农业基本法》《农村地区引进工业促进法》《农山渔村第六产业发展目标》《农工商联合促进法》《六次产业化法》《乡村、人、就业创生法》等一系列法律、法规,使推动乡村复兴和促进城乡融合发展始终处于法律保障之下,做到有法可依，保障了相关政策的稳定性，乡村逐渐走上了复兴道路。从各国乡村复兴的实践中可以看出，在法治的框架下对农业发展和乡村复兴进行规划和建设有助于协调利益相关者的利益关系，保证乡村复兴各项工作在既定的轨道上顺利展开。

3.注重农业现代化和农业科技创新驱动作用

国情的不同决定了不同国家农业现代化路径的差异性。综观英国、法国、美国、日本和韩国的农业现代化路径，我们可以看出，这些国家都特别重视本国的农业现代化建设，都从各自的国情出发探索农业现代化发展道路。在推进农业现代化的过程中，他们都积极制定并实施切实有效的农业支持和保护政策，非常注重对本国农业的保护，并借助现代科学技术、现代工业提供的生产资料和科学管理方法来改造传统农业。从国外现代农业的发展可知，现代农业发展路径主要有三种模式，即以美国为代表的规模化、机械化、高技术化模式，以日本、以色列等国为代表的资源节约和资本技术密集型模式，以及以法国、荷兰为代表的生产集约加机械技术的复合型模式。[①] 一般而言，人少地多的国家，农业生产以机械化、规模化经营方式为主，而人多地少的国家更倾向于投入更多的劳动力，精耕细作以提高单产。例如，日本在北海道等地广人稀、具备发展规模化经营条件的地区主要实施机械化、规模化经营的农业现代化政策；在人口密度低、交通不便且农地难以集约经营的山区和半山区主推乡村振兴政策，并根据乡村社会内在矛盾的变化适时调整政策。对美国而言，广阔的国土面积使得它很早就形成了全球规模最大的农业种植带，能够通过大规模的机械化生产、标准化生产和专业化生产提高农业生产效率。同时，由农业现代化形成农业高科技的优势主要体现在农业机械化、农业生物技术和农业信息化三个方面。美国农场的机械化设备种类繁多、配套齐全，高度的机械化水平基本能覆盖从耕地、播种、灌水、施肥、喷药到收割、脱粒、加工、运输、精选、烘干、贮存等所有生产环节，畜禽饲养及农产品的精深加工也同样完成了高度的机械化和自动化。大规模的机械化极大地提高了美国

---

① 金莲,王永平,刘良灿,刘希磊.国外现代农业发展的成功经验对中国农业发展的启示[J].世界农业,2009(5).

农业的生产效率，每个劳动力可以耕地450英亩，照料6万—7万只鸡、5000头牛，生产谷物10万千克以上、肉类1万千克左右，养活98个美国人和34个外国人。[1]美国已经从传统农业时代进入生物工程农业时代，不仅能够运用生物工程技术改良动植物品种，还能够运用转基因技术培育优良农作物新品种，这表明美国在提升农产品品种、品质、产量，解决人类饥荒等方面拥有巨大的潜力。目前，全球最大的20家农业生物技术公司中有10家在美国，以孟山都为代表的美国农业跨国公司掌握了90%以上的转基因生物技术专利。发达的农业生物技术确保了美国的世界第一农业强国地位。美国是最早进入信息化社会的国家，信息化技术已经渗透到本国农业的整个产业链条中，促进了"精准农业"的兴起，大大降低了生产成本，提高了生产效率和国际竞争力。

国际经验表明，乡村发展离不开农业科技的强有力支撑。英国、法国、美国、日本、韩国等国家高度重视高科技支撑，都采取了多种措施促进农业生产技术的研究、应用和推广，使科技逐步渗透到农业、农村发展的方方面面，实现了农业效率提升和农产品国际竞争力提升。对标这些国家的经验，我国在农业科技创新和技术推广方面仍然存在较大差距，实现农业、农村现代化任重而道远。

4. 注重发展乡村产业，并积极促进产业结构优化升级

综观世界各国，可以发现，在农业现代化进程中发展乡村产业是必然的选择，也是成长型国家在适应农业发展阶段性特征时需要面对的重要问题。各国在资源禀赋、制度环境、市场条件等方面存在差异，在乡村产业选择、发展模式等方面也各具特色。例如，加拿大土地资源丰富，政府通过制定农业风险管理、农产品价格、科技创新等一系列支持政策，着力提升农业规模化、机械化水平，2010年家庭农场户均土地经营规模达314公顷。加拿大将农业与食品工业和贸易业紧密结合，实施产业化经营，发展外向型农业，其农产品中一半左右用于出口。在乡村产业发展过程中，为帮助落后的乡村地区发展经济，政府组织实施了《农村协作伙伴计划》，

---

[1] 从机械化到信息化，看美国农业如何在百年间攻城掠地[EB/OL].http://www.xnz360.com/42-200475-1.html.

建立"农村透镜"机制，在制定政策和项目建设上全面评估对乡村居民和产业发展造成的影响，通过不断完善相关政策、法律和法规支持乡村产业与城市工商业均衡发展。荷兰是继美国之后全球第二农产品出口大国。该国立足土地资源稀缺的实际，实行"大进大出"的产业战略，大量进口粮油等土地密集型产品，优先发展高附加值、技术密集型的温室作物、园艺作物、畜牧业产品等。为进一步促进农村产业健康发展，荷兰政府提出建设"充满活力的农村"，积极发展农民合作社、协会等自治组织，提高农民组织化程度，同时重建农业结构，发展绿色产业，优化农业、农村环境，为农民的生产、生活提供便利条件，使农民留在农村的意愿不断强化。在乡村土地利用规划中，荷兰政府不仅注重农业生产功能，也注重农业生物多样性及生态环境保护。日本从20世纪五六十年代开始组织并实施了"造村运动"，其中，以"一村一品"为理念的农村产业发展运动引导农民开发并生产具有本地特色、令他们感到自豪的产品。2000年以后，"一村一品"进一步升级为"六次产业化"运动，强调以农业为基础，以农村居民为主体，在当地发展农产品加工、流通、销售及相关服务业，形成集生产、加工、销售、餐饮和服务于一体的完整产业链，提高农业附加值，增加农村就业和农民收入。韩国推行的"新村运动"鼓励当地农户发展种植业、畜牧业、手工业、农产品加工业、流通贩卖等，形成主导产业，激发乡村发展活力。

可以看出，这些国家在发展乡村产业的过程中既大力支持农业产业发展，也注重创造非农产业发展的优良环境，形成了城乡产业一体化发展的格局。同时，在发展乡村产业时立足本地资源禀赋，找准乡村比较优势，形成了具有特色、支撑本地经济、让农民分享增值收益的产业体系。

5.注重经济社会和生态的协调发展

乡村振兴发展指的不仅仅是产业发展，还包括社会、文化、生态等各方面的全方位振兴。乡村发展虽然以产业发展为基础，但社会效应和生态效益不能被忽略，不能片面追求产业发展而对乡村社会和生态造成严重后果。从发达国家的经验来看，促进乡村经济社会和生态的协调发展是实现乡村全面振兴的必然要求。例如，英国的乡村发展曾走过一些弯路，20

世纪80年代之前对乡村环境问题没有做到足够重视，以追求产量为目标的农业生产严重损坏了农村生态环境，景观遭受破坏，野生动物被杀害，焚烧秸秆污染了空气，过度使用杀虫剂和农药产生了有毒的食品，不受严格限制的产业化生产方式导致了疯牛病的爆发。[1] 20世纪80年代以来，特别是进入21世纪，英国政府将乡村的环境保护和可持续发展作为农业发展政策的核心战略，加强了对乡村自然资源和环境的保护和利用。为了推动乡村生物多样化，保持乡村社区的生态平衡，使环境更加宜居，英国先后出台多项政策和法令，实施了减少农药使用、增加绿化空间等政策，如《乡村策略（2004年）》《自然环境与乡村社区法（2006年）》等。在政策的引导下，农民改变了生产方式，努力维系乡村地区高品质环境和生活质量，乡村生态呈现出良好的局面。他们发现自己不仅仅是粮食的生产者，同时与居住在乡村的所有居民一起成了乡村"田园诗境"的管理者。此外，英国促进农村乡镇企业园建设的做法值得借鉴。通过设立乡镇企业园区的方式将产业集中在特定的企业园区，集中提供防治污染的设备和技术，有效避免了产业对空气、水源和土地造成的污染，同时也通过集约用地减少了对农业生产用地的占用。法国也非常重视绿色农业、生态农业的发展，出台了一系列政策、法规和支持措施，在兼顾生产者利益和消费者需求的基础上加强生态环境保护。相较于欧美诸国，日本的"造村运动"经历了从农业生产环境整治到农村生态环境整治，再到完善基本公共服务体系和社会保障制度的过程，经过渐进的、长期的农村建设，推动了乡村经济社会的全面复兴。而韩国的"新村运动"促进了乡村经济社会、生态的全面发展，较好地实现了经济效益、社会效益和生态效益的有机统一。

可见，在推进乡村发展的实践中较为成功的国家都格外注重经济社会与生态的协调统一。建设产业兴旺、乡风文明、生态宜居的美丽乡村是乡村全面发展的核心内容。我国在实施促进乡村全面发展的过程中也必须重视乡村产业、文化、生态等各方面的建设，实现农业经济发展、社会关系融洽、生态环境优美的共赢局面，为全面实现农业强国奠定坚实的物质

---

[1] Franklin M.From Saving Dollars to Saving the Planet: the British Ministry of Agriculture（1950–2000）[J].Britain and the World，2011（1）．

基础。

6.注重调动农民参与乡村振兴的主动性和积极性

乡村发展的主体是农民，实施乡村振兴战略离不开农民的支持和参与。从国外的经验来看，政府主导与公众参与结合是保证乡村振兴顺利推进的有效途径。不论是日本的"造村运动"，还是韩国的"新村运动"，在乡村规划和建设中都建立了"政府主导，公众参与"的良性互动机制，在政策制定、实施、监督各个环节始终坚持以人为本，不仅鼓励公众积极参与乡村建设，公众还可以通过公开论证、座谈会等方式参与前期规划研究，其参与权、知情权、监督权可以法律、法规来保障。乡村规划建设工程得以公开、透明地运行，既尊重了居民的首创精神，也激发了农民的主人翁精神，从而提升了政策实施效果。在英国，居民参与农村区域规划已成为一种社会模式，政府的角色为"倾听者"和"合作者"。并且，社区参与的吸引力在于乡村社区的发展越来越倾向于"自下而上"进行事务决策，这能够有效调动当地乡村的社区资源和个人技能，并且能够从政府的支持项目中获得社区发展的内生力量[1]。1992年，欧盟通过了一个名为"LEADER"的项目，该项目体现为促进乡村内生性发展的一种有效方式。LEADER是法语首字母缩略词，意思是"将各种行动结合起来，促进农村经济发展"。该项目建立由公共机构、私人和非政府组织组成的地方行动小组（Local Action Group），让村民和地方组织作为乡村发展的参与者，而不仅仅是受益者来参与乡村建设，使他们都为乡村的发展做出贡献。该项目的一个重要内容是提升乡村治理能力，通过培训乡村基层治理人员来推动实现高质量、可持续的乡村发展。仅2014—2020年，对英格兰乡村培训的投入就高达1.74亿欧元。[2] 美国政府与农民合作保护资源和环境的做法，实际上也是在发挥农民在乡村建设中的主体作用，让农民成为资源、环境公共产品的重要提供者。

---

[1] 武小龙，刘祖云.社区自助、协同供给与乡村振兴——澳大利亚乡村建设的理念与实践[J].国外社会科学，2019（1）.

[2] 于立，贾宁，丁进锋，李茉.英国乡村发展政策和措施对中国实现乡村振兴的启示[J].农业工程学报，2022（15）.

这也启示我们充分认识到农民在生产和经营活动、乡村建设、生态环境涵养等方面的主体地位和作用。当前，我国实施乡村振兴战略离不开农民的积极参与和推动，这就要求我们必须坚持以人民为中心的价值取向，尊重并维护农民的主体性地位，营造乡村社区发展的合作和参与的氛围，充分调动农民群众的积极性、主动性、创造性，形成乡村振兴的内在推动力量，进而促进乡村发展。

二、国内乡村发展的实践与趋向

改革开放以来，我国农业、农村的发展在制度变迁、政策调整、市场发育等多种因素的共同作用下不断演变、升级，经历了从"现代农业1.0版"向"现代农业4.0版"的跨越发展。在一系列变化过程中，乡村发展的内涵和外延不断丰富，农业的多功能性被激活了，产业业态实现了融合，乡村特色得到了凸显，乡村发展模式多元、多样，乡村发展路径不断拓宽。

（一）乡村发展的主要模式

2019年，国家农业部科教司对外发布了中国美丽乡村建设十大模式，这些模式体现出全国乡村振兴发展的探索实践和显著成效。这些模式代表了各地乡村在各自的自然资源禀赋、社会和经济发展水平、产业发展特点、民俗文化传承等条件下建设美丽乡村的成功路径和有益启示，涵盖了美丽乡村建设"环境美""生活美""产业美""人文美"的基本内涵，具有很强的借鉴意义。本书选取了以下几类典型模式加以介绍。

1.产业发展型模式

这种模式主要被应用于东部沿海等经济相对发达的地区，突出表现是产业优势和特色明显，农民专业合作社、龙头企业发展基础好，产业化水平高，初步形成"一村一品""一乡一业"，产业带动效果明显。

典型案例：江苏省张家港市南丰镇永联村

20世纪70年代初，永联村被由长江边的芦苇滩地围垦成陆而建村，当地人的生存条件极其艰苦。永联村党支部带领村民们挖塘养鱼、垫土种粮，获得了鱼粮双丰收。80年代，借着改革开放的东风，这个滩涂小村发生了翻天覆地的变化。永联村党支部组织村民陆续办起了水泥预制品厂、家具厂、枕套厂等小工厂，后来村集体办了永联轧钢厂，不仅实现了完全脱贫，还跨入了全县十大富裕村的行列。该轧钢厂生产的"联峰"牌钢材成为建筑钢材市场的著名品牌。今日的永联村综合发展实力在全国行政村中名列前茅，产业兴旺，村级集体经济发展势头强劲，有钢铁、重工、物流、金融、旅游、现代农业等产业板块。2019年，全村实现营业收入750亿元、利税56亿元，村民年人均纯收入58000元，成为景色秀美、宜居、和谐、富裕的国家级生态村。永联村先后获得"全国文明村""全国先进基层党组织"等荣誉称号。

永联村之所以能推动乡村获得持续快速发展，是因为探索了新型农村集体经济制度和社会管理制度，把共建、共享、共同富裕作为旗帜，凝聚村民力量。永联村实行了"村企合作、集体持股"的新型集体经济制度。一方面，将企业现代经营方式与村里土地、人力资源结合，实现优势互补、资源共享，促进经济发展；另一方面，带动村集体资产保值、增值，壮大村集体经济，促进产业发展、农民增收，推动农村基础设施建设、公共事业发展。在社会管理制度上借鉴现代城市管理模式，实行新型社区管理制度，建立新型公共事务管理体系和社会事务管理服务中心，为村民提供一站式服务。永联村将自我服务与公共服务、自我管理与公共管理结合，充分调动村民参与乡村建设的主动性，开创了中国特色社会主义乡村治理和乡村发展的新形式。

2. 生态保护型模式

这种模式主要被应用于生态优美、环境污染少的地区，其特点是自然条件优越，水资源和森林资源丰富，具有传统的田园风光和乡村特色，生态环境优势明显，把生态环境优势变为经济优势的潜力大，适宜发展生态旅游。

典型案例：浙江省安吉县山川乡高家堂村

高家堂村所在的安吉县曾是浙江全省20个贫困县之一。20世纪八九十年代，高家堂村为了发展经济，依靠丰富的竹资源引进了造纸厂和竹制品企业，村民在这些企业打工，毛竹本身价格又好，因此，高家堂村成了远近闻名的富裕村。但由于造纸时需要用强碱腐化纤维，又需要用双氧水对纸制品进行防霉、防蛀，当时污水治理又没有跟上，污水几乎全部被排入河道，对村庄和河水造成了严重的污染。1998年，国务院发出了"黄牌警告"，安吉被列为太湖水污染治理重点区域。高家堂村随即行动，对3000余亩的山林实施封山育林，禁止砍伐。自2000年开始，该村作为省级村庄环境建设试点村，全面开展了环境建设工作。2003年，浙江省开展"千村示范、万村整治"工程，高家堂村成为该工程的首批示范村。"千万工程"的目的就是改善村民居住环境。村里投入38万元引进美国阿科蔓"人工生物水草"处理技术，处理全村70%以上的生活污水，经过生态净化以后的生活污水被用来浇灌蔬菜和冲洗公厕。高家堂人意识到，既不能靠山、吃山，消耗资源，也不能守山、望山，无所作为。他们没有在村里大拆、大建，而是以村庄整治和农房改造为重点，着手开展休闲度假区建设、山水风景区建设和农业观光区建设，修建了6公里的环村公路，建成了以环境教育、污水处理示范为主题的湖州市第一家生态公园，使村容、村貌融合并体现在景区和景点中，提升了整个村的环境品位。

　　高家堂村根据当地实际，突出发展林业产业和生态休闲产业，以休闲经济发展为主线，通过节点对村现有产业进行串联，形成了"一园、一谷、一湖、一街、一中心"的村休闲产业带。高家堂村竹类资源丰富，主要盛产毛竹，是优良的建筑材料。村里就着重搞竹产品开发，开发出竹围廊、竹地板、竹层面、竹灯罩、竹栏栅等产品，取得了较好的收益。同时，村里积极鼓励农户开展竹林培育、生态养殖，开办农家乐，并将这三块经营有机地结合起来，让游客体验农家生活，感受农家趣味。目前，全村已形成竹生态、生态观光型高效竹林基地、竹林鸡规模养殖等衍生产业，农家生态旅游等生态经济对财政的贡献率达50%以上，成为当地的经济增长支柱。村内民风淳朴，生活怡人，真正实现了蓝天、碧水、绿地的人与自然的和谐之美。近年来，高家堂村游客接待量不断增加，走上了一条集休闲、度假、观光、娱乐为一体的村庄经营可持续发展之路。

3.城郊集约型模式

这种模式主要被应用于大中城市郊区，其特点是经济条件较好、公共设施和基础设施较为完善、交通便捷、农业集约化、规模化经营水平高、土地产出率高、农民收入水平相对高、是大中城市重要的"菜篮子"基地。

典型案例：上海市松江区泖港镇黄桥村

泖港镇黄桥村区域面积为3.2平方公里，全村总人数为2100人，总户数为571户。黄桥村东距上海市中心50公里，北距松江区中心10公里，因地理位置在园泄泾、斜塘江和横潦泾交汇处，即黄浦江的源头，故素有"浦江第一村"的美誉。黄桥村在中华人民共和国成立初期至20世纪70年代后期一直是当地较为繁荣的小村庄，却从80年代初期开始慢慢衰落。2007年以来，黄桥村加快推进社会主义新农村建设，展现农村田园风光和江南水乡风韵，呈现出水清岸绿、村容整洁、鸟语花香、黛瓦白墙、环境舒适的新气象。黄桥村主要以农业生产为主，主要产业有蔬菜、水稻种植，水产养殖和涵养林。绿色、有机、有特色是黄桥村探索农业发展的新模式，村内有一个产、供、销一体化经营的加工配送中心，农产品生产都使用有机肥料或生物化肥，并进行一系列的食品安全测试，以保证无毒、无公害。黄桥村蔬菜基地占地面积750亩，已被列为上海市标准化蔬菜示范基地，也是上海市无公害标准化生产示范基地。黄桥村还建立了产地监管中心，实现了电子触摸屏监管种植。黄桥村现有家庭农场4户，主要生产活动是规模化种植水稻、小麦，2008年水稻平均亩产1200斤，小麦平均亩产750斤，已基本实现了农业现代化。在重点发展特色规模农业以外，黄桥村还着力发展生态休闲农业旅游服务业。作为一个典型的江南农村，黄桥村稻田金浪翻涌，溪水清澈见底，站在村边的丘顶，便可俯瞰黄浦江上游园泄泾、斜塘江和横潦泾三水汇流的美景。该村修建了浦江源温泉农庄，温泉水从地下270米的钱塘江古河道中喷涌而出，吸引了各地游客前来泡温泉。除了在现代农业和生态旅游领域树立特色，黄桥村还大力挖掘传统民俗文化，打造出特色文化村落品牌，于2007年成立了黄桥楹联沙龙，将传承古老民俗与推动和谐社会建设结合，为传统文化注入了新的活力，实现了以楹联文化促进法治、宣传建设，推动了村庄乡风文明建设的发展。

为了提升乡村治理效能，黄桥村用数字化平台赋能，实现了乡村治理智能化。数字化平台包括"宜居黄桥"版块，显示全村安防、监测、垃圾回收等各类配套设施的信息汇总。"综合管理"版块展示全村人口、种植和养殖面积、空气质量、老年人健康情况等综合性数据。"农耕养殖"版块实时显示全村农业生产的具体状态，通过在水稻田、蔬菜大棚、蟹塘、鱼塘等处安装传感设备采集并分析土壤、水塘的pH值、温度、湿度、含氧量等信息，科学地指导农业生产。"事件报警"版块用以重点监测危害村庄安全的事件，并提前预警。如遇强降水天气，河道水位一旦超过警戒线，便会发出警报。

4. 城郊农业观光型模式

这种模式主要被应用于大中城市郊区，其特点是经济条件较好、公共设施和基础设施较为完善、交通便捷、人数较多、带动能力强、把农业的多种功能转变为经济优势的潜力大。

典型案例：四川省成都市锦江区三圣乡"五朵金花"

"五朵金花"原为四川省成都市锦江区三圣乡的6个村，距成都市区二环路约5公里，占地约12平方公里。锦江区农村地处城市通风口绿地，按规划不能作为建设用地。由于其土质为龙泉山脉酸性膨胀土，农村处于"土地不多人人种，丰产不丰收"的境况。锦江区积极创新思维，充分利用城市通风口背靠大城市的地缘优势，因地制宜，创造性地打造了花乡农居、荷塘月色、东篱菊园、幸福梅林、江家菜地"五朵金花"，大力发展城郊旅游业，取得了农民就地市民化、就地享受城市化的文明成果。

这"五朵金花"特色各异，均体现了以"花"为媒介吸引游客、以"花"为主题拓展市场、以"花"为资源发展经济的特点。"花乡农居"以建设中国花卉基地为重点，全方位深度开发符合观光产业的现代化农业，主办各种花卉艺术节，促进人流集聚。"荷塘月色"以1074亩水面为基础，大力发展水岸经济，建设融人、水、莲、蛙为一体的自然景观。"东篱菊园"依托丘陵地貌，构建菊文化村，引导游客养菊、赏菊、品菊，陶冶其道德和精神情操。"幸福梅林"用3000亩坡地培育20余万株梅花，建设以梅花博物馆为主要景点的梅林风景。"江家菜地"把500余亩土地平整成小块的菜地，以每块每年800元租给城市居民种植，激发了市民特别是儿童对发展绿色产业的兴趣。通过风景区建设，在区内从事经营的3000多户农民（11500多人）全部就地转为市民，解决了8000多个农民的就业安置，加快了城市化步伐，还带动了房地产、商贸、服务等相关产业发展，并向周边转移，服务业网点向区内不断扩张，促进了县域经济发展。"五朵金花"乡村酒店建设模式探索提升现有的乡村旅游和"农家乐"，发展新模式，改变了农民与游客混居现状，提升了游客居住环境，实现了"农家乐"的升级。

依托"五朵金花"搭建的农民增收平台，村民获得了租金、薪金、股金、保障金四种稳定的收入，就业、教育、医疗、养老都有了保障。具体体现在以下四个方面：一是构建了农村保障体系。统一城乡社会保障，将农民全部纳入新型农村合作医疗，生活困难的农民可享有城市最低生活保障金。二是构建了城乡教育体系。将乡村学校统一纳入区教育管理体系，对全区农村九年制义务教育阶段学生的杂费、课本费、作业本费、信息技术费进行全额补贴。三是构建了农民就业体系，使从前只能在城市进行的就业向农村延伸。四是构建了农村发展体系。依托"五朵金花"实现农业产业化，加快农村集体经济的股份化、公司化改革，让农民揣着股份进城，失地后仍拥有集体资产处置权，同时让准失地农民保持土地的承包经营权。

"五朵金花"从建设到管理，始终体现着政府的强势推动。在政府的引导和推动下，企业和农户共同投资整修农居、新建花卉市场和游泳馆等经营性项目。"五朵金花"之所以能够快速发展，主要得益于规模化经营，以连片联户开发的方式共同扩大发展的市场空间，避免农民单家独户闯市场的风险，走出了一条专业化、产业化、规模化的发展之路。连片联户经营创意独特，在契合"一村、一景、一业"的理念的基础上打造出了乡村酒店、休闲会所、艺术村等相互借景，又整体和谐的休闲、娱乐场所群，使"五朵金花"成为国内外负有盛名的"农字号"休闲、娱乐品牌。从规划设计、建设发展到经营管理等重要环节，各级政府都坚持把农民摆在创业的主体位置，坚持让农民受益，尊重农民意愿，利用农民传统产业优势，提升农民产业规模，在发展中提高农民生活水平。

5.休闲旅游型模式

这种模式主要被应用于适宜发展乡村旅游的地区，其特点是旅游资源丰富，住宿、餐饮、休闲、娱乐等设施完善而齐备，交通便捷，距城市较近，适合休闲、度假，发展乡村旅游潜力大。

典型案例：陕西省咸阳市礼泉县烟霞镇袁家村

袁家村地处陕西关中平原腹地礼泉县，处在西安半小时经济圈内，312国道、福银高速、陇海铁路、107省道、关中大环线、礼泉旅游大道、唐昭陵旅游专线均在此地附近，交通十分便利。该村依托周边颇为丰富的旅游资源，主要打造关中风情游、当地特色小吃、绿色农产品采摘、会议住宿接待、艺术和文化传播、户外体验活动等特色项目，成为目前我国最受欢迎的乡村旅游胜地之一。

从2007年起，袁家村用十几年的时间成为陕西省乃至全国最受欢迎的乡村旅游胜地，被誉为"关中第一村"。袁家村以展现关中风情为主，全方位完善创意产业，大力发展乡村旅游，同时不断强化品牌特色，扩建关中民俗街，打造时尚与现代元素结合的康庄文化娱乐街。游客不但能够感受到农家氛围，品尝关中小吃，观赏关中小镇之景，还能够体验民俗文化元素与现代设施结合的独特的生活情调，极大地满足了游客在乡村旅游过程中对观赏、休闲、娱乐的需求。文化是旅游的灵魂，以文促旅、以旅彰文是旅游行业各界的普遍共识。袁家村的主打形象是关中印象体验地，通过民俗、饮食、农耕、建筑、传统手工艺展示关中地区的历史、饮食、农耕、建筑、传统工艺制作五个方面的重要文化。

在村党支部、村委会的领导下，袁家村村民"全民皆兵"，顽强拼搏而实现了共同富裕。在经营、管理模式上，袁家村的各种作坊、小吃街等股份合作社均由村委会下属公司进行经营。以实现村民共同致富为目的，小吃街合作社根据收益情况进行利润分成。为了赢得游客的信赖，村民们做出信誉承诺，村委会进行监督，严格把控食品安全。袁家村在做项目策划的时候紧紧围绕市场客群的潜在和实际需求出发，打造一批能迅速吸引客群的爆款产品，并根据产品来招商，对商户的产品制作技术进行严格筛选，突出每个产品的核心卖点。豆腐脑、油坨坨、荞面饸饹等关中小吃成为袁家村最大的旅游吸引力，酸奶、香醋等则更是袁家村的爆款产品。袁家村通过集体经济的模式充分调动农民参与的积极性，农民真正成为经营主体，并且以股份合作的方式调节收入分配，实现了全体村民共同富裕，成为新时代乡村发展的典范。

6. 民宿发展模式

这种模式主要被应用于适合休闲度假的地区，其特点是住宿、餐饮、休闲、娱乐设施完善而齐备，交通便捷，适宜发展旅游。

典型案例：浙江省湖州市德清县莫干山镇

莫干山镇位于浙江省湖州市德清县境内，距杭州市70公里，以绿荫如海的修竹、清澈不竭的山泉、星罗棋布的别墅、四季各异的迷人风光秀于江南，享有"江南第一山"之美誉，是国家AAAA级旅游景区。莫干山镇以民宿为基础产业，构建多层次产业体系，通过政策扶持、外资引进、人才利用打造莫干山特色小镇。2016年入选为全国第一批特色小镇，全国美丽、宜居小镇。

莫干山的民宿于2007年开业。"1.0版本"裸心乡是由八栋农舍改建而成的度假屋。公司创始人在运营裸心乡的时候特别留意每个客人的预订，从这些客户的消费习惯中寻找到他们的需求，从而再进行下一步的产品升级。"2.0版本"裸心谷占地360亩，项目总投资为2.5亿元，是一个拥有数十栋树顶别墅及圆形夯土小屋的度假村，瞄准企业的高端会议旅游、接待旅游、员工拓展旅游、公司发布会等市场需求的聚集地，以绿色可持续发展模式建立了品牌特色。除了餐饮和住宿，莫干山内设活动还包括骑马、游泳、采摘、垂钓等多种方式。为规范引导民宿产业发展，德清县于2015年出台了县级民宿等级划分标准《乡村民宿服务质量等级划分与评定》，将民宿划分为精品民宿、优等民宿和标准民宿三类。在民宿管理上，实施政府与民间机构共同管理，通过对消防、污染、安全防护、接待设施等方面进行规定，加强对民宿的规范、引导、监督、检查；在土地政策上，通过对民宿项目进行"点状供地"，出让投资者房屋落地的土地以减轻企业负担，降低土地浪费。当地政府还依托莫干山风景名胜区，挖掘莫干山及周边的旅游资源，按照康体、健身和国民体验发展的主题构建全域旅游产业；利用良好的生态环境推进生态农业发展，构建有机循环农业生产系统，形成了可持续发展的生态农业模式；挖掘莫干山人文、历史底蕴，引导文化创意产业发展，引入全球首个Discovery Adventures Moganshan Park，并落地运营，大力发展体育运动、极限拓展等业态，成为全国知名的户外运动目的地。

莫干山民宿是德清县民宿经济日渐兴盛的缩影。作为乡村旅游的高级形态和中国民宿产业发展的领头羊，依托大城市的巨大人流和消费力，莫干山树立了乡村旅游的品牌。在莫干山的示范和带动下，浙江桐庐等其他县市，包括全国各地都掀起了一股民宿热，尤其在乡村振兴战略的背景下，民宿成为带动很多地区乡村振兴发展的特色先导产业。

（二）乡村发展的趋向

1.家庭农场

"家庭农场"是一个源自欧美的舶来词，含义为以家庭成员为主要劳动力，从事农业规模化、集约化、商品化的生产和经营，并且以农业收入为家庭主要收入来源的新型农业经营主体。相比于普通小农户，家庭农场在保留家庭经营内核的基础上，对经营规模进行了适度的拓展，获得了规模扩大带来的直接收益。从现实角度看，家庭农场是最契合经济社会发展阶段的经营主体。家庭联产承包责任制导致农村土地过度分散，家庭农场可以有效处理过度分散的土地，弥补小农经济发展的短板和缺陷，是我国农业经济的重要组成部分[1]，因此，经营适度规模的、小而精的真正的家庭农场是中国农业正确的发展道路[2]，对推动农业、农村现代化，实现农业强国具有非常关键的作用。

国家统计局数据显示，截至2018年底，全国有家庭农场60万个。家庭农场的兴起为特色农业的发展提供了条件，并为现代农业注入了新动力和新活力。无疑，家庭农场是中国未来实现农业适度规模化、机械化、现

---

[1] 赵玉莲.家庭农场对农村经济发展的作用探讨[J].山西农经，2023（3）.
[2] 黄宗智."家庭农场"是中国农业的发展出路吗?[J].开放时代，2014（2）.

代化的重要载体之一。可以预见，在相当长的一段时间内，家庭经营的中国农业生产的基础性地位仍然不可撼动，家庭农场将持续拥有广阔的发展空间。中国幅员辽阔，各地的经济基础、人文地理条件不一，应因地制宜地发展适合本地实际情况的家庭农场模式和农业经营、管理模式，让种田重新成为一种有利可图、令人羡慕的职业，持续带动乡村发展和振兴。

2. 品牌农业

日本和牛声名远播，作为三大和牛之一的松阪牛更在全世界最顶级的牛肉排名中居于首位。松阪牛肉以肥瘦相间的纹理和入口即化的口感被称为"肉类中的艺术品"，但价格昂贵，高达1千克4000元人民币。松阪牛肉是最近30年日本涌现出的众多知名农业品牌之一。实际上，松阪牛肉是日本"品牌农业"战略的产物。在外来农产品激烈竞争的严峻形势下，创建并培育本土的农产品品牌成为日本提升农产品价值和形象、增加农产品市场竞争力的重要手段。日本的农产品以价格昂贵著称，在进口农产品的冲击下，日本的粮食自给率已不足四成，然而消费者仍然首选本土农产品，归根结底还是因为日本的品牌农业形成的心智优势。在日本人眼中，本国的农产品在安全、口味及质量方面都优于进口农产品。

2022年，我国人均GDP达到1.41万美元。经过近40年的快速发展，各类商品愈加丰富，消费品也不断升级，但在农产品领域，从主粮、水果、蔬菜、鲜肉、水产品到禽蛋等农副产品，强势品牌产品非常稀少。茶产业是我国品牌缺失的典型的农产品产业，业界素有"中国七万茶企敌不过一家立顿"的说法，"关键原因在于缺少强势品牌引领。"[1] 法国依靠葡萄酒、香水和矿泉水享誉世界，美国的可乐和汉堡成为每个人餐桌上不可或缺的食品，韩国的烧烤和泡菜闻名世界，日本的寿司和牛肉深入人心……这些都是国家级特产。相比之下，显然，我国实行农产品品牌战略势在必行。

农业农村部将2017年定为品牌农业推进年，农产品品牌化被明确地确定为农业供给侧结构性改革的重要抓手，品牌农业战略已经上升为国家

---

[1] 中国茶产业大而不强：万家中国茶企的利润为何不及一个立顿？[EB/OL].https://news.sina.cn/2018-06-11/detail-ihcufqif6926207.d.html?pos=3.

的制度设计。中国地大物博,多元的文化、丰富的地形和地貌孕育出众多的地方特产和特色美食。据统计,中国拥有2000多个"地理标志证明商标"、400多个"特产之乡"、48个"生态原产地保护"和779个"中华老字号"。然而,中国的许多特产还没有从资源优势转化为市场优势,更难言品牌优势。当前,中国还处在农产品品牌建设的起步期,农产品品牌显然是中国整体消费升级的关键点,品牌农业也将成为很多地区乡村振兴的重要抓手。

3.绿色生态农业

在法国,食用有机食品已经成为中产阶级新的时尚潮流,数据显示,10个法国人中就有9个消费有机食品。因此,法国的有机食品产业呈现出欣欣向荣的态势。2014年以来,法国有机食品销售保持着15%以上的年均增长率。2007年开始,有机农业成为欧盟农业发展的重要组成部分,法国政府为此制定了一系列的政策性措施,包括给予补贴、税收抵免等,大大推动了有机食品产业的快速增长。根据国际有机农业运动联合会的报告,经济发展水平越高,相应地,有机食品占据的市场份额就越高,欧洲,尤其是北欧是全球有机食品人均消费水平最高的地区。从全球有机食品市场来看,从2000年到2015年的15年间,这一市场增长了4倍,预计未来全球有机食品市场还会保持良好的增长态势。[1]

作为全球的一个新兴产业,有机食品拥有无限美好的前景。而中国凭借较大的市场规模已经进入世界有机食品市场的前四位,仅次于美国、德国和法国。随着经济的发展,人们的消费观不断升级,对绿色健康食品的需求不断增加,相应地,对我国生态有机农业的需求更大,也提出了更高的要求。然而,2011年国务院公布的全国面源污染普查显示,我国农业的面源污染贡献度远高于工业和城市相关产业,其中农业在总磷的贡献度上高达67%,总氮的贡献度接近60%。山东诸城作为典型的农业产业化县级市,被大棚全部覆盖的农村土壤已经完全丧失有机质,甚至毒化了。[2]

---

[1] 国际有机农业运动联合会.世界有机农业概况与趋势预测(2017年)[R].

[2] 温铁军,张俊娜,杜洁.农业现代化的发展路径与方向问题[J].中国延安干部学院学报,2015(3).

根据相关数据，2016年中国蔬菜总产量约为7.8亿吨，人均占有量超过550千克，而真正被吃掉的只有3亿多吨，不到总产量的一半。种植这些蔬菜的过程消耗了过多的地下水，使用了大量的化肥、农药等，对资源环境造成了巨大的破坏。这种生产过剩、效益下滑的农业产业化方式必然产生资源环境严重破坏和食品严重不安全的双重负外部性[①]。

回望中国传统农业，农业耕作和种养方式不仅符合资源环境可持续的要求，更体现着当下消费升级的迫切需求。"种植一季稻，放养一批鱼，饲养一群鸭"是贵州从江县苗族和侗族群众沿袭上千年的传统农业生产方式，也是人们在实践中总结出来的与大自然和谐相处的法则。2011年，贵州从江县"稻、鱼、鸭共生系统"被列为全球重要农业文化遗产保护试点，2013年入选中国第一批重要农业文化遗产。2016年，从江县建立了1000亩的稻、鱼、鸭复合系统试点工程，辐射带动稻田面积10万亩。这一保存良好的传统生态农业生产方式不仅发挥出了良好的生态效益，而且给当地的少数民族群众带来了巨大的经济效益。毋庸置疑，绿色生态农业是顺应时代发展的产业，发展低碳生态农业不仅是保护和修复农业环境的通道，可以有效解决人类发展和破坏自然的矛盾，而且对农业、农村现代化起着重要的推动作用。发展低碳生态农业是打破资源环境约束的有效途径。当前我国农业正由过度依赖资源消耗、主要满足量的需求向追求绿色生态可持续、更加注重满足质的需求转变，绿色生态农业将是未来中国农业供给侧结构性改革的一条重要主线、中国特色农业强国的重要特征。

4. 数字农业

2018年9月，全球首个无人农场在英国诞生。这是由英国哈珀亚当斯大学3位科学家组成的工程师团队牵头创立的实验性农场项目。该农场在没有任何人进入的情况下，由无人操控的机械自动完成从翻土、播种、施肥、灌溉到收获的全过程，而无人机扮演了监督员的角色，负责采集田间作物的"四情"数据，进行空中评估。这个实验性农场有多种自动化机械，包括一台自动拖拉机、一台自动联合收割机和一架农业无人机。农场

---

① 温铁军，张俊娜，杜洁.农业现代化的发展路径与方向问题[J].中国延安干部学院学报，2015（3）.

主在操控室内进行自动化操作,让拖拉机进行播种和喷洒,让收割机负责自动收割,而无人机负责监督农业生产的全过程。这个无人农场项目的成功似乎验证了当今自动化农业已经不存在技术障碍,只要将各项技术整合起来,创建一套系统,就可以实现农业生产的无人化。

2018年7月,由工信部、农业农村部等多部门指导,中国车载信息服务产业应用联盟和兴化市主办的我国首轮农业全过程无人作业试验在江苏兴化举办。在江苏兴化国家粮食生产功能示范区内的一块500亩的农田里,十几台无人农机用了一个下午的时间成功完成了从整耕土地、打浆、插秧、施肥、施药到收割的全流程作业,这也是中国投入智能农机种类最为齐全、数量最多的一次农业无人化操作。这一无人作业试验将在江苏、黑龙江、重庆等地进一步开展,计划2025年在兴化市和其他农业代表性地区分级、分期、分步建立无人农场。这次试验最终将逐步实现耕作、管理、收割、储存及运输的数字化、智能化和网联化,实现农业生产的精准化、集约化、规模化的未来乡村图景。

2013年,德国汉诺威工业博览会首次提出"工业4.0"战略。德国学术界和产业界普遍认为,"工业4.0"将是以智能制造为主导的第四次工业革命,即通过深度应用信息通信技术推动制造业向智能化转型。如果说工业技术与生产模式从1.0到4.0分别跨越了机械化、电气化、自动化阶段,最终跃升到智能化阶段,那么世界农业的发展历程也可以大致分为四个阶段,即"农业1.0"是以人力和畜力为主的传统农业,"农业2.0"是以农场为标志、以机械化为主要特征的大规模农业,"农业3.0"是以现代信息技术的应用和局部生产作业自动化、智能化为主要特征的农业,"农业4.0"是以物联网、大数据、移动互联、云计算技术为支撑和手段的一种现代农业形态,是智能农业,是继传统农业、机械化农业、信息化(自动化)农业之后,进化到更高阶段的产物。[①]

进入新世纪以来,物联网、大数据、人工智能等新技术广泛渗透,不仅推动了工业的变革,也悄无声息地改变着农业的生产方式。欧美农业普

---

① 李道亮.农业4.0——即将到来的智能农业时代[J].农学学报,2018(1).

遍经历了传统农业、机械化农业和自动化农业三个阶段，且基本已经实现了现代化。随着物联网、大数据、云计算、人工智能等新的技术和手段的成熟，农业将迎来以数字化、智能化为主要特征的新阶段。在未来的农业生产图景中，运行在大田农场、养殖工厂、畜牧工厂、鱼塘里的不再是传统的农具和机械，而是通过物联网技术连接起来的一整套自动化设备，构成一个拥有感知能力、分析能力、判断能力和实施能力的人工智能系统。通过现代信息技术高度整合和优化，该系统将对传统产业链条中的重要环节降低成本、优化质量、提高效率，最终提升农业的综合竞争力。可以预知，未来的职业农民们将拥有更多的闲暇时光，他们在轻松地从事农业生产的同时还能享受到静美的田园风光，农民将成为一个令人艳羡的职业。

5. 乡村旅游

巴马瑶族自治县位于广西西北部，是一个多民族聚居的地方，这里居住着壮、瑶、汉等12个民族。巴马是世界五大长寿乡之一，当地特殊的自然条件是发展长寿旅游的必要条件。巴马空气的洁净度和空气的负离子浓度均高于国内外其他众多长寿地区。巴马年平均气温为20.4摄氏度，年平均日照1531个小时，春、秋凉爽，冬暖夏凉，既不存在我国长江中下游地区的酷热，也没有东北三省的寒冷。巴马一年当中的舒适期为213天，为一类气候区；而且巴马的空气湿度适中，有利于呼吸道疾病的辅助治疗和康复。从2003年6月到2005年6月这两年中，自治区政府在巴马投入了大量的资金用于基础设施建设，支持巴马长寿旅游资源开发。2016年2月，巴马被列为首批国家全域旅游示范区，依托巴马"世界第五个长寿之乡"这个金字招牌，巴马开发了以特色康养为主题的乡村旅游，主打长寿养生牌和生态休闲牌。2019年，巴马接待国内外游客644.12万人次。然而，分析巴马乡村旅游产业可以看出，巴马的乡村旅游形式大多是看景区景点，吃农家饭，住农家旅馆、农家乐，同质竞争激烈，对富含长寿文化，民风、民俗文化等特色的旅游项目挖掘、提炼得不多。虽然当前巴马声名在外，游客爆满，但巴马乡村旅游产业的价值链附加值低，缺乏深度价值挖掘。同时，每年旅游高峰期涌进来的大量游客和长住旅居客使巴马乡村的生态环境及资源承载力面临较大的考验。

攀枝花因其长年充裕的阳光，素有"四川的三亚"之称。当前，这个曾经以矿产为傲的资源型城市因资源约束和生态压力，不得不转型寻求更加多元的发展方式。最终，康养旅居成为攀枝花新的城市发展战略。攀枝花一年四季阳光明媚，全年日照在2700小时以上，仅次于拉萨。年平均气温20摄氏度，冬季温暖，晴天多，日照足，空气洁净，云雨稀少。这个以花为名的城市也是各类鲜花的盛产地。因而，寻找温暖和健康的候鸟人群纷纷而来。2013年，攀枝花发布了《中国阳光康养旅游城市发展规划》，标志着攀枝花转型的开始。当时旅居攀枝花过冬的"候鸟老人"三三两两，仅有3万人次。之后，这个数字开始井喷式增长，2017年春节期间，从外地到攀枝花过冬的"候鸟老人"突破15万人次。2018年春节，这个数据还在急剧增长，11月到12月，攀枝花各个康养中心、农家乐、酒店甚至一房难求。凭借独特的气候优势，攀枝花已经成为四川中高端冬季旅居的目的地，未来将以康养旅居为主线，促进康养旅游、养生和养老、生态农业等融合发展，打造成为全国知名的冬季康养旅居胜地。

一个地区的气候和地理条件是无法复制的独特的竞争优势，三亚、巴马、攀枝花等地都充分利用了自身的气候优势，与旅居养老市场结合，促进了自身的快速发展或成功转型。从目前旅居市场的消费主体来看，健康老人是绝对的主力。随着中国养老市场的逐步成熟，旅居养老将表现出巨大的市场潜力。传统的养老模式已经很难满足新生代老人的要求，到气候适宜、风景秀美、设施齐备的异地旅居养老将成为新的市场趋向。

乡村旅游从依托景点的农家乐起步。在初期阶段，主要体现为简单的农家乐旅游。这时农家乐数量少，附加功能也少，简单地提供农家饭菜构成了乡村旅游的全部内容。而后，乡村旅游开始注重休闲需求，除了饮食，还增加了一些采摘、垂钓、耕作体验，亲子农田游戏等休闲体验项目。再向前发展，乡村旅游开始拓展为旅游度假，经营者以旅游项目吸引游客住下来，延长城市消费人群的逗留时间，围绕住宿设置多元化的休闲娱乐项目，拉长旅游消费链。乡村旅游发展的深入阶段即为乡村旅居阶段。从发达国家城镇化发展规律来看，伴随着城镇化的退潮及逆城镇化的兴起，乡村普遍从单纯的农民居住地变为城乡居民共同的居住地。以村落、田园、小镇、风景区等为背景的乡村养老无疑会在乡村养老旅居现象中占据重要的位置。

民族地区拥有丰富的自然、地理、文化、气候等资源，十分适合发展乡村旅游、生态旅游、文化旅游、休闲度假、旅居康养等特色产业。民族地区可以借助地缘优势大力发展乡村文化旅游，走出一条以绿色生态农业引领高质量发展的新路。

第九章 民族地区乡村发展的典型案例

民族地区农业资源、能源、矿产资源和生物资源十分丰富，在经济发展中占有重要的地位，还拥有秀美的山川、众多的名胜古迹、绚丽多彩的民族风情等旅游资源，因而乡村发展的优势十分明显。党的十八大以来，民族地区乡村发展速度加快，尤其是打赢脱贫攻坚战以来，很多乡村有了发展的基础，乡村建设取得了很大的成效，农民的增收致富渠道不断拓宽，很多乡村的发展特色明显，一些乡村的发展甚至在全国走在前列。本书选取几个典型的民族地区乡村案例加以研究和分析。

一、西江苗寨发展模式

贵州是欠开发、欠发达地区，经济实力总体较弱，扬长避短、因地制宜是贵州乡村建设和发展应把握的原则。特殊的地貌形态和丰富的山林植被为乡村发展提供了丰富的景观和生态资源，加上贵州省多民族聚居，长期以来，各民族在交通闭塞，地形、地貌复杂的环境里，利用丰富的自然资源创造了各具特色的建筑文化。因此，特殊的地形、地貌和丰富的历史文化为贵州省乡村多样化、个性化发展提供了基础和条件。经多年的保护和发展，贵州省逐渐形成了一批极具民族文化和地域特色的村寨。其中，雷山县西江镇的千户苗寨以其古朴、独特的苗族文化，在发展特色旅游的过程中获得了各地游客的青睐。

（一）基本情况

西江千户苗寨位于贵州省黔东南州雷山县境内，由平寨、东引、也通、羊排、南贵、养蒿、欧嘎、也东8个自然寨组成。全寨原住居民有1400多户，6000多人，其中99.5%为苗族，是全国也是全世界最大的苗寨。千百年来，当地的苗族同胞日出而耕，日落而息，在苗寨上游地区开辟出大片的梯田，形成了独具特色的农耕文化和田园风光。千户苗寨四面环山，重峦叠嶂，梯田依山顺势，直连云天，白水河穿寨而过，将西江苗寨一分为二。寨内吊脚楼依山势而定朝向，一般为坐西朝东、坐南朝北，连绵成片；层顶全盖以小青瓦，房前、屋后有翠竹点缀。吊脚楼多为三层，基座以青石、卵石垒砌，一层圈养牲畜，二层住人，三层为粮仓。居住层有长廊，围有木栏，设有长凳，苗家姑娘多在此挑花刺绣，人称长廊木凳为"美人靠"。小青石铺砌的小道连接户与户，整齐而卫生，舒适而清爽，吊脚木楼栉比相连，次第升高，整座苗寨就像一对巨大的铆，为山区坡地房屋建筑的典范，被建筑界赞为"民族建筑之瑰宝"。

西江是一个对苗族原始生态和文化保存得最完整的地方，中国苗族的历史发展和文化在这里都得到了很好的体现，西江牯藏节、苗年闻名四海。千户苗寨是一座露天博物馆，展览着一部苗族发展的史诗，成为观赏和研究苗族传统文化的首选之地。西江的苗族建筑、服饰、银饰、语言、饮食、传统习俗不但典型，而且保存较好。西江苗族过去穿长袍，包头巾、头帕，颜色都是黑色的，故称"黑苗"，也称"长裙苗"。西江苗族的语言属于汉藏语系苗瑶语族苗语支中部方言的北部次方言，当前使用的语言和文字是国家通用语言文字，尽管国家通用语言文字是西江苗族与外界交流的必备工具，但苗族之间的交流仍然使用传统的苗语。

西江苗寨迄今为止仍较好地保留着厚重的苗族传统农耕文化。长期以来，农业一直在西江千户苗寨产业结构中占据着绝对的优势地位。刀耕火种的农业生产方式虽能养活生活在这里的数千人口，人们过着世外桃源般的自给自足的生活，但由于与外界联系甚少，社会、经济发展速度较为缓慢。

（二）发展历程

尽管坐拥丰厚的民族文化遗产和旅游资源，但长久以来，西江苗寨的村民依然吃饭靠种地，挣钱靠打工，守着文化的"金山银山"，却没有换来"金饭碗"和"银饭碗"。2008年进行旅游开发后,西江苗寨旧貌换新颜。在业态上,西江苗寨景区累计注册的大大小小的旅游生产经营主体超过了1300户,形成了吃、住、行、游、购、娱等完整的旅游产业链。在基础设施上,地方政府投入资金10多亿元,加快了西江景区的提质和扩容,先后建成停车场、游客服务中心、污水收集和处理系统、灯光系统、表演场、寨内观光栈道等一批基础设施项目,建成西江·西街商业街区、西江·苗界等高端文化旅游综合体。2011年,西江苗寨成功创建国家AAAA级景区。2017年旅游接待人数高达606.50万,旅游收入达49.91亿元。入选国际旅游局发布的"中国优秀国际乡村旅游目的地"名单标志着西江苗寨乡村旅游进入国际化发展阶段。随着旅游业逐渐兴盛,西江村民的收入普遍有了显著增加。2018年,西江苗寨有16家农家乐经营户年纯收入在1000万元以上,年纯收入在100万元以上、1000万元以下的有28家,在50万元和100万元之间的有68家,在10万元和50万元之间的有150多家,在5万元和10万元之间的有近1000家。在品牌荣誉上,进行旅游开发后,西江苗寨紧紧依靠文化引领和市场驱动,在文化产品上推陈出新,在政府、企业、村民、学界等多主体的推动下,西江苗寨的文化品牌产生了质的飞跃。西江苗寨景区先后获得了"全国AAAA级景区""中国民族特色村寨""全国文化产业示范基地""全国十大民族文化旅游目的地""全球十大优秀国际乡村旅游目的地"等殊荣,旅游品牌日益响亮。

(三)主要经验

西江苗寨以苗族优秀的传统文化为依托,以乡村旅游开发为主要路径,走出一条不同于传统,并且有别于其他景区的发展新路。

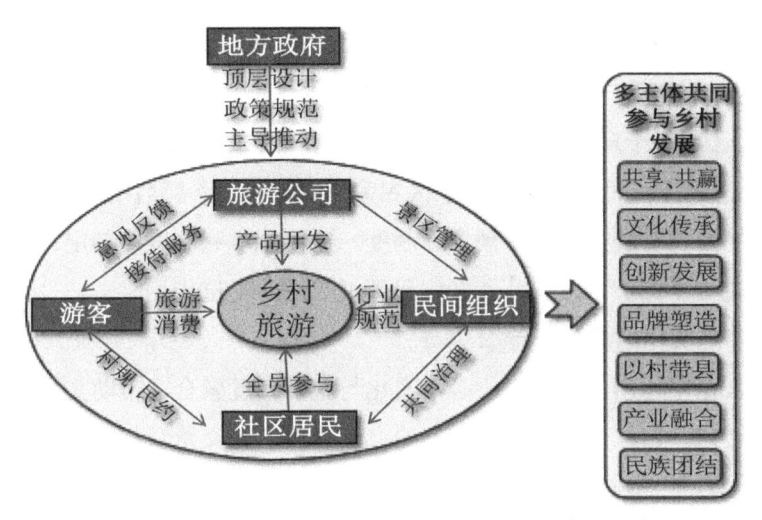

图6　西江千户苗寨多主体参与的乡村旅游发展模式

1. 地方政府强力推动，多主体的共同参与

2008年，在省、州、县各级党委、政府的领导下，西江苗寨获得了第三届"贵州省旅发大会"的举办权，有了地方政府的领导和支持，西江苗寨的发展有了主心骨，步伐明显加快。同时，地方政府的旅游动员获得了村民的广泛支持，也吸引了省内外的专家、学者、企业、个体工商户、西江苗寨基层组织等主体积极关心并参与推动西江苗寨的旅游开发，形成了多主体共同参与的充满活力的局面。

2. 坚持旅游市场化运作

旅游业是集产品、服务和客源为一体的产业，具有很强的市场性。为了促进西江旅游的发展，2009年，雷山县人民政府注资成立了国有独资公司贵州省西江千户苗寨文化旅游发展有限公司，负责整个西江苗寨景区的经营、管理服务。公司自成立以来，对西江景区起到了引领文化、引领客源、引领市场、引领服务、引领基础设施建设、引领品牌塑造的带头示范作用。西江苗寨坚持市场化原则，鼓励村民参与各种旅游经营，盘活整个社区的土地、房屋等资产收益，提高了村民的增收致富能力。

3. 通过规章制度加强对文化资源的保护

对于西江苗寨旅游，文化是其核心。为此，西江苗寨制定了《西江千户苗寨文化保护评级奖励暂行办法》《西江千户苗寨文化保护评级奖励评分标准》《西江千户苗寨房屋建筑保护条约》《西江景区古树名木管理保护的措施》《西江千户苗寨风貌管理办法（暂行）》《西江千户苗寨旅游特色美食饮食规范》《西江千户苗寨景区农家乐管理办法》《西江千户苗寨景区旅游市场经营管理办法》等规章和制度。这些规章和制度的制定，对在旅游开发过程中保护、发展苗族文化起到了积极的促进作用。

4.加强文化的活化与传承

西江苗寨运用创新的手段，将文化与旅游高度融合，带动文化活化的挖掘和转化。西江苗寨通过将静态的自然景观、人文景观与动态的人文景观结合，营造乡村旅游的文化氛围。静态体验通过"田园观光区""村寨夜景系统""苗族风雨桥""吊脚楼建筑群"等方式进行打造，动态展示通过各种民俗活动增加游客的参与性和体验性。例如通过苗年活态展示活动，游客可亲身感受苗族文化的魅力。西江苗寨在文化母体的基础上，连续挖掘出了"高山流水""五壶四海""十二道拦门酒""长桌宴"等苗族文化旅游产品，以艺术手段进行升华和提炼，打造出了"美丽西江"晚会，通过场景置换、文化再造等手段推出了"鼓藏肉""苗王鱼"等苗族传统美食。在西江苗族博物馆的带动下，村民利用自己的房屋、住所兴办了40多所参与型、体验型、互动型的"家庭博物馆"，构建了立体、多元的民族文化活态展示点。

5.通过制度创新建立利益共享连接机制

西江苗寨景区通过制度创新，设立了民族文化利益的共享机制，每年将门票总收入的18%作为民族文化奖励经费发放给村民，让村寨社区居民每户每年都获得近万元的收益，体现了机会均等和利益共享。这种利益共享机制充分体现了地方政府在旅游发展制度安排上的公平和正义，确保了共同富裕。同时，西江苗寨以景区带动周边乡镇的茶产业、附近村寨银饰产业的发展。西江苗寨旅游的井喷式发展极大地带动了雷山县旅游业的发展，周边村寨村民长年不间断地在西江景区打工，直接和间接地带动了全县贫困群众脱贫致富。

6. 注重创新景区管理的体制机制

2012年，雷山县委常委会将西江镇、西江景区管理局、西江旅游公司一并交由园区管委会统一管理，通过创新管理明确了西江景区各管理主体、经营主体的职责和功能，尤其明确了西江旅游公司市场经营主体的地位，进一步提高了旅游发展的市场效率。在社区治理方面，西江苗寨除了充分运用国家的法律和法规，还充分运用乡土社会的村规和民约将苗族历史上遗留下来的"议榔制""寨老制""扫寨仪式""鸣锣喊寨""民间歌谣"等形式运用于旅游管理。西江苗寨形成了良好的治理局面，既净化了旅游市场环境，又增强了旅游发展活力。

（四）几点启示

第一，西江苗寨从组织领导层面到体制机制层面，再到社会力量层面，自上而下形成了"党委重视，政府主导，部门联动，社会参与"的发展模式，为西江的快速发展提供了强大的力量保证。

第二，文化保护和传承是西江苗寨确保持续发展的关键。西江苗寨着重保护苗族优秀传统文化的内在基质和创造活力，以旅游开发促进文化价值再生，以行动实现切实保护。

第三，西江模式把旅游放在优先发展地位。以苗文化为主题的乡村旅游为西江居民创造了巨大的经济价值，其核心是民族文化的传承和旅游经济的稳定增长，为我国西部民族地区实现乡村振兴和可持续发展提供了样本和范式。

第四，创新是西江苗寨持续发展的手段。西江苗寨在民族文化活化、传统智慧运用、利益共享机制设计、景区管理等方面注重创新和发展，既实现了人民群众的增收致富，又较好地延续了自己的民族文化，实现了旅游发展的共享和共赢。

第五，通过文化保护和传承提升文化自信。文化旅游开发既促进了西江苗寨文化与旅游的高度融合，又推动了其民族文化的保护和传承，提升了居民的文化自信、文化自觉意识和文化价值共识，进一步促进了民族交往、交流、交融，维护民族团结和社会稳定的良好局面。（见图6）

二、康县发展模式

党的十八大以来,甘肃省陇南市康县深入贯彻落实"绿水青山就是金山银山"的理念,集中力量建设美丽乡村,实现了从改善人居环境、建设美丽乡村到打造全域生态旅游大景区的发展"三级跳"。"康县模式"是深度贫困地区建设美丽乡村的新样板,也是巩固、拓展脱贫攻坚成果与乡村振兴有效衔接的新路子。

(一)基本情况

康县地处甘肃省东南部、秦巴山区中南部,位于陕、甘、川三省交界地带,自古是连接西南、西北的重要通道。康县境内的茶马古道是目前国内发现的唯一的有碑文佐证的茶马古道。康县现辖21个乡镇、350个行政村,总面积2958.46平方公里,总人口20.22万,境内有汉、回、藏、满、蒙、瑶、壮、维吾尔8个民族。这里气候温和而湿润,是甘肃半湿润区与半干旱区的过渡地带。从北到南,既有北国之雄奇,又有南国之秀美,风光旖旎,景色宜人,境内森林覆盖率达70%以上。良好的生态资源、独具特色的自然风光使康县素有"甘肃万宝山"和"陇上江南"的美誉。

康县境内"八山、一水、一分田"。2011年,康县350个行政村中,贫困村有145个,占比17.00%,是甘肃省58个集中连片特困县之一。全县17.61万农村人口大都分散居住在70余条河的河谷、90多座山的峡谷和半高山的林缘地区。康县境内耕地面积少,耕作条件差,90.00%以上村庄房舍破漏,垃圾遍地,交通闭塞,基本处在"交通靠走、治安靠狗、通信靠吼、垃圾靠风刮、污水靠蒸发"状态,2013年底,全县贫困发生率高达37.04%,贫困程度深,精准扶贫工作难度重重。"晴天一身土,雨天一身泥,屋旁臭水沟,垃圾满地堆"曾是当地农村人居环境的真实写照。

2011年9月27日,康县第十三次党代会召开,会上讨论确定了"生态为基、发展为要、民生为本、党建为先"的康县16字发展战略。同时,康县按照甘肃省委政府、陇南市委政府的部署,启动了生态文明新农村建设。党的十八大以来,康县把建设美丽乡村作为脱贫攻坚和乡村振兴的重要举措,在全域建设生态环境优美、村容、村貌整洁,基础设施完善,产业特色鲜明，乡土文化繁荣的美丽乡村。2020年底，康县350个行政村、1642个自然村全部建成美丽乡村。2020年12月，甘肃省政府、农业农村部、世界旅游联盟、法国"一带一路"美丽乡村联盟联合在康县成功举办了"一带一路"美丽乡村论坛，"康县模式"受到与会海内外嘉宾的广泛赞誉。

（二）美丽乡村建设行动

"一张蓝图绘到底，一任接着一任干"，康县美丽乡村建设始于"5·12"地震灾后重建。2008年汶川大地震，康县是重灾区之一。灾后重建过程中，康县统一规划设计，把245个灾后重建居民点初步建成特色鲜明、村容整洁的新农村，为美丽乡村建设打下了基础。康县美丽乡村建设从一开始就确立了"全域美丽"的目标，全县平均每年新建并巩固、提升50多个村。目前，全县美丽乡村建设实现行政村和自然村全覆盖，建成4个国家AAAA级旅游景区，以及花桥村、何家庄、朱家沟、珍爱茶山等70个乡村旅游示范村，一个全域不要门票的生态旅游大景区初步形成。2019年"五一"期间，康县乡村接待游客共计22.36万人次，实现旅游综合收入1.09亿元，以及"环境美"与"产业强"齐头并进，全县8000多贫困人口依托乡村旅游实现了高质量脱贫。

1. "多个管道进水，一个龙头出水"

康县脱贫攻坚任务繁重，能用于美丽乡村建设的资金非常有限，且各类资金分散于各部门，难以发挥最大效益。为此，康县对各类资金进行统筹整合、捆绑使用，建立资金整合机制，让分散的项目资金"握指成拳"，发挥出最大效益，集中力量办成一件大事。

2. "内外兼修，形神兼备"

康县在美丽乡村建设中始终坚持外在美与内涵美并重，在建设中坚持"保护建筑、保存风貌、保全文化、保有生活"。他们充分利用当地特色建筑和自然景观，把油坊、醋坊、酒坊、豆腐坊、水磨坊等传统生产、经营场所保留下来；利用当地的石头、树枝、藤蔓、石碾、瓦片等材料建起别具特色的茶园、菜园、竹园；朱家沟的千年麻柳、花桥村的千年菩提都得到了很好的保护，成了乡村旅游的"网红打卡地"。

3. 生态出"钱景",美丽生"财富"

康县坚持"生态建设产业化、产业发展生态化",放大生态优势,做足山水文章,创新推进全域美丽乡村,全域环境绿、美、净,全域电子商务,全域旅游景区"四个全域工程",做精、做优特色产业,真正让大自然赋予的绿水青山变成群众致富的金山银山。康县旅游综合收入从2012年的2.94亿元增长到2019年的14.4亿元,带动2468户贫困群众依托乡村旅游实现脱贫,9.7万人通过参与乡村旅游实现增收。

康县美丽乡村建设不仅创造了一个干净、整洁、优美的农村生活环境,而且通过发展全域乡村旅游和特色富民产业,老百姓的腰杆挺直了,脸上有光了,过好日子的底气也更足了。美丽乡村建设的实践正在深刻改变着当地乡村的面貌。康县连续5年获得全省美丽乡村建设综合考核第一名,农村实现了"天蓝、地绿、水清、村美、院净、家洁",整个县成为一个不要门票的生态旅游大景区,经济实现了跨越式发展。

(三) 美丽乡村建设的主要经验

康县的美丽乡村建设秉持"生产发展、生活宽裕、乡风文明、村容整洁、管理民主"的宗旨,坚持保护并有效利用生态环境资源、人与自然和谐相处、转变农业生产方式、农村可持续发展、传承并保护农村文明的思路,以基础设施配套化,村容、村貌园林化,家庭院落花园化,村风、民风和谐化,管理机制长效化,经济发展产业化的"六化"建设为重点,着力实施生态人居建设、生态环境提升、生态经济推进、生态文化培育、长效管理落实、基础组织建设的"六大行动工程",把整个县作为生态旅游大景区,每个乡村作为旅游景点,每一农户作为旅游小品,全面打造生态特色鲜明,群众生活富裕,村容、村貌整洁,乡村文化繁荣的生态文明新农村。

1. 理念新颖,机制健全

康县的美丽乡村建设凸显了"生态经济化、经济生态化"的乡村经营发展理念,"不砍树、不埋泉、不毁草、不挪石"的乡村原生态保护理念,"一村一规划、一村一景观、一户一品牌"的全县生态旅游大景区建设理念,"把农村当城市一样规划,城乡一体协调发展"的就地城镇化理念,以及"不搞大拆、大建,不搞大集中""就地取材,顺势而为"的人与自然和谐共处理念；健全了"一张蓝图绘到底，一届接着一届干"持续推进机制，"项目跟着规划走，资金跟着项目走"的规划引领机制，"党委统一抓，书记全盘抓，成员分工抓，部门配合抓，基层具体抓"的责任落实机制，"县级主要领导带头，四大班子领导齐动，联村、联户部门实帮，乡镇、村社大干"的上下联动机制，"各炒一盘菜，共办一桌席"的部门协作机制，"多个渠道进水，一个池子蓄水，一个龙头出水"的资源整合机制，"不撒胡椒面，不搞一刀切"的分类指导机制，"群众打底子，政府上面子"的群众发动机制，"一月一督查，一月一排序，一月一通报"的检查、监督机制，"小手拉大手，共创文明户"的文明创建机制，"村内事，村民定，村民建，村民管"的长效管理机制。

2. 统一规划，分步实施

康县把美丽乡村建设放在县域经济社会发展的全局进行考虑，依据县域发展规划和功能科学规划，统筹安排，聘请专业设计单位高标准完成规划编制，做到了"一村一规划，一景一设计，全县统一大规划"，坚持"没有规划不审批，没有审批不立项，没有立项不建设"。在规划步骤上坚持先在公路沿线创建示范点，然后依次向川坝河谷、高半山区、边远地区延伸，逐步"以点连线成面"。同时，规划编制中注意合理确定村庄的布局、功能定位和发展方向，避免不必要的重复建设和大拆、大建。

3. 因地制宜，彰显特色

各村根据自身的自然、地理条件，注重挖掘每个村庄的历史遗迹、风土人情、风俗习惯等文化元素，体现个性魅力，保护文化血脉。康南五乡镇重点体现山水风情、秦巴风情、陇上茶乡风情、亚热带风情等独特自然生态特色；康中六个乡镇重点体现田园风情特色；康北十个乡镇围绕历史、民俗等文化元素，重点体现民俗文化特色。

4. 综合配套，整村推进

在初期实现村庄洁净的基础上，把建设美丽乡村与推进新型城镇化有机结合起来，推动资源要素配置向农村中心村镇移动，促进产业布局合理化、人口居住集中化，联动推进区域性路网、电网、管网、河网、通信网、垃圾处理网等一体化建设，打造现代农村社区，促进城乡基本公共服务均等化，联动推进生态人居、生态环境、生态经济、生态文化建设。

5. 政府主导，群众主体

在县委、县政府全过程、各环节发挥关键主导作用的基础上，康县重视群众的主体作用，放手发动群众。全县群众纷纷捐资投劳、捐地让路、出谋划策，为美丽乡村建设提供了源源不断的力量支撑。

6. 就地取材，成本低廉

作为国家级贫困县，康县没有资金优势。但通过创新机制、整合项目、挖掘资源、统筹协调，当地创造性地走出了一条高标准、低成本建设美丽乡村的新路，突出对村容、村貌的整理，而不是进行大拆、大建，突出就地取材建设，而不是千篇一律，突出群众投劳抵资，而不是政府大包、大揽。烂砖头、旧瓦片、碎石板、老树皮、竹节子、枯树枝、大水缸、石碾子，甚至老族谱、旧物件等，都被作为建筑装饰材料，既节约了成本，又增添了新韵，既保住了乡愁，又展现了特色，焕发出了自然、古朴的魅力。

7. 严格标准，科学考核

康县从一开始就制定了美丽乡村建设项目申报、审批标准，以及精品村、示范村、达标村建设验收标准，并对村容、村貌、道路、水电等每个建设项目确定了严格、规范的建设标准，哪怕放慢速度，也坚持不降低标准。同时建立严格的考核制度，以考核来促进并巩固美丽乡村建设的成果。

三、何家岩共富乡村模式

何家岩村位于重庆市酉阳土家族苗族自治县西北部，地处渝、黔、湘、鄂交界处的武陵山区腹地酉阳中部，位于菖蒲盖和天山堡之间的槽谷地带。这里风光旖旎，具有得天独厚的自然禀赋，集临崖梯田、生态草原、天然温泉、赏星基地、民族村寨、传统农耕文化、土家民俗文化、自然生态文化于一体，浓缩了武陵山区美丽的原生态自然田园风光，传承着土家族、苗族悠久的人文历史和灿烂的民族文化，是渝东南保存完好的原生态村寨。近年来，何家岩村坚持以农民为主体，围绕党建引领治理、共富乡村建设、环境卫生整治、村级集体经济等持续发力，走出了一条乡村振兴的新路。

（一）基本情况

何家岩村距酉阳县城30公里，距花田乡政府所在地5公里，总面积20平方公里，耕地面积7800亩，农户753户，居民2527人，其中农业劳动力1795人。何家岩村99.5%的村民为土家族和苗族。因浓厚的民族风情和独具魅力的梯田风光，何家岩村入选全国非遗与旅游融合发展优选项目名录，还先后被评为中国民俗摄影创作基地、中国唯一的360度梯田景观、中国传统村落、中国美丽休闲乡村、全国一村一品示范村镇；花田梯田景区被评定为国家AAAA级景区。

何家岩村山清水秀、土质富硒、光照充足，产出的大米滑而不腻、质白如玉。从明朝时期起，花田大米就被定为"贡米"，为皇室所享用。然而，在城镇化的大潮中，何家岩村逐渐衰败下来。种地赚不到钱，村里留不住人，年轻人都外出打工，村里的田很多已撂荒。2014年，新一轮贫困村识别结果显示，该村有贫困人口159户636人，贫困发生率达到24%。

党的十八大以来，何家岩村开始探索乡村发展的新道路。该村抓住脱贫攻坚的历史机遇，充分利用资源优势，依托奇特的自然景观和传统农耕特色，狠抓产业转型，大力实施乡村旅游扶贫和特色产业扶贫，走上了以贡米、乡村旅游为主导产业，农旅融合发展的道路。目前，当地90%以上的农户有稳定的增收来源，所有农户建有稳固的住房，建成公共服务中心及合格的卫生室，村民小组通公路率达到98%，实现了户户通电，电话和广播电视覆盖率达到100%，顺利实现了整村脱贫。如今的何家岩村不仅是村民们劳作、生息的家园，美丽的乡村图景也吸引了不少人前来旅游、观光。

（二）探索共富乡村新路

在探索共富乡村的过程中，何家岩村打造梯田旅游，发展贡米产业，包装何家古寨，将自身建成集养生、养心、养老、文化体验、休闲度假于一体的"挂在悬崖上的古寨"，被命名为"中国民俗摄影创作基地"，也是重庆市少数民族特色村寨。

1. 着力开发有机水稻基地

何家岩村平均海拔800米，年均气温15摄氏度左右，气候湿度适宜，周边无矿产、工业等污染源。高山泉水流量大、水质好，用之灌溉水稻，生产出的大米粒细、体长、透明、口感极佳，因而，何家岩在历史上有"贡米之乡"之称号。为拓展花田乡何家岩村有机水稻的生产规模，创建何家岩村360度梯田景观，打造农旅融合示范样板，2020年底，酉阳县土地整治中心与花田乡政府进一步实施花田乡何家岩村"旱改水"土地整治项目，通过表土剥离、人工削坡找平、修筑田埂、泡田打浆翻耕、地力培肥等技术措施将旱田改为水田，连同撂荒地全部用于优质水稻种植。通过土地整治，何家岩村花田贡米核心基地扩大到了5000亩，2014年通过了国家有机食品相关认证。作为有机水稻生产配套技术，全村推广稻鸭共作、绿色防控技术，既有利于田间害虫防治，又增加了生产收益。目前，在有机水稻基地，参与生产的企业及专业合作社有3个，全村所有农户通过产品订单模式参与合作，实现年产有机稻谷1200吨以上、产值4000万元，贡米供不应求。

2. 快速推动生态旅游发展

何家岩村紧邻菖蒲大草原，花田梯田垂直落差达800米，有900多层，是武陵山区较大的梯田群，其美丽、独特的自然风光和传统的农耕特色为开展生态旅游扶贫提供了良好的资源优势。近几年来，何家岩村充分发挥独特的梯田风光及人文、地理、自然生态优势，将何家岩梯田打造成为中国唯一的360度梯田景观；围绕花田梯田景区开发，赋予贡米文化、农耕文化和传统文化新的内涵，重点打造成为乡村旅游、休闲、避暑的重要目的地和旅游精品线路的黄金节点。同时，全面启动古寨房屋修缮、环境整治、古寨旅游步道建设工程，深入挖掘古寨文化内涵，突出古寨的家族、建筑、民俗、饮食、民间工艺、生态六大文化特色，将何家岩古寨个性鲜明的土家民居建筑风格艺术，奇特的民风、民俗文化，大草原秀丽的自然、生态环境等旅游资源进行有机整合，充分凸显古寨生态文化旅游的主题和特点。目前，何家岩村整合梯田古寨、星空草原、土苗故事等优势旅游资源，推动农、文、旅融合发展，采取"政府+国企+集体+农户"模式，布局了集观光、休闲、度假、康养于一体的复合型旅游业态，发展农家乐175家，2022年接待游客3万人次，年旅游收入达300万元，参与经营的群众收入增长约30%。同时，稻鸭共作为花田梯田增添了一道靓丽的风景，引来无数游客和摄影爱好者，增加了花田的人气，以及农家乐旅游接待的收入。2015年，何家岩村被重庆市农委命名为"市级美丽乡村示范点"；2016年被命名为"产业优势主导型市级现代农业示范园区"。2023年2月，以何家岩为主体的花田梯田景区被评定为国家AAAA级旅游景区。

3. 创建农产品品牌，做强支柱产业

何家岩村以品牌为突破口，把发展主要农产品加工业作为推动产业转型升级、提高农产品商品化率、实现农产品变商品工程的重要措施来抓。目前，酉阳县花田米业有限公司作为主体企业，精心打造了"花田贡米"和"酉阳贡米"两个品牌系列，已成功获得了国家地理标志性商标和有机产品认证。同时，成功创建了"花田贡米"和"桃花源贡米"两个普通商标。"花田贡米"入选重庆市优质土特产，有了品牌的加持，农户自销稻谷达5元/斤，有机大米市场销售价为10—28元/斤。花田米从一个地方性的产品发展为远销市内外的优质、高端、生态产品。依托品牌优势，坚持产业引领，何家岩村不仅成功摘掉了贫困村的帽子，人均可支配收入也由0.4万元增长至1.7万元。同时，村里还成立了共富乡村专业合作社，抓好贡米的整体开发，贡米产业核心区种植户增长至700多户，农业支柱产业不断增强，走出了一条乡村共同富裕之路。

4. 复兴乡村传统文化

何家岩古寨是中国传统村落，为保护好这一文化遗产，村里修建了酉阳首个村史馆——何家岩村史馆，以"图文+实物"的形式展示村寨历史、农耕文化，成为留住乡愁、激活记忆、传承文化的重要平台，以及全体村民的精神家园。村里打造"苗绣工坊"等文化景点，由非遗传承人向当地百姓、中小学生传授苗绣绣制技艺，开发挂画、手摇扇绣品等文创产品，巩固脱贫攻坚成果。苗绣非遗工坊以"非遗+"的模式为村民们提供了就业岗位，搭建了增收平台，也传承了非遗文化。工坊内设置了传统苗绣文化展示区、非遗产品展示销售区、何家岩村民现场集中绣织区、留守儿童读书屋、绣娘哺乳区等功能区域，在展示、展销苗绣产品的同时，也解决了绣娘们的后顾之忧。何家岩村保留、传承着"酉阳摆手舞""酉阳民歌""酉阳古歌"等国家级非物质文化遗产，以及三棒鼓、土家语、打绕棺、傩戏、踩铧、上刀山等文化项目。在乡村振兴中，何家岩村大力强化文化挖掘、整理和包装，打造文化核心产业。2022年，腾讯可持续社会价值事业部、北京明德书院与酉阳县联合创建的为村明德书院落户何家岩村。这所现代化乡村书院以"正心明道、致知怀德"为宗旨，秉持古代书院讲学、育人精神和功能，致力于复苏乡村传统文化，延续历史文脉，助力现代乡村发展、建设和治理三大任务，在酉阳属于首创，在全国也是创新探索之举。

5.依托数字平台提升乡村治理效能

何家岩村为村里的独居老人家庭安装了视频看护设施，并配置了健康手环，通过大数据对老人的健康状况和安全状况进行全天候监护，及时上门处理紧急性、突发性情况。村里还依托数字乡村平台，推广使用群众信息反馈系统，让群众通过客户端将生活琐事、邻里纠纷、诉求困难等向后台反映，打通了信息服务的"最后一公里"，乡村治理实现了从"自治"迈向"智治"。花田梯田还安装了30个摄像头进行田间监控，并接入智能视频云平台，不仅为贡米云认养项目打下了基础，也从硬件上为智慧农业提供了保障，为科学务农提供了数字化支撑。

（三）共富乡村建设的主要经验

1.利用资源优势，理清发展思路

何家岩村是大山区乡村发展的典型代表，以发展种植业为主，以传承近千年的贡米种植历史文化和绝美的梯田风光著称。2011年以来，何家岩村依托梯田风光、何家岩古寨、贡米种植等资源优势，致力于把绿水青山变成金山银山，集中精力开展传统古寨保护和修复、贡米基地保护和恢复，不断探索乡村特色发展模式，发展乡村特色旅游经济。何家岩村在发展中进一步理清思路，坚持以"生态循环、产业叠加"的方式建立生态环保机制，全力打造美丽休闲乡村，走"生态兴村、文旅富民"之路。

2. 发挥特色产业优势，实现农旅融合发展

何家岩村利用现有5000亩有机贡米核心种植基地，通过"公司+基地+高校+合作社+农户"的运作模式，严格执行"稻鸭共作、水稻间作、物理杀虫、生物防控"等有机米栽培技术规程，持续推动贡米产业的发展。花田贡米不仅是产业，更成为一种景观。花田梯田风光吸引了全国各地的游客，实现了以贡米产业发展带动旅游、以旅游发展反哺贡米产业的发展格局。

3. 以农民为主体，创立共富新机制

何家岩村以农民为主体，建立了新型共富乡村股份合作社。合作社聘请职业经理人进行标准化管理，同步建设共富乡村资金池，坚持利润让给农民，成本回归集体，对不同业态采取不同的收益分配比例，合理调配同一业态运营，实现农民利益最大化；对回归的成本及获得的利润进行科学分配，不断丰富、发展新业态，实现滚动发展。彻底改变了"干部在干，村民在看""政府主动，农民被动""企业赚钱，农民保底"的现状。全过程体现了农民主体性、资金共同管、经营自己做、与村集体经济组织形成互补和协作。共富新机制产生新活力，农家客房、厨房、餐厅，高端民宿，无人便利店，农家咖啡厅、会客厅，明德书院等各种支撑乡村发展的新业态雨后春笋般地在何家岩村发展起来。

4. 以新机制吸引创业人才，为乡村发展提供人才保障

当地政府创新开展了"三回、三讲、三干"行动，以乡镇为单元，引导人才回户籍地、回工作地、回感情地；以农民为主体，组织专家、学者讲模式，企业主体讲市场，党员干部讲未来；以党建为引领，鼓励集体经济党员带领干，特色产业能人带头干，利益联结群众跟着干。通过鼓励本土人才留在本村，既解决了就业问题，又弥补了农户管理能力的空白，同时还解决了外部人才进村易流失问题。何家岩村共富乡村股份合作社还聘请返乡本土企业家从事乡村业态的经营和管理，通过持续专业化培训加强住宿、餐饮等文旅业态的标准化管理，保证文旅产业的持续发展。

第十章 总结与建议

《农业农村部关于拓展农业多种功能促进乡村产业高质量发展的指导意见》提出，以生态农业为基、田园风光为韵、村落民宅为形、农耕文化为魂，贯通产、加、销，融合农、文、旅，促进食品保障功能坚实、稳固，生态涵养功能加快转化，休闲体验功能高端拓展，文化传承功能有形延伸，打造美丽、宜人、业兴、人和的社会主义新乡村。……发挥乡村休闲旅游业在横向融合农、文、旅中的连接点作用，以农民和农村集体经济组织为主体，联合大型农业企业、文旅企业等经营主体，大力推进"休闲农业+"，突出绿水青山特色，做亮生态田园底色，守住乡土文化本色，彰显农村的"土气"，巧用乡村的"老气"，焕发农民的"生气"，融入时代的"朝气"，推动乡村休闲旅游业高质量发展。《中共中央国务院关于做好2023年全面推进乡村振兴重点工作的意见》提出实施文化产业赋能乡村振兴计划。实施乡村休闲旅游精品工程，推动乡村民宿提质、升级。深入实施"数商兴农"和"互联网+"农产品出村进城工程，鼓励发展农产品电商直采、定制生产等模式，建设农副产品直播电商基地。党中央出台的这些文件作为农业、农村发展的指导性文件，根据农业的发展规律和乡村发展的阶段性特征，对乡村振兴提出了指导性意见，具有很强的实践指导性，也为民族地区农业和乡村发展做出了方向性指导。

民族地区人文、地域特点突出，要根据地区的实际情况，因地制宜，从产业为基、教育为本、文化为魂、生态为先、治理为要出发，做好科技、劳动力、土地、资本等生产要素的统筹协调和精准调配，以"五个振兴"为着力点，力求达到"产业兴旺、生态宜居、乡风文明、治理有效、生活富裕"的总要求。

一、走好产业振兴之路

乡村多元经济的选择要与乡村的多重功能定位适应。在产业选择上要以农业或地域特色资源为基础构建产业链、价值链，着重发展现代农业产业链和绿色生态循环经济、乡村休闲旅游产业，形成与城市经济错位发展、互动与交流的格局。发展乡村产业体系，应顺应消费结构升级的需要，加大对绿色有机农业、社区支持农业、科技型农业等的支持力度，注意多种形式农业的共同、协调发展。要注重加大对农业产业链，尤其是流通、营销环节的支持，提高产业链的运行质量。

习近平总书记指出，"增强团结的核心问题，就是要积极创造条件，千方百计加快少数民族和民族地区的经济社会发展，促进各民族共同繁荣发展"。民族地区要加快发展乡村产业，顺应产业发展规律，立足当地特色资源，推动乡村产业发展、壮大，优化产业布局，完善利益联结机制，让农民分享更多的产业增值收益。在特色资源开发方面，应该充分挖掘民族地区特色文化资源的特点，通过政府政策引导，引入专业团队和社会资本，积极推动上下游企业的合作和跨界整合，实现弱、小、散的传统手工业不断走向产业化和市场化，创新农、文、旅结合的发展模式，进一步拓宽农民就业渠道。民族地区在自然禀赋和地域特色上都有优势，如果好好发展，旅游业会成为推动当地经济增长的重要动力，真正推动当地乡村产业的高质量发展。

二、走好人才振兴之路

习近平总书记指出，要推动乡村人才振兴，把人力资本开发放在首要位置，强化乡村振兴人才支撑。乡村振兴，关键在人。《关于加快推进乡村人才振兴的意见》为人才的夯实提出了目标、任务及应遵循的基本原则。第一产业农业的发展离不开农业生产和经营人才，传统农村存在的素质、文化相对低的主体已然无法担负起乡村振兴的重要使命，因此，农业、农村对新型的高素质农民、职业农民、家庭农场的带领者、合作社的带头人等的需求就变得非常旺盛。第二、第三产业农业的发展离不开农村创业、创新领头人，电商，工匠，技师等的培育及带领。要充分发挥各类主体如高等教育、职业教育、党校和企业等的作用，加强教育和培训，提升劳动技能。民族地区经济发展相对滞后，教育观念也相对落后，很多适龄农村青年早早辍学，外出务工，加上语言因素等，整体文化、知识水平和劳动技能不高，这成为制约民族地区发展和实现乡村振兴的一大短板。要不断加大教育投入和劳动技能培训覆盖。要重视民族地区国家通用语言文字教育和培训工作，积极提供国家通用语言表达培训、通用技能培训等基础公共服务，"确保各民族中学毕业生具有较好的国家通用语言文字应用能力，能够熟练使用普通话进行沟通交流"。

三、走好文化兴盛之路

中国农村一直以来都是中国传统文化的主要承载者。冯骥才曾言，中国1300多项国家级非物质文化遗产绝大多数在古村落里，少数民族的非物质文化遗产更是多在村落中。民族地区是乡土文化和民族文化的集中展示区域，而乡村是民族地区生产发展的"起锚地"，也是民族文化绵延的"传承地"。乡村文化振兴有利于重塑乡村文化体系，可以为营造良好的乡村氛围提供重要条件。我国少数民族众多，党历来重视、尊重少数民族文化传统和风俗差异，积极制定政策挖掘民族文化内涵，助力文化遗产的开发和发展。中共中央、国务院印发的《乡村振兴战略规划（2018—2022年）》指出：乡村振兴，乡风文明是保障。我们要结合时代的要求，深入挖掘农耕文化，保护文化载体，在保护和传承的基础上创造性转化、创新性发展。民族地区应立足少数民族众多、民族文化鲜明的特性，积极开发文化资源，提升文化软实力，提高当地民众的主观能动性和积极性，为乡村振兴增添活力。要结合当下发展阶段的实际，以社会主义核心价值观为核心，制定适应乡村发展的乡规、民约，剔除糟粕文化。要提升乡村公共文化服务水平，整合民族地区乡村文化资源，扎实推进文化惠民工程，开展民族群众文化活动，实现民族地区文化与生产、生活的协调和互动。要充分挖掘少数民族文化的内涵和资源，加强对少数民族传统文化和非物质文化遗产的保护和传承，加大力量保护传统村落，发现新的精神文明内涵，让民族优秀文化在与现代文明的融合中不断发扬光大，实现乡村文化振兴。

四、走好生态宜居之路

习近平总书记在2019年的全国民族团结进步表彰大会上强调，要加快少数民族和民族地区的发展，提高把"绿水青山"转变为"金山银山"的能力，让良好生态环境成为经济社会高质量发展的出发点和支撑点。民族地区要以乡村振兴为契机，以绿色发展为导向，因地制宜发展特色乡村产业，转变民族地区乡村经济结构和发展方式，拓宽农民增收渠道。生态资源富足的民族地区面临绿水青山转化为金山银山的困境，生态脆弱区面临生态保护与经济发展难以协调的问题。推进各民族地区农业、农村现代化需要以绿色发展理念为指导，走生态优先、绿色发展之路。民族地区乡村只有在生态宜居的前提下，才能将产业健康发展和人民富裕、幸福落到实处。民族地区大多处在偏远地带，地形以高原、丘陵、山地等为主，可耕种面积相对少，过去长期处于粗犷生产的状态，毁林开荒、破草开田等现象屡见不鲜，对生态造成了很大的破坏。民族地区政府要坚持绿色发展的理念，保持政策的稳定性和延续性，统筹经济社会发展和生态文明建设，实现经济效益、社会效益和生态效益统一、协调发展。要加强推进退耕还林、沙漠化治理、水态治理等工程，为当地各民族群众后续发展创造有利环境和条件，建设美丽、宜居乡村。

五、走好组织振兴之路

民族地区很多地方社会、经济发展落后，从脱贫攻坚到实现乡村振兴面临着更大的压力，需要具备强有力的领导力量和组织保证，才能完成顺利衔接，因此要进一步加强民族地区基层党组织和政府治理能力建设。中央统筹、省负总责，市、县抓落实的工作机制，五级书记抓扶贫的治理机制为脱贫攻坚的胜利提供了有效的组织保障。结合已有的脱贫攻坚的实践经验，民族地区应继续实施各级统筹、五级书记抓乡村振兴的治理机制，强化基层党组织建设，发挥党员干部的优良作风和组织优势，推动乡村振兴不断发展，巩固已有成果。要制定更加符合民族地区实际情况的人才帮扶和人才振兴政策。针对民族地区人口结构特点，积极吸纳、培养当地少数民族优秀干部，让他们充分参与基层治理，增强组织活力。针对基层干部老龄化等问题，要及时选派优秀干部担任第一书记，组建联合工作队驻村开展乡村振兴工作。要创新并健全治理工作机制，通过科学的制度设计，建立符合发展规律的利益共享机制、民主协商机制、责任共担机制等。一方面坚持以法治为保障，以德治为引导，充分调动村民主体力量参与乡村治理；另一方面调动社会资本、企业、组织、个人等多元社会主体参与到乡村建设当中，加快构建党组织领导的乡村治理体系，深入推进平安乡村建设，创新乡村治理方式，不断提高乡村善治水平。同时，要注重培育乡村服务组织，加大力度支持发展农村合作组织、集体经济组织和各类乡村发展服务组织，积极培育新型经营主体、村庄发展带头人，加快形成一批乡村振兴的引领、带动力量。

  总之，民族地区乡村发展要加强农牧民主体意识培育，建立起"政府主导+群众参与"的乡村建设长效机制。只有尊重农牧民的主体地位，维护农牧民的合法权益，积极呼应农牧民的利益关切，才能为乡村振兴创造良好的社会环境和政治基础，才能让民族地区群众同全国一道为实现共同富裕、共同走向社会主义现代化、加快建设农业强国而团结奋斗。

附　录

农业农村部关于拓展农业多种功能促进乡村产业高质量发展的指导意见

各省、自治区、直辖市及计划单列市农业农村（农牧）厅（局、委），新疆生产建设兵团农业农村局：

产业振兴是乡村振兴的重中之重。近年来，我国乡村产业有了长足发展，强化了农业食品保障功能，拓展了生态涵养、休闲体验、文化传承功能，凸显了乡村的经济、生态、社会和文化价值，但仍然存在产业链条短、融合层次低、技术水平不高等问题。为顺应全面推进乡村振兴新要求，拓展农业多种功能，促进乡村产业高质量发展，现提出如下指导意见。

一、总体要求

（一）指导思想

以习近平新时代中国特色社会主义思想为指导，全面贯彻党的十九大和十九届二中、三中、四中、五中、六中全会精神，立足新发展阶段，贯彻新发展理念，构建新发展格局，落实高质量发展要求，在确保粮食安全和保障重要农产品有效供给的基础上，以生态农业为基，田园风光为韵，村落、民宅为形，农耕文化为魂，贯通产、加、销，融合农、文、旅，促进食品保障功能坚实、稳固，生态涵养功能加快转化，休闲体验功能高端拓展，文化传承功能有形延伸，打造美丽、宜人、业兴、人和的社会主义新乡村，推动农业高质、高效，乡村宜居、宜业，农民富裕、富足，为全面推进乡村振兴，加快农业、农村现代化提供有力支撑。

（二）基本原则

立足特色，市场导向。立足乡村特色资源，面向市场需求，挖掘特色产品，以特色产业培育优质企业，以优质企业带动产业提升，更好地发挥政府政策配套和公共服务作用，推动乡村特色资源加快转化、增值。

立农、为农，链条延伸。紧扣"粮头食尾""农头工尾"，以农产品加工业为重点打造农业全产业链，推动种养业前后端延伸、上下游拓展，由卖原字号更多向卖制成品转变，推动产品增值、产业增效，促进联农、带农和共同富裕。

绿色引领，功能拓展。践行"绿水青山就是金山银山"理念，以乡村休闲旅游业为重点拓展农业多种功能，培育生态环保产业，开发可再生能源，做到保护与开发并重、传统与现代融合，推动乡村农、文、旅一体化发展。

科技赋能，平台支撑。坚持科技兴农，以发展农村电商为重点拓宽商贸流通渠道，促进产业、科技交互联动，引导农业全产业链上、中、下游各类主体，共建、共享大数据平台信息，实现产业数字化、数字产业化。

（三）发展目标

到2025年，农业多种功能被充分发掘，乡村多元价值多向彰显，粮食等重要农产品供给有效保障，农业质量、效益和竞争力明显提高，优质绿色农产品、优美生态环境、优秀传统文化产品供给能力显著增强，形成以农产品加工业为"干"贯通产、加、销，以乡村休闲旅游业为"径"融合农、文、旅，以新农村电商为"网"对接科、工、贸的现代乡村产业体系，实现产业增值收益更多、更好地惠及农村、农民，共同富裕取得实质性进展。

农产品保障功能持续增强。粮食综合生产能力稳步提升，粮食产量保持在1.3万亿斤以上，重要农产品供给能力稳步提升，农产品加工业与农业总产值比达到2.8∶1，加工转化率达到80%，保数量、保质量、保多样有效实现。

乡村休闲旅游业融合发展。生态涵养、休闲体验、文化传承等农业特有功能持续拓展，绿色生产、生活方式广泛推行，文明乡风繁荣、兴盛，乡村休闲旅游年接待游客人数40亿人次，年营业收入1.2万亿元。

农村电商业态类型不断丰富。数字乡村加快建设，农民生产、经营能力普遍增强，农产品网络零售额达到1万亿元，农、林、牧、渔专业及辅助性活动产值达到1万亿元，新增乡村创业带头人100万人，带动一批农民直播销售员。

二、做大、做强农产品加工业

发挥县域农产品加工业在纵向贯通产、加、销中的中心点作用，打造创新能力强，产业链条全，绿色底色足，安全可控制，联农、带农紧的农业全产业链，促进"一产往后延，二产两头连，三产走高端"，引导农产品加工重心下沉县城、中心镇和物流节点，推动生产与加工、产品与市场、企业与农户协同发展，实现农产品多元化开发、多层次利用、多环节增值。

（四）建设标准原料基地

鼓励农产品加工企业特别是食品加工企业与种业企业、农民合作社、家庭农场、种养大户等协调合作，围绕市场需求，按照适区适种、适品适种、适时采收要求，加大农作物、畜禽和水产种质资源保护、开发力度，培育、推广适合加工的专用品种，引导各类市场主体按照品种培优、品质提升、品牌打造和标准化生产要求合理安排生产、经营，打造优质、绿色、安全的农产品生产基地。

（五）构建高效加工体系

扶持农民合作社和家庭农场发展冷藏保鲜、原料处理、杀菌、储藏、分级、包装等延时类初加工，以及干制、腌制、熟制、分级分割、速冻等食品类初加工。引导大型农业企业、食品企业开发类别多样、营养均衡、养生保健、方便、快捷的系列化产品，发展食材预处理、面制、米制、带馅、调理等主食加工，培育"原料基地+中央厨房+物流配送（餐饮门店、商超销售）""中央厨房+餐饮门店（连锁店、社区网点、终端客户）"等模式，进一步延长加工链条。推进农产品加工循环、高值、梯次利用和减损增效取得实质性进展。

（六）集成加工技术成果

围绕产业链部署创新链，围绕创新链部署资金链和资源链，引导农产品加工企业牵头开展产、学、研、用联合攻关，攻克食品预处理、分离提取、混合均质、灌装包装、减损增效等技术瓶颈。组织加工企业、研发团队和装备企业，打造共性技术研发平台和创新联合体，创制信息化、智能化、工程化加工装备，建设一批集成度高、系统性强、能应用、可复制的农产品加工技术集成基地，打造一批中国农业食品创新产业园。

（七）打造农业全产业链

围绕县域农业主导产业，引导县域农业产业化龙头企业牵头组建农业产业化联合体，前端联结农业研发、育种、生产等环节，后端延展加工、储运、销售、品牌、体验、消费、服务等环节，优化提升产业链、供应链水平，实现全环节提升、全链条增值、全产业融合。引导有条件的头部企业搭建全产业链数字平台，将上、中、下游经营主体纳入平台，打通全产业链上、中、下游环节，实现信息共享、品牌共创、渠道共建和质量安全可追溯。

（八）创响知名农业品牌

按照"有标采标、低标提标、无标创标"要求，培育标准"领跑者"。塑强区域公用品牌，加强农产品地理标志管理和品牌保护，深入实施地理标志农产品保护工程，推进现代农业全产业链标准化试点。引育一批有自主知识产权和品牌效应的龙头企业，引导企业与农户等共创企业品牌。培育一批"独一份、特别特、好中优"的"土字号""乡字号"产品品牌。加大品牌推介力度，讲好品牌故事，提升品牌公信力和品牌溢价能力。

三、做精、做优乡村休闲旅游业

发挥乡村休闲旅游业在横向融合农、文、旅中的连接点作用，以农民和农村集体经济组织为主体，联合大型农业企业、文旅企业等经营主体，大力推进"休闲农业+"，突出绿水青山特色，做亮生态田园底色，守住乡土文化本色，彰显农村的"土气"，巧用乡村的"老气"，焕发农民的"生气"，融入时代的"朝气"，推动乡村休闲旅游业高质量发展。

（九）保护生态资源和乡土文化

坚持生态优先、绿色发展，实现保护与开发并举、生产与生态并重。保护好森林、山丘、湖泊、溪流、草原、湿地等自然资源，利用好稻田、茶园、花海、牧场、养殖池塘、湖泊、水库等田园风光，发挥好农业的涵养水源、保持水土、防风固沙、调节气候、净化空气、消除污染等重要作用；保护好传统村落、民族村寨、传统建筑、文物古迹、农业遗迹、灌溉工程等农业物质遗产，传承好民族、民俗文化，传统手工艺，戏曲曲艺，渔歌、渔港文化等非物质遗产，形成以资源可持续利用、文化可接续传承为基础的乡村休闲旅游发展模式。

（十）发掘生态涵养产品

注重人与自然和谐共生，依托山、水、林、田、湖、草、沙等自然资源，结合农业资源保护利用、农村生态文明建设、农耕文化传承和节能减排固碳，发展生态观光、农事体验、户外拓展、自驾旅居等业态，开发森林人家、林间步道、健康氧吧、温泉水疗、水上漂流、滑草和滑沙、星空露营等产品，打造一批循环农业、生态农牧、稻鱼共生等生态样板，建设一批学农劳动、研学实践、科普教育等实训基地，创设一批农事生产、节气物候、自然课堂、健康养生等科普教程。

（十一）培育乡村文化产品

将乡村民俗文化、人文精神与现代要素、时尚元素、美学艺术结合，深入发掘民间艺术、戏曲曲艺、手工技艺、民族服饰、民俗活动等活态文化，打造具有农耕特质、民族特色、地域特点的乡村文化项目，发展历史赋能、独具特色、还原传统的乡村民宿经济，制作乡村戏剧曲艺、杂技、杂耍等文创产品,创响"珍稀牌""工艺牌""文化牌"的乡土品牌。大力弘扬以爱国主义为核心的民族精神和以改革、创新为核心的时代精神,打造文化乡村,培育文明乡风,弘扬革命文化,赓续红色血脉。

(十二)打造乡村休闲体验产品

依托乡村资源,围绕多功能拓展、多业态聚集、多场景应用,开发乡宿、乡游、乡食、乡购、乡娱等综合体验项目。开发"看乡景"产品,建设采摘园、垂钓园、风情街、民俗村、农业主题公园等景点,发展景观农业、观光采摘、休闲垂钓、特色动植物观赏等业态,打造一批田园康养基地和田园式、花园式乡景基地。开发"品乡味"产品,鼓励优质特色农产品实现地产地销、就地加工,发展乡味食堂、风味小吃、特色食品,培育精品农家菜和厨艺达人,举办乡土菜、农家宴推介和大赛。开发"享乡俗"产品,发展民族风情游、民俗体验游、村落风光游等业态,创设村歌、村晚、旅游演艺、节庆展会等节目,开发传统工艺、民族服饰等民族、民俗特色产品。开发"忆乡愁"产品,发展文化体验、教育农园、亲子体验、研学示范等业态,开展"体验乡村休闲,感悟乡土文化""乡味从未散去,回首已是千年"等活动,讲好乡村故事,吸引居民望山、见水、忆乡愁。

(十三)提升乡村休闲旅游水平

以"绣花"功夫抓好乡村环境治理,以"标兵"姿态抓实乡村生活垃圾分类,以"园丁"精神抓好美丽庭院、美丽田园、美丽山水建设,改善餐饮、住宿、停车、厕所等设施条件,因地制宜加快推进农村生活污水治理。将先进的管理模式和理念引入乡村,制修订乡村休闲旅游服务规程和标准,用标准创响品牌,用品牌汇聚资源,让消费者体验乡村品质。

(十四)实施乡村休闲旅游精品工程

推动资源适度集聚,强化典型引领、带动,构建点、线、面结合的乡村休闲旅游发展格局。培育1500个宜人、业兴、人和的美丽休闲乡村,推动产村融合发展,带动乡村生产、生活、生态价值提升。推介1000条运营成熟、体验美好的乡村休闲旅游精品景点线路,促进产业提质、增效,打造一批乡村休闲旅游优势品牌和城乡居民休闲旅游"打卡地"。建设300个资源独特、设施完备、业态丰富、创新活跃的休闲农业重点县，推动县域统筹规划、整体推进、集成创新，打造一批乡村休闲旅游先行区。

四、做活、做新农村电商

发挥农村电商在对接科、工、贸的结合点作用，实施"互联网+"农产品出村进城工程，利用5G、云计算、物联网、区块链等技术，加快网络体系、前端仓库和物流设施建设，建立县域农产品大数据，培育农村电商实体、网络直播等业态。

（十五）培育农村电商主体

引导平台企业、物流、商贸、金融、供销、邮政、快递等各类主体到乡村布局，完善农村商贸服务体系。坚持共建、共享、互联、互通原则，在促进工业品下乡的同时更加聚焦服务农产品上行，依托益农信息社、农村综合服务社、村邮站、快递网点、农产品购销代办站、农家店等经营主体发展电商末端服务网点。依托信息进村入户运营商、优质电商直播平台、直播机构和经纪公司，发展直播卖货、助农直播间、移动菜篮子等，培育农民直播销售员。

（十六）打造农产品供应链

建设产地仓储保鲜冷链基础设施，集中打造农产品生产供应基地，配备智能化设施、设备和质量追溯设备，鼓励使用"一品一码""一捆一码""一筐一码"等追溯技术设备。提升农产品产地流通效率，创新农产品产地市场建设模式和运营机制，鼓励电商企业在产地建设一批田头市场，推动国家级、区域性农产品产地市场开展农产品线上批发、零售、产销对接等活动，进一步拓宽农产品流通渠道。建设农产品县级集散配送中心，打造出村进城枢纽，提升集中采购和跨区域配送能力，完善网销农产品商品化处理、品控分拣、打包配送、统配统送等功能。建设产地初加工服务站点，开展农产品分等、分级、预冷仓储、包装等服务，整合快递、物流等现有条件，完善县、乡、村三级物流体系。构建农产品供应链体系，实施"数商兴农"，打造农产品网络品牌，支持运营主体带动农户统一标准、统一生产、统一采购、统一品牌、统一销售，构建基于互联网的供应链管理模式，形成协同高效、利益共享的优质特色农产品供应链体系。

（十七）建立运营服务体系

提升电商服务功能，充分利用乡村网络站点优势，以低成本、简便易行的方式，与县级仓储、物流节点有效衔接，构建网销服务体系。培育网络新零售，在大型电商平台开设旗舰店，培育零售电商、批发电商、分销电商，以及社交电商、直播电商等新模式，形成多样化、多层次的全网营销体系。注重线下渠道维护，与休闲体验结合，建设优质特色农产品直营店、体验区，用网络营销带来的知名度促进线下销售。

（十八）强化农产品质量监管

强化农产品质量安全监测预警，稳定并加强基层农产品质量安全检验、检测体系。加强乡镇农产品质量安全网格化管理，严查种植、养殖、屠宰环节使用禁限用药物行为，管控上市农产品常规农兽药残留超标问题，让生产者牢固树立"不合格不上市"的意识。推行食用农产品达标合格证制度，规范生产主体开具、使用合格证。积极探索利用现代信息技术的"阳光农安"智慧管理模式。支持产业化运营主体加强自我检测、全过程追溯。加快农产品田间管理、采后处理、分等和分级、包装和储运、产品追溯、信息采集等各环节标准研制。

五、创造良好发展环境

（十九）加强组织领导

各省（自治区、直辖市）要将拓展农业多种功能、促进乡村产业高质量发展作为全面推进乡村振兴的重点任务，按照"一个产业、一套班子、一套政策、一个团队"要求，建立统筹协调、多方参与、分工协作的推进机制，聚焦主导产业，聚集资源要素，聚合服务功能，促进规划、政策、标准等有效衔接，加强业务指导、项目扶持、示范带动，形成高效指导和促进体系。

（二十）搭建平台载体

将优势特色产业集群、现代农业产业园、农业产业强镇等农业产业融合发展项目，"互联网+"农产品出村进城工程，农产品仓储保鲜冷链设施建设与拓展农业多种功能有机衔接，以项目建设带动农业多种功能拓展。提升农产品加工园区建设水平，配齐原料生产、精深加工、体验展示、物流配送等设施，打造一批国际农产品加工产业园。建设拓展农业多种功能先行区，开展拓展农业多种功能量化评估，探索建立乡村多元价值实现机制。培育一批农村电商产业园，引导各类人才入园创办网店、开办直播间。

（二十一）培育、壮大龙头企业

扩大龙头企业认定范围，将乡村休闲旅游、乡土文化开发、农耕文化传播、农村电子商务等领域的龙头企业纳入农业产业化龙头企业认定范围。围绕制约农业、农村现代化发展的"卡脖子"技术或短板领域，做强一批具有自主创新能力的科技领军型龙头企业。围绕粮、棉、油、糖、肉、蛋、奶、种业等关系国计民生的重要行业，做强一批具有国际影响力的头部龙头企业。围绕果、蔬、茶等满足消费者多样需求的特色农产品领域，做优一批引领行业发展的骨干企业。围绕粮食生产功能区、重要农产品生产保护区、特色农产品优势区和脱贫地区，做大一批联农、带农紧密的区域型龙头企业。

（二十二）完善配套政策

落实财税政策，鼓励有条件的地方按市场化方式设立乡村产业发展基金，执行好中小微企业税费优惠政策，落细农产品初加工企业所得税优惠政策，支持将烘干机配套设施，果、菜、茶初加工成套设备，蜜蜂养殖、蜂产品初加工成套设施、装备等纳入农机新产品购置补贴试点范围。强化金融扶持政策，用好"银税互动""银信互动""银单互动"贷款机制，开发"专项贷、订单贷、链条贷"等金融产品，发挥农业信贷担保体系作用，支持产品有市场、项目有前景、技术有竞争力的乡村企业。鼓励社会资本到乡村投资兴业。落实农村第一、第二、第三产业融合发展用地政策，推动各地制定乡村产业发展用地实施细则，保障农村第一、第二、第三产业融合发展合理用地需求。

（二十三）强化指导服务

持续改善营商环境，加强乡村基础设施建设，畅通现代要素向乡村流动的渠道。建立乡村企业家智库，通过线上、线下多种途径听取乡村企业家的意见和建议。引导各类互联网企业、平台型企业发挥自身优势，建立乡村企业人、地、钱、货直通车服务平台，为企业提供资金技术、用地、用电、高素质人才、营销渠道、运营管理等服务。

（二十四）筑牢科技和人才支撑

引进科技人才，重点引进科技领军人才、青年科技人才和高水平创新团队到乡村开展智力服务。培育企业家人才，重点培育现代乡村企业家、"小巨人"企业家和经营管理人才扎根乡村、兴办乡产、带富乡亲。扶持创业人才，支持返乡农民工、大学生、退役军人，以及离退休人员、专业人员等返乡、入乡创业，鼓励"田秀才""土专家""乡创客"和能工巧匠在乡创业。

（二十五）加强宣传引导推介

开展农业多种功能科普宣传，促进"山水乡愁"进学校、进社区、进家庭。总结、凝练乡村产业高质量发展模式，通过中国国际农产品交易会、中国农产品加工业投资贸易洽谈会等农业展会，以及农业展馆、地方特色馆等场所宣传推介。利用传统媒体和新媒体，多角度、全方位、立体式解读产业政策，宣传经验做法，推广典型模式，引导全社会共同关注、协力支持，营造良好舆论氛围。

农业农村部

2021年11月17日

参考文献

[1]中共中央党史和文献研究院.习近平关于三农工作论述摘编[M].北京：中央文献出版社，2019.

[2]陈振中.关于我国开始使用铁器及进入铁器时代的问题//山西省社会科学研究所.中国社会经济史论丛（第二辑）[M].太原：山西人民出版社，1982.

[3]食货志//[东汉]班固.汉书[M].长沙：岳麓书社，2008.

[4][英]杰弗里·巴勒克拉夫.泰晤士世界历史地图集[M].北京：生活·读书·新知三联书店，1982.

[5][美]何炳棣.1368—1953中国人口研究[M].葛剑雄，译.上海：上海古籍出版社，1989.

[6]彭雨新.清代土地开垦史[M].北京：农业出版社，1990.

[7][清]包世臣.齐民四术[M].北京：中华书局，2001.

[8]许淑明.清代东北地区土地开发述略//马汝珩，马大正.清代边疆开发研究[M].北京：中国社会科学出版社，1990.

[9]成崇德.清代前期蒙古地区的农牧业发展及清朝的政策//马汝珩，马大正.清代边疆开发研究[M].北京：中国社会科学出版社，1990.

[10]费孝通.费孝通学术精华录[M].北京：北京师范学院出版社，1988.

[11][美]珀金斯.中国农业的发展（1368—1968年）[M].宋海文，等，译.上海：上海译文出版社，1984.

[12][美]伦道夫·巴克.中国农业经济问题[M].福州：福建人民出版

社，1985.

[13]土地的不合理利用及其对农业的危害//傅筑夫.中国经济史论丛（续集）[M].北京：人民出版社，1988.

[14]中国农村发展问题研究组.农村经济变革的系统考察[M].北京：中国社会科学出版社，1984.

[15]傅筑夫.中国经济史论丛[M].北京：生活·读书·新知三联书店，1980.

[16]吴传钧.中国农业与农村经济可持续发展问题：不同类型地区实证研究[M].北京：中国环境科学出版社，2001.

[17][法]孟德拉斯.农民的终结[M].李培林，译.北京：社会科学文献出版社，2005.

[18][德]马克思，[德]恩格斯，中共中央马克思恩格斯列宁斯大林著作编译局.马克思恩格斯全集（第2卷、第20卷、第26卷）[M].北京：人民出版社，2016.

[19]中共中央马克思恩格斯列宁斯大林著作编译局.资本论（第1卷）[M].北京：人民出版社，2004.

[20][苏]列宁，中共中央马克思恩格斯列宁斯大林著作编译局.列宁全集（第40卷）[M].北京：人民出版社，1986.

[21]习近平.之江新语[M].杭州：浙江人民出版社，2007.

[22]中共中央文献研究室.习近平关于协调推进"四个全面"战略布局论述摘编[M].北京：中央文献出版社，2015.

[23]习近平.习近平著作选读（第二卷）[M].北京：人民出版社，2023.

[24]中共中央党史和文献研究院.习近平关于三农工作论述摘编[M].北京：中央文献出版社，2019.

[25]张季风.日本国土综合开发论[M].北京：中国社会科学出版社，2013.

[26]Enyedi G，Volgyes I.The Effect of Modern Agriculture on Rural Development[M].London：Pergamon Press，1982.

[27]Seebohm Rowntree B.Poverty：A Study of Town Life [M].London：Macmillion and Co. Press，1902.

[28]UNDP.Human Development Report[M].Oxford：Oxford University Press，1997.

[29]Amartya Sen.Development as Freedom[M].Oxford：Oxford University Press，1999.

[30]严文明.中国稻作农业的起源[J].农业考古，1982（1）.

[31]赵志军.稻谷起源的新证据（摘要）——对江西万年吊桶环遗址出土的稻属植硅石的研究[J].农业考古，1998（1）.

[32]董宁宁.新石器时代至先秦时期新疆地区的生业研究[J].南方文物，2019（4）.

[33]张家诚.气候变化对中国农业生产影响的初探[J].地理研究，1982（2）.

[34]竺可桢.中国近五千年来气候变迁的初步研究[J].考古学报，1972（1）.

[35]丁栋虹.资源基础与文明变迁[J].南京社会科学，1992（1）.

[36]丁栋虹.我国传统农业发展的极限、困境与变迁[J].江汉论坛，1998（7）.

[37]王丰.百年来西方马克思主义农业现代化思想的演进[J].青海社会科学，2016（4）.

[38]韩长赋.用习近平总书记"三农"思想指导乡村振兴[J].农村工作通讯，2018（7）.

[39]魏后凯.深刻把握农业农村现代化的科学内涵[J].农村工作通讯，2019（2）.

[40]李崇富.论治国理政的"底线思维"[J].马克思主义研究，2016(3).

[41]杨帆，庄天慧，阚杰，曾维忠.四川藏区县域经济社会发展评价研究[J].贵州民族研究，2015（9）.

[42]刘潜润，曾雪婷.巩固脱贫成果与推进乡村振兴面临的挑战[J].人民论坛，2020（31）.

[43]汤敏.中国农业补贴政策调整优化问题研究[J].农业经济问题,2017（12）.

[44]保母武彦,萧淑贞.日本乡村振兴的历史、经验及教训[J].山西农业大学学报（社会科学版）,2021（1）.

[45]周彦珍,李杨.英国、法国、德国城镇化发展模式[J].世界农业,2013（12）.

[46]李明烨,王红扬.论不同类型法国乡村的复兴路径与策略[J].乡村规划建设,2017（1）.

[47]汤爽爽,冯建喜.法国快速城市化时期的乡村政策演变与乡村功能拓展[J].国际城市规划,2017（4）.

[48]刘健.基于城乡统筹的法国乡村开发建设及其规划管理[J].国际城市规划,2010（2）.

[49]芦千文,姜长云.乡村振兴的他山之石：美国农业农村政策的演变历程和趋势[J].农村经济,2018（9）.

[50]刘震.城乡统筹视角下的乡村振兴路径分析——基于日本乡村建设的实践及其经验[J].人民论坛·学术前沿,2018（12）.

[51]张季风.乡村振兴视阈下的城乡融合发展：日本的实践与启示[J].中国农村经济,2022（12）.

[52]沈权平.韩国乡村振兴社会政策的起源、演进及政策路向[J].中国农业大学学报（社会科学版）,2021（5）.

[53]武小龙,刘祖云.社区自助、协同供给与乡村振兴——澳大利亚乡村建设的理念与实践[J].国外社会科学,2019（1）.

[54]罗馨茹.韩国新村运动对我国乡村振兴战略的借鉴[J].南方农机,2022（2）.

[55]于立,贾宁,丁进锋,李苿.英国乡村发展政策和措施对中国实现乡村振兴的启示[J].农业工程学报,2022（15）.

[56]金莲,王永平,刘良灿,刘希磊.国外现代农业发展的成功经验对中国农业发展的启示[J].世界农业,2009（5）.

[57]赵玉莲.家庭农场对农村经济发展的作用探讨[J].山西农经,2023

（3）.

[58]黄宗智."家庭农场"是中国农业的发展出路吗?[J].开放时代，2014（2）.

[59]温铁军，张俊娜，杜洁.农业现代化的发展路径与方向问题[J].中国延安干部学院学报，2015（3）.

[60]李道亮.农业4.0——即将到来的智能农业时代[J].农学学报，2018（1）.

[61]朱乃诚.中国史前稻作农业概论[J].农业考古，2005（1）.

[62]张锴生.中国最早的稻作与稻作农业起源中心[J].中原文物，2000（2）.

[63]张建伟，图登克珠.乡村振兴战略的理论、内涵与路径研究[J].农业经济，2020（7）.

[64]陈淳，郑建明.稻作起源的考古学探索[J].复旦学报（社会科学版），2005（4）.

[65]易西兵.从华南新发现的考古材料试论中国稻作农业的起源[J].农业考古，2000（3）.

[66]贾磊，刘增金，张莉侠，方志权，覃梦妮.日本农村振兴的经验及对我国的启示[J].农业现代化研究，2018（3）.

[67]高强，孔祥智.日本农地制度改革背景、进程及手段的述评[J].现代日本经济，2013（2）.

[68]曹斌.日本农村集体产权制度的演进、特征与构成[J].中国农村经济，2020（10）.

[69]刘合光.城乡融合发展的进展、障碍与突破口[J].人民论坛，2022（1）.

[70]魏后凯.深刻把握城乡融合发展的本质内涵[J].中国农村经济，2020（6）.

[71]魏会廷.国外农民职业教育经验比较及对中国的启示[J].世界农业，2013（10）.

[72]郭纹廷.中华民族共同体意识视域的边疆治理：历史经验、理论

根基与现实路径[J].西北民族大学学报（哲学社会科学版），2022（1）.

[73]郭纹廷.西部少数民族地区脱贫攻坚的困境及对策研究[J].天津师范大学学报（人文社会科学版），2019（5）.

[74]郭纹廷.乡村振兴背景下西部民族地区脱贫攻坚的路径优化[J].中南民族大学学报（人文社会科学版），2019（3）.

[75]Gladwin C H, Long B F, Babb E M, Beaulieu L J, Zimet D J.Rural entrepreneurship: one key to rural revitalization[J].American journal of agricultural economics，1989.

[76]Korsching P. Multicommunity collaboration: an evolving rural revitalization strategy[J].Rural development news，1992（1）.

[77]Greene M J.Agriculture diversification initiatives: state goverment roles in rural revitalization[J].Rural economic alternatives，1988（3）.

[78]Kawate T.Rural revitalization and reform of rural organizations in contemporary rural Japan[J].Journal of rural problems，2005（4）.

[79]Strobel P.From poverty to exclusion: a wage-earning society or a society of human rights[J].International social science journal，1996（48）.

[80]Franklin M. From saving dollars to saving the planet: the British ministry of agriculture（1950-2000）[J].Britain and the world，2011（1）.

[81]李慧.乡村振兴战略：农村发展新蓝图[N].光明日报，2017-11-14.

[82]李章军.推进"三治融合"，助力乡村振兴[N].人民法院报，2018-09-12.

[83]徐惠喜.中国减贫成就举世瞩目——国际社会点赞中国扶贫工作[N].经济日报，2019-10-17.

[84]韩长赋.四十年农业农村改革发展的成就经验（庆祝改革开放40周年理论研讨会论文摘编）[N].人民日报，2019-01-17.

[85]胡春华.加快农业农村现代化（学习贯彻党的十九届五中全会精神）[N].人民日报，2020-12-01.

[86]赵志军.探寻中国北方旱作农业起源的新线索[N].中国文物报，

2004-11-12.

[87]韩长赋："三权分置"——农村改革又一重大制度创新[N].光明日报，2016-01-26.

[88]习近平李克强王沪宁韩正分别参加全国人大会议一些代表团审议[N].人民日报，2019-03-09.

[89]中共中央国务院关于实施乡村振兴战略的意见[EB/OL]. https：//www.gov.cn/zhengce/2018-02/04/content_5263807.htm.

[90]刘永富.到2012年底贫困人口仍有近1亿人[EB/OL].https：//www.chinanews.com.cn/gn/2013/12-25/5664032.shtml.

[91]中共中央，国务院.乡村振兴战略规划（2018—2022年）[EB/OL]. https：//www.askci.com/news/chanye/20180927/0923071132939.shtml.

[92]Fighting Climate Change：Human Solidarity in A Divided World//UNDP.Human Development Report (2007-2008) [EB/OL]. http：//hdr.undp.org/en/reports/global/hdr2007-2008/.

[93]Economic Growth and Human Development//UNDP.Human Development Report (1996) [EB/OL].http：//hdr.undp.org/en/reports/global/hdr1996/.